U0939564

国学一本通

徐　潜◎主编

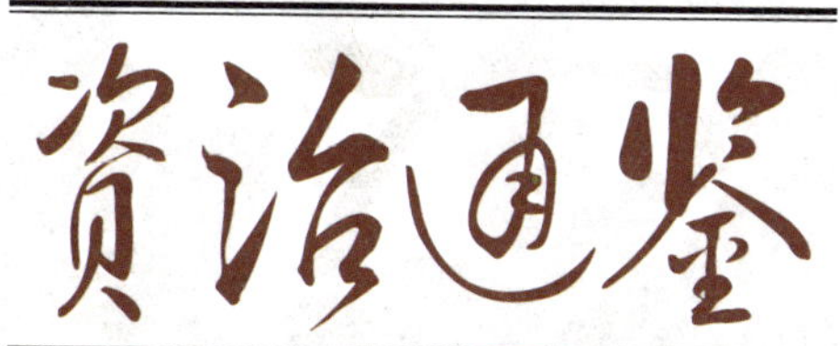

资治通鉴

宋·司马光◎著　于　元◎译评

吉林文史出版社

图书在版编目（CIP）数据

资治通鉴/（宋）司马光著；于元译评.-长春：吉林文史出版社，2009.4(2022.1重印)
（国学一本通/徐潜主编）
ISBN 978-7-80702-931-1
Ⅰ.资… Ⅱ.①司…②于… Ⅲ.①中国-古代史-编年体②资治通鉴-注释③资治通鉴-译文 Ⅳ.k204.3
中国版本图书馆CIP数据核字（2009）第038143号

国学一本通

资治通鉴

出版人/徐　潜

出版发行/吉林文史出版社（长春市人民大街4646号）　www.jlws.com.cn
主编/徐　潜
著/司马光
译评/于　元
项目负责/王尔立
责任编辑/杨晓天　崔博华
责任校对/李洁华
装帧设计/李岩冰　刘纯青　张红旭
印刷/北京一鑫印务有限责任公司
版次/2011年12月第1版　2022年1月第4次印刷
开本/720mm×1000mm　1/16
字数/280千字
印张/14
书号/ISBN 978-7-80702-931-1
定价/55.00元

前言

《资治通鉴》是我国古代一部编年体通史，上起周威烈王二十三年（公元前403年），下迄五代周世宗显德六年（公元959年），记载了一千三百六十二年的历史。全书二百九十四卷，约三百多万字。

《资治通鉴》是由司马光主编，有刘恕、刘攽和范祖禹等人参加撰写而成的。司马光编写《资治通鉴》，主要有两个目的：一是要写成一部简明扼要的编年体通史。二是要写成一部反映历代治乱兴衰而作为借鉴的政治史。我国史学历来非常发达，宋代又出现了一个新的修史热潮，当时的史书已是汗牛充栋。司马光认为，对于卷帙浩繁的史书，读书人长年累月不能遍览，一辈子也难了解个大概，所以他"常欲删取其要，为编年一书"，给人们提供一部简要的历史读本。北宋时代，阶级矛盾和民族矛盾都很严重，国家政治和社会风气存在很多问题。人们要求总结历史经验，使得现实政治清明，达到国强民富的目的。司马光在这种情势下，因政治上一时不得志，便集中精力，通过编年历史，"叙国家之盛衰，著生民之休戚"，总结历史经验，为当时的政治服务。正是因此，宋神宗才认为此书"鉴于往事，有资于治道"，赐名《资治通鉴》，并为它写了一篇序文。

《资治通鉴》继承了《史记》这部通史的优秀传统，又有所发展，与《史记》相比，更具有略古详今的通史特色。它的政治史特色中，深深地刻有作者的政治思想和政治态度。这不仅表现于司马光的史论方面，而且也寓于整部书的史事记述之中。

《资治通鉴》以它显著的特色和巨大的成就，大大提高了编年史的地位，促进了史学上重视"会通"的学风，并直接影响到产生通鉴学派。

时至今日，《资治通鉴》仍是一部了解和学习中国历史的必读之书。

目录

三家分晋

◎ 周纪 周威烈王二十三年
◎ 公元前403年

阅读提示

公元前438年，晋哀公死后，晋幽公即位。韩、赵、魏三国瓜分了晋国剩余土地。从此韩、赵、魏称为三晋。春秋五霸之一的晋国灭亡了，战国七雄中的韩、赵、魏三国产生了，由此奴隶社会开始向封建社会过渡，霸权政治结束了，七雄兼并的战国序幕揭开了。同时也标志着新兴地主阶级登上历史舞台，推动了封建制度的确立。

原文

智伯又求蔡、皋狼之地于赵襄子，襄子弗与。智伯怒，帅韩、魏之甲以攻赵氏。襄子将出，曰："吾何走乎？"从者曰："长子近，且城厚完。"襄子曰："民罢力以完之，又毙死以守之，其谁与我！"从者曰："邯郸之仓库实。"襄子曰："浚民之膏泽以实之，又因而杀之，其谁与我！其晋阳乎，先主之所属也，尹铎之所宽也，民必和矣。"乃走晋阳。

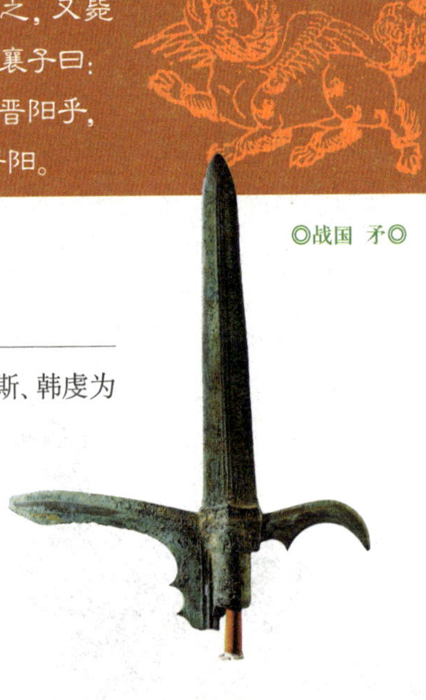

◎战国 矛◎

史纪风云

周威烈王二十三年(公元前403年)，周王封赵籍、魏斯、韩虔为诸侯。

原来，春秋时代末年，各诸侯国的农奴因受不了国君的压迫，纷纷逃到大夫的封地去做佃农。这样，大夫的势力越来越大，出现了尾大不掉的局面。

在晋国，有四个大夫拥有的土地和佃农最多。他们是智伯瑶、赵襄子、魏桓子、韩康子。

智伯瑶为人贪婪，势力最大。一天，他向韩康子要土地。韩康子不想给，家臣段规说："智伯为人，好利而又凶狠。如果不给他土地，他一定会攻打我们的。不如给他吧，他得了便宜后，还会向别人要土地的。别人不给他，他必然动武。到那时，我们既可免祸，又可伺机而动了。"韩康子说："那好吧。"于是，他给智伯一个有万户人口的城邑。

智伯从韩康子那儿得了土地，十分高兴，又向魏桓子要土地。魏桓子不想给，家臣任章说："为什么不给他？"魏桓子说："无缘无故要地，因此不给他。"任章说："无缘无故要地，大夫们一定恐惧。我们给他地，他一定骄傲自满。大夫们联合起来，智伯一定会灭亡的。《周书》说：'将欲败之，必先辅之；将欲取之，必先与之。'主公还是给他地吧。"魏桓子说："那好吧。"于是，他也给智伯一个有万户人口的城邑。

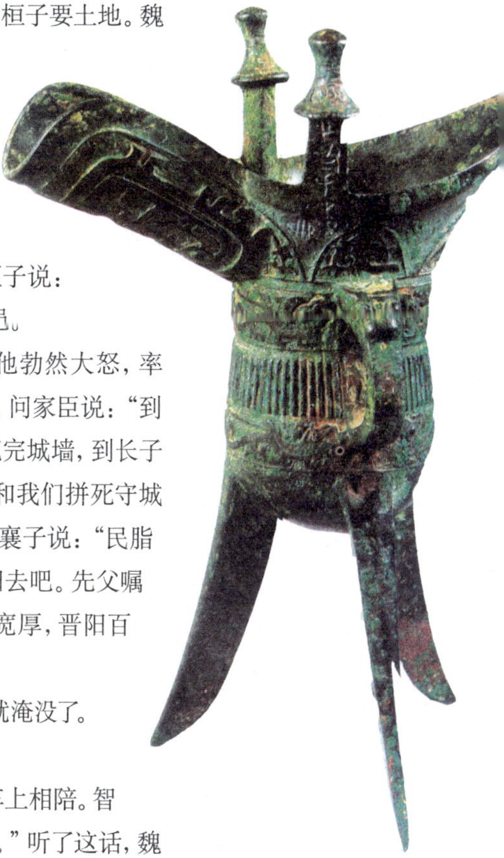

接着，智伯又向赵襄子要地。赵襄子不给他。他勃然大怒，率韩、魏两家的甲兵进攻赵襄子。赵襄子想要躲出去，问家臣说："到哪里去好呢？"家臣说："长子离这儿最近，而且刚筑完城墙，到长子去吧。"赵襄子说："百姓筑城已经够累了，谁还能和我们拼死守城呢？"家臣又说："邯郸仓库充实，到邯郸去吧。"赵襄子说："民脂民膏已经刮尽了，怎能再要他们的命呢？还是到晋阳去吧。先父嘱咐我遇有急难时就到那儿去。尹铎治理晋阳，一向宽厚，晋阳百姓会拥护我们的。"于是，赵襄子躲进了晋阳城。

智伯等三家包围晋阳，放水灌城，城只剩三版就淹没了。城中家家进水，到处都是青蛙。但百姓仍一心守城。

一天，智伯驾车观察水势，韩康子和魏桓子在车上相陪。智伯一边观察一边说："我现在才知道水还能灭国哩。"听了这话，魏桓子用胳膊肘碰了碰韩康子，韩康子用脚碰了碰魏桓子的脚面。因为他们知道，汾水可以灌魏家的安邑，绛水可以灌韩家的平阳。

◎春秋战国 酒尊◎

智伯的家臣絺疵对智伯说："韩、魏两家必反。"智伯问道："你怎么知道呢？"絺疵回答说："我是根据常理推断的。如今主公率韩、魏两家之兵攻赵，赵亡之后，战祸必然轮到韩、魏两家了。我们约韩、魏两家攻打赵家，答应赵家灭亡之后三分其地。现在，晋阳马上就要沦陷了，而韩康子和魏桓子却面有忧色。这不是要反，又是要干什么呢？”

第二天，智伯将絺疵的话告诉魏桓子和韩康子了。魏桓子和韩康子说：“这是谗人在替赵氏说话，让你怀疑我两家而放松对赵氏的进攻。难道我两家不想分赵氏的地，却去干那危险而又不能成功的事吗？”魏桓子和韩康子出去后，絺疵进来，问智伯说：“你为什么把我说的话告诉他们两人呢？”

智伯问道：“你怎么知道我告诉他们了呢？”絺疵回答说：“刚才，他们两人遇到我时，盯了我一眼，就急匆匆地走了。这是因为他们已经知道我了解他们的内情了。”智伯仍然不相信絺疵的话。絺疵为了避祸，请求出使齐国去了。

赵襄子派家臣张孟谈偷偷出城，对魏桓子和韩康子说：“俗话说：‘唇亡齿寒。’如今智伯率韩、魏两家攻打赵家，如果赵家灭亡了，接着便是韩、魏两家了。”魏桓子和韩康子说：“你说的我们也明白。只是害怕举事未成而计谋泄露，反而惹祸啊！”张孟谈说：“计谋出于二位之口，入于我一人之耳，怎会泄露呢？”魏桓子和韩康子听了这话，便同张孟谈约期举事，然后打发他回城去了。

赵襄子派兵趁黑夜杀了智伯安排的守堤士兵，将堤掘开，让河水灌入智伯大营，智伯营中大乱。赵襄子趁机从正面攻入智伯大营。韩、魏两家从两翼包抄过去。不多时，智伯便兵败被杀了。

赵襄子向魏桓子和韩康子说：“多谢二位相救之恩。请二位收回献出的土地。至于属于智伯的地和人，就由我们三家平分吧。”魏桓子和韩康子高兴地说：“这样最好。”于是，三家将智伯的地和人都分了。人心不足蛇吞象，不久，三家又想平分晋国了。

周考王三年（公元前438年），晋哀公去世，他的儿子晋幽公即位。晋幽公软弱无能，赵襄子、魏桓子和韩康子见时机已到，便将晋国平分了，只给晋幽公留下绛州和曲沃两座城池。周威烈王元年（公元前425年），赵襄子、魏桓子和韩康子都去世了，他们的继承人分别是赵籍、魏斯和韩虔。这三个人野心更大，已经不满足大夫的地位，想要做诸侯了。

周威烈王二十三年（公元前403年），赵籍、魏斯和韩虔派人去见周王，要求封他们

※知识链接※

从“春秋五霸”到“战国七雄”，中国经历了近五百五十年的兼并战争。称“霸”称“雄”的诸侯们，其目的或为统一中国，或为扩大地盘。长期的兼并战争虽然给人民带来了战乱之苦，却也为后来的统一创造了条件。

◎战国早期 龙纹鼎◎

为诸侯。他们派出的使者对周王说：“三位大夫因为尊敬天王，所以才来禀告。如果天王封他们为诸侯，他们会辅佐天王的。”周威烈王心里想：这三个大夫兵强马壮。我不封他们为诸侯，他们也会自封为诸侯的，不如做个人情吧。于是，他封赵籍为赵侯，魏斯为魏侯，韩虔为韩侯。

使者回报后，赵籍、魏斯和韩虔心中大喜，立即宣布了周王的任命，立了宗庙，并向各国通报。各国诸侯都去贺喜。他们的国家分别称为赵国、魏国、韩国。因为它们是由晋国分裂而成的，所以历史上也称这三国为“三晋”。从此，中国历史进入了战国时期。

周安王二十六年(公元前376年)，到了晋幽公孙子晋靖公在位的时候，三晋国君又将晋靖公废了，把他仅有的那一点地也分了。从此，晋国在历史上消失了。

历代名家点评

司马光：呜呼！君臣之礼既坏矣，则天下以智力相雄长，遂使圣贤之后为诸侯者，社稷无不泯绝，生民之类糜灭几尽，岂不哀哉！

◎战国 耸肩尖足空首布◎

◎战国 玉雕卧虎佩◎

商鞅变法

◎ 周纪 周显王十年
◎ 公元前359年

阅读提示

春秋战国时期是奴隶制崩溃、封建制确立的大变革时期。在这一时期，铁制农具的使用和牛耕的逐步推广，导致奴隶主的土地国有制逐步被封建土地私有制所代替。新兴地主阶级的经济和政治势力越来越大，并纷纷要求在政治上进行改革，发展封建经济，建立地主阶级统治。商鞅变法正是在这种背景下发生的。经过变法，秦国富强起来，国力大增，为以后兼并六国打下坚实的基础，秦国自此走上封建的道路。

原文

卫鞅欲变法，秦人不悦。卫鞅言于秦孝公曰："夫民不可与虑始，而可与乐成。论至德者不和于俗，成大功者不谋于众。是以圣人苟可以强国，不法其故。"甘龙曰："不然，缘法而治者，吏习而民安之。"卫鞅曰："常人安于故俗，学者溺于所闻，以此两者，居官守法可也，非所与论于法之外也。智者作法，愚者制焉；贤者更礼，不肖者拘焉。"公曰："善。"以卫鞅为左庶长，卒定变法之令。

史纪风云

周显王七年(公元前362年)，秦献公去世，儿子孝公即位。

当时，黄河之东有六个强国，淮泗之间有十多个小国。这些国家都把秦国当夷狄看待，排斥它。秦国不得参加诸侯的会盟。

孝公即位后，布德修政，发愤图强，下令国中说："无论是宾客，还是群臣，只要是能使秦国强大的，我就让他做高官，并封给他土地。"卫国的公孙鞅听到这个消息后，便来到了西方的秦国。

公孙鞅是卫国的公族子弟，所以人称公孙鞅。他从小爱好刑名之学，主张以法治国。长大成人后，他到了魏国，在魏相公叔痤门下做事，担任中庶子。因为他是卫国人，人们都称他卫鞅。公叔痤发现他是个人才，想向魏惠王推荐他。还没来得及推荐，公叔痤就病倒了。

◎战国　刀币◎

东方的齐国与北方的燕国主要使用刀币，这是我国早期的一种青铜铸币。它的产生，反映了当时经济的繁荣。

魏惠王来探望公叔痤，问道，"相国如果病重，国家怎么办?"公叔痤回答说："中庶子卫鞅，虽然年轻，却是个奇才，主公可以把国家交给他，听凭他去治理。"惠王听了，默然不语。公叔痤见状，又对惠王说："主公如果不用他，就把他杀掉吧!千万不要让他到别的国家去。"惠王答应一声就走了。公叔痤叫人找来卫鞅，对他说："我是相国，做事只能先公后私。我已经为国君设谋了，现在还得告诉你，你赶紧逃走吧!"卫鞅说："主公不肯听你的话重用我，又怎能听你的话杀掉我呢!"他不肯逃走。

惠王在回宫的路上，对左右的人说："相国病得太重了，真可怜。他先让我重用卫鞅，接着又让我杀掉卫鞅，这不是病糊涂了吗?"

卫鞅到了秦国，求见秦孝公，陈说富国强兵之策。孝公听了极为高兴，和他细议国事。

卫鞅要变法，秦人都不同意。卫鞅对孝公说："百姓只有见到新法的成效才能同意变法，因此主公不必和别人商量。圣人为了强国，都要改革旧法的。"大臣甘龙说："不对，执行旧法，十分方便。官吏熟悉，百姓遵守。"卫鞅说："平常的人总是安于现状，墨守成规。自古以来，都是智者变法，愚者守法的。"孝公说："说得对。"于是，封卫鞅为左庶长，让他制定新法。

新法规定，五家为一伍，十家为一什，一家犯法，其他人家告发的与杀敌同功，不告发的与降敌同罪。将士有军功的，根据军功大小，给予高低不同的爵位；私斗的，给予轻重不同的刑罚。努力生产，打粮多的和织布多的，免交租税。经商谋利和懒惰致贫的，一律没身为奴。宗室无军功的，不得享

※知识链接※

"变法"是战国时期的政治潮流。其目的是兴利除弊，谋求发展与强大，楚国曾有"吴起变法"，因旧势力的反对而失败，楚国由盛转衰。秦国因"商鞅变法"成功而走向强大。

受宗室待遇。

新法制定后，怕百姓不信，卫鞅特地在都城南门立了一根木杆，宣布说："谁能将这根木杆移到北门去，就赏给他十金。"百姓听了，觉得这事很怪，没人敢移动木杆。卫鞅见无人移动木杆，又宣布说："如果有人将这根木杆移到北门去，赏给他五十金。"有个人听了，试着将木杆移到北门去了，卫鞅真的赏给他五十金。这时，卫鞅才公布新法。

◎商鞅变法◎

新法推行一年后，说新法不好的人数以千计。太子也违犯了新法。卫鞅说："新法难以推行，就是因为上面的人不遵守。"由于太子是国君继承人，不能用刑，卫鞅便将太子傅公子虔的鼻子割下，还在太子老师公孙贾的脸上刺了字。这样，没有一个人不遵守新法了。

十年之后，秦国大治，路不拾遗，山无盗贼，百姓勇于参战，再也不搞私斗了。

这时，当初说新法不好的人，都争夸新法如何如何好了。卫鞅听到之后，说道："这都是乱法之民啊！"于是，把他们都迁到荒远的边疆去。从此，再也没人敢于议论国家的法令了。

卫鞅在咸阳建造宫殿，将秦都从栎阳迁到咸阳。为了发展生产，调动生产力，卫鞅禁止父子同室而居，也禁止兄弟同室而居。为了便于治理，卫鞅将乡村合并为县，设置县令管理，全国分为三十一个县。为了扩大耕地，卫鞅下令取消井田制，让人在阡陌上种粮。为了便于交易，卫鞅统一了秦国各地的度量衡。

周显王二十九年(公元前340年)，卫鞅对

※知识链接※

"重农抑商"政策有利于农业生产，但抑制了商品经济的发展。以后历朝历代的封建统治者都把"重农抑商"当做基本国策。这是中国经济停滞落后，资本主义产生较晚的主要原因。

秦孝公说："我们秦国和魏国互为心腹之患，不是魏国吞并秦国，就是秦国吞并魏国。因为魏国位于太行山之西，建都安邑，和我们秦国只隔一条黄河，占了一个极好的地理位置。它向西可以侵略秦国，向东可以扩张土地。去年，魏军被齐军打得大败，我们应该利用这个大好时机进攻魏国。魏国支持不住，必然东迁。这样，我们就可以占据山川之险，向东扩张，制服诸侯了。这是千载难逢的帝王之业啊。"孝公同意了，让卫鞅率军攻打魏国。

魏惠王派公子卬率军迎战。卫鞅写了一封信，送给公子卬。信中说："当初，我们曾在一起喝酒，现在各为两军之将。我实在不忍心进攻。我愿意和你定盟和好，饮酒罢兵，好让两国的百姓免遭战争之苦。"公子卬见信后，深以为然，便和卫鞅相会了。两人定盟后，正在喝酒时，卫鞅埋伏好的士兵冲了出来，将公子卬扣押了。卫鞅指挥军队攻打魏军，大获全胜。

魏惠王闻讯吓坏了，马上献出西河之地同秦国讲和。接着，为了躲避秦兵，又把都城迁到东方的大梁。他悔恨道："真后悔当初没有听公叔相国的话，杀了卫鞅。"

秦孝公为了奖赏卫鞅，将商於之地的十五个城邑封给他，称他为商君。从此，人们就叫他商鞅了。

周显王三十一年(公元前338年)，秦孝公去世，儿子惠文王即位。太子傅公子虔的门人诬告商鞅谋反，惠文王下令派官吏逮捕商鞅。商鞅闻讯，逃到魏国，魏国人不肯收留他。他只好回到秦国，起兵反抗。秦王派兵迎击，将他捉住，五牛分尸了。接着，又诛灭了他的全家，一代改革家就这样死在守旧势力的手中了。

※知识链接※

"变法图强"从战国时代就开始了。变则通、变则强。以改革促进步，古今一理。

◎战国 蟠龙纹镜◎

兽形钮，作匍匐状，圆钮座。一周宽带纹将镜背分为内外区，内外区各装饰一周基本相同的蟠龙纹。龙体饰有形状不同的几何纹，纹饰精细。边缘宽平，镜面平坦，具有典型的战国风格。

历代名家点评

司马光： 昔齐桓公不背曹沫之盟，晋文公不贪伐原之利，魏文侯不弃虞人之期，秦孝公不废徙木之赏。此四君者道非粹白，而商君尤称刻薄，又处战攻之世，天下趋于诈力，犹且不敢忘信以畜其民，况为四海治平之政者哉！

毛泽东： 商鞅之法，良法也。

孙膑智斗庞涓

◎ 周纪　周显王二十八年
◎ 公元前341年

★世界大事★

公元前330年，波斯被马其顿灭亡。

阅读提示

战国时代，七国互相兼并，战争频繁。魏与赵、韩毗邻，所以魏扩展地盘，势必首先指向赵国和韩国。而魏国实力的发展，使赵和韩受到威胁，又必然引起东方的齐国的注意和干涉。桂陵、马陵之战就是在这种历史情形下发生的。这两次战争，实际上是齐与魏争夺中原霸权的较量。魏国由于魏惠王和庞涓骄傲轻敌、内部空虚等原因，给对方以可乘之隙，所以连败。

原文

魏庞涓伐韩。韩请救于齐。齐威王召大臣而谋曰："蚤救孰与晚救？"成侯曰："不如勿救。"田忌曰："弗救则韩且折而入于魏，不如蚤救之。"孙膑曰："夫韩、魏之兵未弊而救之，是吾代韩受魏之兵，顾反听命于韩也。且魏有破国之志，韩见亡，必东面而愬于齐矣。吾因深结韩之亲而晚承魏之弊，则可受重利而得尊名也。"王曰："善。"乃阴许韩使而遣之。韩因恃齐，五战不胜，而东委国于齐。

史纪风云

周显王十五年(公元前354年)，魏国进攻赵国，包围了赵国都城邯郸。

第二年，齐威王任命田忌为大将，孙膑为军师，援救赵国。

◎战国　大府盏◎

当初，孙膑曾和庞涓一同学习兵法。后来，庞涓到魏国做官，当上了将军。他觉得自己不如孙膑。在嫉妒心的驱使下，庞涓将孙膑召到魏国，设计陷害他，砍下了他的双脚，还在他脸上刺了字，想让他终身残废，没有出头之日。一天，齐国使者到了魏国，孙膑偷偷地见到使者，说服使者用车将他载回齐国。田忌见了孙膑，发现他有过人之智，十分善待他，还把他介绍给齐王。齐王向他请教兵法，拜他为师。这次，齐王决定援救赵国，想拜孙膑为大将。孙膑说："我是受过刑的残疾人，怎能做大将呢？"他说什么也不肯答应。于是，齐王任命田忌为大将，让孙膑做军师，坐在车里出谋划策。

齐军出发后，田忌想直奔赵国，解邯郸之围。孙膑说："援救正在交战中的一方时，不能从正面插手，要避实击虚。现在，赵、魏两军正在激战，魏军的精锐部队都上了前线，其后方必然空虚。我们应该率领大军直捣魏国都城，占据要路，击其薄弱之处。这样，魏军一定回救，邯郸自然解围了。"田忌采用了他的妙计，魏军果然回救，在桂陵被齐军打得大败而逃。

周显王二十八年(公元前341年)，魏王让庞涓率军攻打韩国。韩国向齐国求救。齐威王召集大臣，问道："韩国派使者前来求救，你们看早出兵好，还是晚出兵好？"成侯回答说："依臣之见，还是不救为好。"田忌说："如果我们不救，韩国必败。那么，韩国就投向魏国了。我看，不如早些去救援。"孙膑说："韩、魏两国刚开战，双方都还没有疲惫。如果我们现在出兵救韩，岂不是听命于韩国，替它挨打吗？因此，我们可以答应韩国，但要晚些出兵。这样，我们既可以获得重利，又可以得到美名。"齐王听了，连声叫好。于是，他答应了韩国使者，然后打发他回国了。

韩国见齐国答应救援，有了靠山，便坚持苦战，但打了五仗都失败了。这时，齐国出兵了。这次，齐王仍然让田忌担任大将，孙膑

※知识链接※

《孙子兵法》：据《汉书·艺文志》记载，《孙膑兵法》有九十九篇，图四卷。现从山东临沂县银雀山汉墓出土的竹简中整理出版的三十篇，大大超过了《孙子兵法》的字数。在一些问题上，孙膑比孙武讲得更明确，更具体。因此，我们可以认为孙膑继承和发展了孙武的军事思想。《孙膑兵法》中谈到的如何布阵、破阵等作战方法，尤其是"以寡击众"、"必攻不守"、"因地之利，用八阵之宜"等思想，很值得重视。

◎战国　猎首纹铜剑◎

此剑一字形剑格，鼓形剑首，剑柄及刃近格处饰浮雕人物，图像反映了古滇人猎头习俗。

担任军师。田忌按照孙膑的计谋，直捣魏都。庞涓闻讯，只得回军。魏王让太子申担任大将，和庞涓抵抗齐军。

孙膑对田忌说：“魏军一向轻视齐军，我们可以因势利导，让他中计。”于是，孙膑让大军进入魏境后，第一天驻军做饭时，挖了十万个灶坑，第二天挖了五万个灶坑，第三天挖了两万个灶坑。庞涓见了，大喜道：“我早就知道齐军胆小，今日才知果然如此。齐军才进入我们国境：才三日，就逃走一半以上了。”于是，他抛下步军，率领骑兵兼程追赶。

◎战国 双齿锯◎

孙膑估计庞涓晚上会赶到马陵道，又见马陵道十分狭窄，两边地形凶险，适于设伏。于是，他将马陵道上的一棵大树的树皮砍掉，在上面写道：“庞涓死此树下。”然后让万名齐兵手持弩弓，埋伏在马陵道两边，叮嘱他们说：“晚上看见树下火起，就向马陵道上射箭。”

晚上，庞涓追到树下，见白白的树干上仿佛有字，便命令士兵点上火把照着读。他还没有读完，道两边万箭齐发，魏军大乱。庞涓发现自己中计，已经没有活路，便拔剑自刎了。

齐军大败魏军，将魏太子申也俘虏了。

◎战国 联座龙耳对壶◎

容酒器 由两件龙耳壶和一件壶座组成。两壶形制大小相同。敞口，长颈，圆鼓腹，圈足，座下四兽形足。长方形座，壶盖圆弧形，外围套置一镂孔盖罩，盖顶有一衔环蛇形钮。壶颈有一对龙形耳，十字形界栏将腹部分为八区。

张仪游说六国

◎ 周纪 周赧王二年
◎ 公元前313年

阅读提示

战国时，列国林立，诸侯争霸，割据战争频繁。各诸侯国在外交和军事上，纷纷采取"合纵连横"的策略。或"合纵"，"合众弱以攻一强"，防止强国的兼并；或"连横"，"事一强以攻众弱"，达到兼并土地的目的。张仪正是作为杰出的纵横家出现在战国的政治舞台上，对列国兼并战争形势的变化产生了较大的影响。

原文

秦王欲伐齐，患齐、楚之从亲，乃使张仪至楚，说楚王曰："大王诚能听臣，闭关绝约于齐，臣请献商於之地六百里，使秦女得为大王箕帚之妾，秦、楚嫁女娶妇，长为兄弟之国。"楚王说而许之。

史纪风云

周显王四十一年(公元前328年)，秦国公子华和张仪率领大军包围了魏国的蒲阳，并攻占了它。张仪对秦王说："请大王把蒲阳还给魏国，并让公子繇到魏国做人质。"秦王同意了。

于是，张仪到魏国对魏王说："秦国对魏国太好了，魏国不能不有所表示。"魏王听了，便将上郡十五个县送给秦国。张仪回到秦国后，秦王让他做了相国。

周显王四十七年(公元前322年)，张仪被秦王派到魏国去做相国，目的是劝说魏惠王臣服秦国，好让诸侯都仿效魏国。魏王没

◎战国 错金凤纹壶◎

有听张仪的话，秦王便派兵攻打魏国，夺取了曲沃和平周。秦王暗中对张仪更好了。

周慎靓王二年(公元前319年)，魏惠王去世，儿子襄王即位。过了两年，张仪对襄王说："我们魏国方圆不到一千里，士兵不过三十万，四境平坦，没有名山大川阻隔。士兵要把守四境，剩下的不过十万人而已。诸侯在洹水之滨结盟，参加合纵，约为兄弟。但同父同母的亲兄弟尚且因争夺钱财而互相杀伤，而诸侯却想靠苏秦的计谋联合起来，那是不可能的。如果大王不臣服秦国，秦国必然前来攻打。到那时，赵国不会南下救援，我国就危险了。因此，请大王好好想一想，并请大王准许我离开魏国，好让我保住一条命。"于是，魏王背叛了合纵，让张仪到秦国求和。张仪回到秦国，又做了秦国的相国。

◎战国 铜剑与木鞘◎

周赧王二年(公元前313年)，秦王想攻打齐国，但因楚国和齐国合纵，怕楚国援救齐国。于是，秦王派张仪前往楚国，游说楚王道："大王如果能听我的话，和齐国断交，秦国愿献给大王商於之地六百里，并让秦国公主为大王做侍妾。秦、楚通婚，永为兄弟之国。"楚王一听，十分高兴，便答应下来了。

这时，楚国群臣都向楚王祝贺，只有陈轸表示悲悼。楚王大怒道："寡人不发一兵一卒，就得到了六百里土地，你为何悲悼？"陈轸回答说："以微臣看，商於之地不但得不到，秦、齐两国还会联合起来。秦、齐一旦联合起来，我国就危险了。"楚王道："何以见得？"陈轸说："秦国之所以重视楚国，是因为楚国有齐国做后盾。如果我们和齐国断交，我们就孤立了。秦国怎会给一个孤立的国家六百里土地呢？张仪回到秦国后，一定会食言的。这样，北面和齐国断交了，西面又多了一个强敌，两国之兵都会打上门来的。为大王着想，不如表面和齐国断交，而实际上仍然和齐国友好。大王应派人跟张仪到秦国去，如果秦国真的割地给我们，再和齐国断交也不迟。"楚王说："闭上你的嘴，不要再说了，等寡人得商於之地吧。"

◎战国 满工龙件◎

楚王将相印交给张仪，还重重地赏了他。然后，楚王和齐国断交，并派一名将军到秦国去。张仪到了秦国，佯装坠车，三个月不到朝堂。楚王见秦国久不践约，对大臣们说："秦国一定以为寡人没有彻底和齐国断交啊。”于是，派了一名勇士去骂齐王。齐王大怒，立即和秦国联合起来。这时，张仪才上朝，指着地图对楚国的使者说：“你怎么还不把地领去？你看，从这到这，方圆六里。”使者听了，回去报告楚王。

楚王一听大怒，要发兵攻打秦国。陈轸说：“我可以开口说话吗？与其攻打秦国，不如送给它一座大城，和它一起攻打齐国。这样，我们在秦国那儿失掉了土地，还可以从齐国那儿得到补偿。现在，大王已经和齐国断交，还要责备秦国欺骗我们，这等于促使齐、秦联合，会召来天下之兵的攻打，国家将受到巨大的损失的。”楚王不听他的，派屈匄率军攻打秦国。

◎战国 立兽铜戚◎

这件铜戚为椭圆形銎，銎侧有一个兽形钮，兽作低头、觅食状，圆形刃，通体无纹饰。

第二年春天，秦军和楚军在丹阳交战，楚军大败，死了八万人，屈匄等将领七十多人被俘，秦军占领了汉中郡。楚王又调动全国军队袭击秦国，同秦军在蓝田交战，楚军再次大败。韩、魏两国听说楚军战败，一起发兵袭击楚国，一直打到邓县，楚军只得撤回。楚王向秦国求和，割给秦国两座城池。

周赧王四年(公元前311年)，秦王使人告诉楚怀王说：“我国愿意用武关之外的土地换楚国的黔中之地。”楚怀王说：“我们不愿意换地，我们愿意用黔中之地换张仪。”张仪听说后，对秦王说：“我愿意到楚国去。”秦王说：“楚王恨不得吃了你，你还敢去？”张仪说：“秦强楚弱，有大王在，楚国不敢把我怎么样。况且我和楚王的嬖臣靳尚特别好，靳尚正在服侍楚王的宠姬郑袖。郑袖的话，楚王没有不听的。”于是，秦王答应了。

张仪到了楚国，被楚王囚禁起来，准备杀死他。

这时，靳尚对郑袖说：“秦王非常喜欢张仪，听说楚王要杀他，秦王愿意献出上庸六县和美女赎回他。大王重视土地，秦女一定会得宠的。到那时，夫人将会被排挤的。”郑袖听了，日夜在楚王面前哭泣说：“做人臣的不过各为其主罢了。如果杀了张仪，秦王必然大怒，派兵前来报仇。请大王将我们母子迁到江南去吧，免得被秦兵所杀。”楚王被她哭得动了心，觉得她说得有理，便放了张仪，以厚礼待他。

张仪趁机对楚怀王说：“从事合纵的无异于驱赶羊群进攻猛虎，根本打不过。如今大王如果不臣服秦国，秦国将胁迫韩、魏两国进攻楚国，楚国就危险了。秦国已占有巴蜀之地，在那儿造船积粮，顺江而下，一日可行五百里，黔中、巫郡就非大王所有了。秦国三个月之内就能灭楚，而诸侯救兵半年之后才能到达。等待弱国的救援，而忽视强国的攻势，我真替大王担忧啊。大王如能听我的话，我将使秦、楚永为兄弟之国，不相攻伐。”楚王同意了。

于是，张仪到了韩国，游说韩王道：“韩国地险山多，所生五谷，非豆即麦，国库没有两年的储粮，士兵不过二十万。秦国披甲的士兵有一百多万，上战场时，赤膊上阵，左手提着人头，右臂挟着俘虏，进攻不服的弱国，就像以千钧之重压在鸟卵上一样，绝对没有幸存的。大王如果不臣服秦国，秦国一旦出兵，韩国就非大王所有了。为大王着想，不如臣服秦国，进攻楚国。转移战祸，取悦秦国，这是最好的计谋了。”韩王答应了。

张仪回秦国报信，秦王大喜，封他六个邑，号为武信君。

接着，秦王又让他游说齐王。他对齐王说：“主张合纵的人总是对大王说：‘齐国有三晋做屏障，地广人多，兵强马壮，虽有一百个秦国，对齐国也无可奈何。’大王认为他们说得好听而忘记了事实。现在，秦、楚嫁女娶妇，结为兄弟之国；韩国献出宜阳，割给了秦国；魏国也献出了河外之地；赵王入朝，臣事秦国，献出了河间之地。大王如果不臣事秦国，秦国将让赵、魏、韩进攻齐国。到那时，齐国即使想臣事秦国，也办不到了。”齐王听了这话，同意臣事秦国。

张仪离开齐国，又去游说赵王。他说：“大王领导合纵，共同对付秦国，秦兵不敢出函谷关已经十五年了。如今，秦、楚已约为兄弟之国，韩、魏向秦国称臣，齐国向秦国献出了鱼盐之地，这是割断了赵国的右肩。失掉了右肩后还和人斗，又孤立无援，能无危险吗？为大王着想，不如与秦国结为兄弟之国。”赵王同意了。

于是，张仪北上燕国，游说燕王道：“现在，赵王已经入朝，臣服秦国，献出了河间之地。大王如果不臣事秦国，秦国出兵云中、

※知识链接※

张仪，战国时期魏国人，生卒不详，卒于秦武王元年(公元前310年)。魏国贵族后裔，曾随鬼谷子学习纵横之术。其主要活动应在苏秦之前，是战国时期著名的政治家、外交家和谋略家。

◎战国　镶石舞人圆形铜扣饰◎

扣饰正中嵌玛瑙珠及绿松石小珠，其外透雕人像一周，共十八人，衣后皆饰尾，手挽手，腿部微曲作旋转舞蹈状。

九原，驱使赵国进攻燕国，那易水、长城就非大王所有了。况且齐、赵两国对于秦国来说，就像郡县一样。没有秦国的命令，他们是不敢随便攻伐的。如果大王臣事秦国，就永远没有战祸了。”燕王听了，献出常山之尾的五个城，向秦国求和。

◎战国 五牛铜线盒◎
该器仿竹蔑器造型，出土时内装绕线板和线，可能为古滇人专门放针线的用具，故名线盒。

张仪回秦国报信，还没走到咸阳，秦惠王便去世了。他的儿子武王即位。武王做太子时，不喜欢张仪。武王即位后，群臣大多说张仪的坏话。诸侯听说张仪和秦王不睦，又都抛弃连横，恢复合纵了。

周赧王五年(公元前310年)，张仪对秦武王说：“我为大王谋划，如果东方有变，大王就可以多得地了。我听说齐国最恨我了，我在哪个国家，齐国一定会去攻打的。我想到魏国去，等齐国和魏国打起来的时候，大王可以趁机进攻韩国，进入三川，挟持天子，查阅图籍，这是帝王之业啊。”武王同意了。

张仪到魏国后，齐国果然起兵伐魏。魏王恐惧，张仪说：“大王不要害怕。我可以让齐国罢兵。”他让他的门人到楚国，借楚国的使者对齐王说：“你这次攻打魏国，对张仪太有利了。”齐王问道：“为什么？”楚使回答说：“张仪和秦王都商量好了，为的是让你攻打魏国，秦国好取三川之地。如今大王果然攻打魏国了。这样，秦王更加信任张仪了。”齐王听了这话，赶紧撤兵回国了。

张仪在魏国做相国，一年之后去世了。

历代名家点评

《孟子》：公孙衍、张仪，岂不诚大丈夫哉！一怒而诸侯惧，安居而天下熄。

◎战国 琉璃珠◎

赵武灵王胡服骑射

◎ 周纪　周赧王八年
◎ 公元前307年

阅读提示

战国时期，地处胡人和华夏民族交汇处的赵国，虽以农耕为主却频繁接触游牧习俗。为了改变小国弱势，赵武灵王决定让本国的精锐全部弃车乘马，实行由车战向骑战的转变。当时军队实行骑兵化的重要意义，相当于现代战争史上陆军由徒步跃升为机械化。赵武灵王从作战需要出发，反对法古不变，以强有力的行政命令推广服饰改革。赵国在战国七雄中开军事变革潮流之先，经过短短十几年，便由一个小小中山国都敢侵犯的弱邦崛起为唯一能够同秦相抗衡的强国。

原文

家听于亲，国听于君。今寡人作教易服而公叔不服，吾恐天下议己也。制国有常，利民为本；从政有经，令行为上。明德先论于贱，而从政先信于贵，故愿慕公叔之义以成胡服之功也。

史纪风云

赵武灵王是赵肃侯的儿子，名叫赵雍。他是个勇于移风易俗，大胆改革的人。

周赧王八年(公元前307年)，赵武灵王向北方扩张土地，来到代郡，接着西至黄河之滨。一天，他对大臣肥义说："为了便于作战，让百姓穿上胡人的服装，学习骑射吧。"肥义说："这个主意极好，我很赞同，只是怕人笑话。”赵武灵王说：“只有蠢人才会笑话，贤人会理解的。虽然世上的人会笑话我，但我一定要夺得中山和胡地。”

中山就是中山国，胡地指胡人的土地。

赵武灵王回到都城邯郸后，决定要让赵国人穿胡人的服装。因为汉人的服装又肥又大，穿在身上行动不便，不利于骑射和作战。

赵国人听了，都不想穿胡服。赵武灵王的叔叔公子成更是反对，竟称病不朝了。赵武灵王派人请他上朝说：“人们都说在家要听父母的，在国要听君主的。如今，寡人要改穿胡服，而你不肯穿，我真怕天下人议论啊。治国以利民为本，为政以令行为上。现在，老百姓都在看着你，愿你深明大义，助我一臂之力，穿上胡服吧。”公子成拜了两拜说：“微臣听说中国是礼乐之邦，受的是圣人之教，远方向往我们，四夷仿效我们。如今大王舍弃中国的衣裳，改穿夷人的服装，是变古之道，逆人之心的。请大王再好好考虑考虑。”使者回报赵武灵王，赵武灵王亲自去请公子成上朝，对他说：“我国东面有齐国、中山国，北面有燕国和东胡，西面有楼烦、秦国和韩国。如果我们不穿胡服，不学习骑射，如何保卫国家啊？从前，中山国靠着齐国的强兵，侵略我国，掳走我们的百姓，还引水围攻鄗城。若不是神灵保佑，鄗城早就失守了。先君以此为耻，所以寡人决定改变服装，

◎赵武灵王◎

◎战国　矛头铜狼牙棒◎

这件兵器为矛头与狼牙棒合铸一体，棒作八棱形，表面铸有排列整齐的锥刺，棒前端另铸矛头，矛下有鼓形座。这类狼牙棒是多功能的，除可以击打外，还可以向前刺。

学习骑射，为的是防备四邻进犯，报中山之仇。而叔叔坚持中国的风俗，讨厌胡服，忘了国耻，这不是寡人所期望的。”公子成听了这话，恍然大悟，顿开茅塞，立即表示服从命令。赵武灵王便赏给他一套胡服。第二天，公子成穿着胡服上朝了。于是，赵武灵王下了《胡服令》，命令全国都要改穿胡服，学习骑射。

不到一年工夫，身穿胡服的赵国骑兵队就训练好了。

周赧王十六年(公元前299年)五月，赵武灵王将王位传给小儿子赵何，让他管理国家，史称赵惠文王。赵武灵王则专管军务，称为“主父”。他特地安排肥义辅佐惠文王。赵武灵王本来是立长子赵章为太子的。后来，他娶了吴广之女吴娃，宠爱无比，以至几年不外出。吴娃便是赵何之母。赵武灵王因为宠爱吴娃，所以改立赵何为太子。

赵主父身穿胡服，到了西北，决定从云中、九原南下，袭击秦国都城咸阳。为了观察秦国的地形和秦王的为人，他化装成赵国的使者访问秦国，秦王接待了他。等他走后，秦王越想越觉得不对头，觉得他长得太雄伟了，不像个人臣的样子。于是，忙派兵去追。这时，赵主父已经出了函谷关了。

周赧王二十年(公元前295年)，赵武灵王亲率身着胡服的骑兵部队，与齐国、燕国的军队共同灭了中山国。

赵主父将长子赵章封在代郡，称为安阳君。让田不礼做代相。赵章被废后，心中一直不服。大臣李兑对肥义说：“公子章为人骄横，党徒很多，欲望很大。田不礼也很骄横。他两人凑到一起，必有阴谋。小人有欲望时，往往轻举妄动，只见其利，不顾其害。他们不久就会有行动的，你不如退出来，让公子成辅佐大王吧。否则，你会很危险的。”肥义说：“我受主父重托，辅佐新君，只有临危不惧，怎能顾及身家性命呢？”李兑说：“那好，你多保重吧。”李兑哭着走了。

李兑又多次去找公子成，劝他防备田不礼。肥义也预料到大难将至，嘱咐惠文王的近臣信期说：“公子章和田不礼心术不正，极可能谋反。为了大王的安全，如果有人来请大王，你一定要告诉我，我先去，没危险后再让大王去。”信期答应说：“好吧。”

一天早朝，赵主父在旁窥视，

※知识链接※

经过赵武灵王对赵国国家结构的整体改造，对赵国国家性格的重新塑造，赵国一跃成为当时的超级强国，与秦国共同成为战国后期争霸战的主角。

◎战国 立牛豆形铜盖尊◎
这件铜盖尊侈口，扁圆腹，平底，喇叭形高圈足，豆形盖，表面有鸟纹及竹节纹，盖顶立一牛，头微仰，尾下垂。纹饰线条细如毛发，刚劲、流畅兼而有之，为中原青铜器所未见。

见公子章年纪大，反而北面称臣，心中很不是滋味，便想将赵国一分为二，让公子章当代王。后来，这事又中止了。

◎战国 剽牛祭祀铜扣饰◎

不久，赵主父带着儿子到沙丘去游玩。一天夜里，公子章和田不礼真的谋反了。他们假传赵主父之命，召见惠文王，要杀掉他，好取而代之。信期赶紧告诉肥义，肥义立即抢先前往，结果被杀了。

信期和惠文王率军反击。公子成和李兑闻信后，率领大军前来平乱。公子章和田不礼逃进赵主父的行宫中躲了起来。公子成和李兑命令军队围攻行宫，杀了公子章和田不礼。

事后，公子成和李兑商量说："我们为了平乱，围攻了主父的行宫。现在即使解围，也会灭族的。"于是，他们继续包围行宫，对里面的人说："行宫里的人快出来！后出来的人一律灭族！"里面的人听了，都出来了。

公子成和李兑将行宫大门关上，不许赵主父出来。几天后，赵主父断粮了。无奈，他只得掏树上的小鸟吃。三个月后，他终于饿死了。

赵武灵王死后，公子成和李兑解除了对行宫的包围。公子成做了相国，李兑做了司寇。

赵武灵王提倡穿胡服，练骑射，其魄力是惊人的。赵国因而强大起来，百姓也过上了安定的日子。但由于废长立幼，处理失当，引发了沙丘之乱，自己也付出了生命的代价，这是令人深感遗憾的。

历代名家点评 

《战国策》：武灵王破原阳以为骑邑者，盖始教一邑，然后行于境内。

蔡邕《独断》：古代"尅定祸乱曰武"，"乱而不损曰灵"。

梁启超：七雄中实行军国主义者，惟秦与赵。……商鞅者，秦之俾斯麦；而武灵王者，赵之大彼得也。

将相和

◎ 周纪 周赧王三十六年
◎ 公元前279年

阅读提示

赵惠文王初，东方六国以齐最为强盛，齐与秦各为东西方强国。秦国欲东出扩大势力，有赵国阻挡。为扫除障碍，秦王曾多次派兵进攻赵国。廉颇统领赵军屡败秦军，迫使秦改变策略，实行合纵，联合韩、燕、魏、赵五国之师共同讨伐齐国，大败齐军。“将相和”正是发生在这一时期并流传至今的经典故事。

原文

相如曰：“子视廉将军孰与秦王？”曰：“不若。”相如曰：“夫以秦王之威而相如廷叱之，辱其群臣；相如虽驽，独畏廉将军哉！顾吾念之，强秦所以不敢加兵于赵者，徒以吾两人在也。今两虎共斗，其势不俱生。吾所以为此者，先国家之急而后私雠也！”廉颇闻之，肉袒负荆至门谢罪，遂为刎颈之交。

史纪风云

周赧王三十二年(公元前283年)，赵王得到了楚国和氏璧。这块璧是无价之宝，价值连城。秦王听说后，想要得到这块玉，派使者对赵王说：“寡君愿意用十五座城池换和氏璧，请大王恩准。”

赵王听了，心想：不给吧，秦国太强，惹不得；给吧，又怕受骗上当，璧也献出去了，城池又得不到。想来想去，不知怎么办好，最后，只得问足智多谋的朝臣蔺相如：“爱卿，你看这事该怎么办？”

蔺相如回答说：“秦国用十五座城池换一块玉，如果咱们不答应，就是咱们的不是了；如果咱们把和氏璧送给秦国后，秦国不给我们十五座城池，那就是秦国的不是了。反复掂量，不如把璧送给秦国，让秦国担不是。我愿意带着和氏璧去秦国。如果秦王不给我们城池，我一定把璧再带回来。”赵王听了，便派他带着和氏璧到秦国去了。

蔺相如到了秦国，秦王接过和氏璧，玩赏不已，不想交给赵国十五座城池。蔺相如急中生智，让随从人员带着璧从小路回到赵国，自己则留在秦国。秦王见蔺相如为人精明强干，没有杀他，放他回了赵国。赵王嘉奖蔺相如，任命他为上大夫。

周赧王三十六年(公元前279年)，秦王派使者对赵王说，“寡君愿与大王在渑池相会，以促进两国友好。”赵王听了，不想前去。上大夫蔺相如和将军廉颇商量说：“大王如果不去，显得我们赵国太软弱了。”赵王听了，决定前去赴会，由蔺相如陪伴。廉颇送赵王一行到边境，对赵王说：“大王此去，往返不会超过三十天。如果三十天不见大王回来，请让我立太子为王，免得秦王耍花招。”赵王同意了。

在渑池会上，秦王与赵王饮酒。喝到酒酣耳热时，秦王请赵王弹瑟，赵王弹了。蔺相如便请秦王击缶，秦王不肯击。蔺相如说：“大王如果不击，五步之内，我可要用颈血溅大王了。”秦王左右的人听了这话，想杀了蔺相如。蔺相如怒目大喝一声，把他们都吓退了。秦王心里很不痛快，只得击了一下缶。直到散会，秦国始终不能有辱赵国。赵国戒备森严，秦国因而不敢动武。赵王归国后，嘉奖蔺相如，任命他为上卿，位在廉颇之上。

◎负荆请罪◎

廉颇不满说：“我做大将，不是攻城，就是参加野战，战功累累。蔺相如出身贫贱，靠着嘴皮子竟爬到了我的上边。我感到羞耻，没脸在他的下边为官。”他扬言说：“我见到蔺相如时，一定要羞辱他一番。”蔺相如听说后，不肯和他见面了。每次上朝时，蔺相如总是称病不出。出门遇见廉颇时，蔺相如总是命令车子躲开。为此，蔺相如的门人都觉得很羞耻。蔺相如问他们说：“你们看，廉颇有秦王厉害吗？”门人回答说：“当然没

※知识链接※

和氏璧是历史上著名的美玉，在它流传的数百年间，被奉为“价值连城”的“天下所共传之宝”，又称和氏之璧、荆玉、荆虹、荆璧、和璧、和璞。

有。”蔺相如说：“秦王那样威武，我尚且在秦廷上呵斥他，还羞辱了他的大臣。我再无能，怎能怕廉将军呢？但我想秦国之所以不敢攻打赵国，是因为有我和廉将军在啊。两虎相斗，必有一伤。我之所以一再忍让，是先国家而后私仇，不想和他斗啊。”不久，这些话传到了廉颇的耳朵里。他见蔺相如能以大局为重，感到很羞愧，忙光着上身，背着荆条，到蔺相如门前请罪。意思是说，我错了，你随便打吧。蔺相如忙将他请到屋里，两人结为刎颈之交。

◎战国　镂空鸟纹方镜◎

小环钮，宝珠形钮座，两侧歧出横档，与镜缘相接。横档上下各饰一俯视鸟纹，鸟喙、鸟爪衔接横档，双翼展开，长尾分叉镜缘上。鸟身用长圆形的连珠纹、短斜线纹表示羽毛。镜缘较宽，饰有几何纹。此镜的镜背、镜面先分铸，再复合而成。

历代名家点评

凌稚隆：相如渑池之会，如请秦王击缶，如召赵御史书，如请咸阳为寿，一一与之相匹，无纤毫挫于秦，一时勇敢之气，真足以褫秦人之魄者，太史公每于此等处，更著精神。

李晚芳：人徒以完璧归赵，渑池抗秦二事，艳称相如，不知此一才辩之士所能耳，未足以尽相如；惟观其引避廉颇一段议论，只知有国，不知有己，深得古人公尔国尔之意，非大学问人，见不到，亦道不出，宜廉将军闻而降心请罪也。

成语典故

完璧归赵

蔺相如到秦国后，见秦王并无诚意，就凭着勇敢和机智把和氏璧完好地带回了赵国。完璧归赵，比喻把物件完好地归还原主。

信陵君窃符救赵

◎ 周纪 周赧王五十七年
◎ 公元前258年

阅读提示

战国末期，六国即将被秦国吞并，战争进行得频繁而激烈。长平之战中，秦国大破赵军，坑杀赵降兵四十万。秦又乘胜包围赵国都城邯郸，企图一举灭掉赵国，再进一步吞并韩、魏、楚、燕、齐等国。当时的形势十分紧张，特别是赵国都城被围甚急，诸侯都害怕秦国的兵威，不敢援助。魏国是赵国的近邻，又是姻亲之国，所以赵国只得向魏国求援。就魏国来说，唇亡齿寒，存赵就是存魏，赵亡魏也将随之灭亡。信陵君认识到这一点，才不惜冒险犯难，窃符救赵，抗击秦兵。终于挫败了敌人的图谋，保障了两国的安全。

原文

侯嬴屏人曰："吾闻晋鄙兵符在王卧内，而如姬最幸，力能窃之。尝闻公子为如姬报其父仇，如姬欲为公子死无所辞，公子诚一开口，则得虎符，夺晋鄙之兵，北救赵，西却秦，此五伯之功也。"公子如其言，果得兵符。

◎战国　五牛一鼓铜贮贝器◎

史纪风云

周赧王五十八年(公元前257年)，秦军围困赵国都城邯郸已经三年了。危城中早已断粮，饿得百姓各家互换孩子吃。赵国相国平原君的夫人是魏国信陵君的姐姐，她多次写信向弟弟求救。

在信陵君的劝说下，魏安僖王派大将晋鄙率十万大军前去救赵。

秦昭襄王听说魏国发兵救赵，就亲自跑到邯郸去督战。他派人对魏安僖王说：“邯郸早晚攻下，谁要是去救，我就先打谁！”安僖王吓得忙派使者去追晋鄙，叫他就地安营，不要再往前走了。晋鄙就让魏国的十万大军驻扎在邺地观战。

前来救赵的楚国春申君听说魏国兵马不再前进，他也在武关驻扎下来。秦王把两路救兵吓住，又叫秦军加紧攻打邯郸。

赵孝成王急得没有办法，只好再打发使者偷偷地跑到魏国，催魏安僖王快点进兵。

赵国的使者见到魏安僖王，请他催晋鄙进兵，魏安僖王想：进兵吧，怕得罪秦国；不进兵吧，又怕得罪赵国。于是，他只好命令晋鄙不进不退，原地扎营。

平原君也派人到邺地去请魏国大将晋鄙进兵。晋鄙回答说：“魏王叫我驻扎在这儿，我不能自作主张。”

平原君又给魏公子信陵君写了一封信，信中说：“我一向佩服公子，跟公子结为姻亲，我觉得很荣幸。如今邯郸万分危急，眼看快要亡国了。全城的人眼巴巴地盼着救兵来，贵国的大军竟驻在邺地，说什么也不再前进。我们陷在火里，他们倒挺坦然。你姐姐日夜哭泣，劝解她的话我都说尽了。公子也得替姐姐想一想啊！”信陵君接到这封信，心如刀绞。他再三央求魏安僖王，请他下令叫晋鄙进军。魏安僖王害怕秦国，始终不答应。

信陵君对门客说：“大王不愿意进兵！我不能袖手旁观。我自己上赵国去，要死就跟他们死在一起。”他预备好车马，决定到赵国去跟秦军拼命，有一千多个门客愿意跟他一块儿去。他们路过大梁东门时，信陵君下车去向他最尊敬的朋友侯生辞别。侯生冷淡地说：“公子保重。我老了，不能跟你

◎战国 铜鼓◎

这件铜鼓的鼓面十二芒，胴部饰船纹，腰部分八格，格内羽人舞蹈纹、牛纹。作为打击乐器的铜鼓，尽管有时期和地区的差异，但中空无底，平面曲腰，通体皆铜，侧有四耳的基本特征是相同的。

一块儿去。请别怪我。”信陵君向他拱了拱手，看着他，等他再说几句话。这是最后一次见面了，侯生却没说什么，信陵君只好走了。他边走边不断地回头瞧侯生，侯生还是不动声色地站在那儿。

信陵君辞别侯生后，在路上越想越难受，叹息着说：“我拿他当知心人，他倒眼看着我去送死，连一句体贴的话都没有。”他越想越伤心，走出几里路后，再也忍不住，就叫门客们站住，自己再去跟侯生说句话。

侯生还在门外站着。他见了信陵君，笑着说：“我料定公子准得回来。”信陵君说：“是啊！我想我一定有得罪先生的地方，因此特地回来请先生指教。”侯生说：“公子收养了几十年的门客，吃饭的就有三千人，怎么没有一个替你想办法，反倒让你去跟秦军拼命。这

※知识链接※

战国四公子：信陵君魏无忌和赵国平原君赵胜、齐国孟尝君田文、楚国春申君黄歇合称为“战国四公子”。

不是白白送死吗？”信陵君说：“我也知道此去没有什么用处。可是总算尽我的心了！”侯生说：“公子进屋坐一会儿，咱们商量商量吧。”

侯生支开旁人，问信陵君道：“大王最宠爱如姬，对不对？”信陵君点头说：“对，对！”侯生接着说：“当初，如姬的父亲被人害死，她请大王给她报仇。大王派人去找她的仇人，找了三年也没找着。后来，是公子叫门客去给如姬报的仇，把仇人的头给她送了去。有这回事吧？”信陵君说：“有，有！”侯生说：“如姬为了这件事，非常感激公子。她常说：‘就是替公子去死，也心甘情愿。’因此，公子可以请她把兵符盗出来。咱们拿兵符去夺晋鄙的军队，就能跟秦军打了。这比空手去送死不是强多了吗？”信陵君听了，如梦方醒。信陵君拜谢侯生，叫门客暂时在城外等着，他自己回到府里，托了一个跟他有交情的内侍叫颜恩的去跟如姬商量。如姬说：“公子的命令我决不推辞，就是赴汤蹈火，我也不怕。”当天晚上，如姬侍候魏安僖王睡下。半夜时，如姬乘他睡得正香时，把兵符偷出来交给颜恩。颜恩立刻送到信陵君那儿。

信陵君拿着兵符，到东门去向侯生辞别。侯生说：“万一晋鄙验过兵符，不把兵权交出来，你怎么办？”信陵君为难地问：“那怎么办呢？”侯生说：“我的朋友朱亥是天下数一数二的勇士。公子可以请他帮忙。要是晋鄙痛痛快快地把兵权交出来，那就最好不过了；要是他不答应，就叫朱亥杀了他。”信陵君伤心地说：“老将晋鄙对国家忠心耿耿。要是杀了他，叫我多痛心啊！”侯生说：“死一个人，救一个国，还不值吗？咱们应当从大处着想，妇人之心要不得啊！”信陵君只好答应了。

侯生带信陵君到朱亥家里，向朱亥说明来意。朱亥一口答应下来。侯生说：“照理，我也应当一块儿去。可我老了，跟着你们反倒给你们添麻烦。那就祝你们马到成功吧。”

信陵君不敢再耽误，立刻带着朱亥上车走了。

信陵君带着朱亥和一千多个门客到邺地见了晋鄙，对他说：“大王见将军在外面辛苦数月，特地派我来接替。”说着，就叫朱亥递上兵符，请晋鄙验过。晋鄙把兵符接过来，跟自己带着的那一半兵符一合，果然合成了一个老虎。兵符是真的，可他想了想，对信陵君说：“请暂缓几天。等我把将士的名册整理出来，把军中的事务处理一下，然后把军队交出来。”信陵君说：“邯郸十分危急，我想连夜去救，哪能耽误

◎战国 铜人◎

啊？”晋鄙说：“不瞒公子说，这是军机大事，我还得奏明大王，才能照办。”他的话还没说完，朱亥大喝一声说：“晋鄙！你不听王命，竟敢反叛！”晋鄙问道：“你是谁？想干什么？”朱亥从袖子里拿出一个四十斤重的大铁锤，向晋鄙的头砸去，晋鄙的头当时就碎了。

信陵君拿着兵符对将士们说：“大王有令，叫我接替晋鄙去救邯郸。晋鄙不听命令，已经处死了。你们不用害怕，服从命令，一心一意杀敌的，将来都有重赏。”兵营里静悄悄地，没人敢不听令。

信陵君下命令说：“父亲和儿子都在军中的，父亲可以回去；哥哥和弟弟都在军中的，哥哥可以回去；独生子可以回去养老人；有病的和身子弱的，也可以回去。”经过整顿，大约有十分之二的士兵回国去了。信陵君选出八万精兵向秦营杀去。

秦军没想到魏军突然来攻，只得仓促应战。平原君闻讯，忙打开城门，带着赵军杀出来。赵军和魏军内外夹攻，打得秦军山崩堤溃似的败下来。多少年来，秦军从未打过这样的败仗。

秦昭襄王见状，急忙下令退兵。这时，秦军已经死伤了一半人马。

赵国避免了亡国之祸。赵孝成王亲自到魏营向信陵君道谢：“赵国未亡，全是公子所赐！”平原君更是感激信陵君，他在前面领路，把信陵君迎进城里。

信陵君进了邯郸城，赵王恭恭敬敬地招待他，封给他五座城池。信陵君向赵王讲述窃符救赵的经过，推让说：“我对贵国没有多大功劳，对本国还有罪哩。大王肯收留我这个罪人，我就知足了，哪敢受封？”赵王再三请他接受，又叫平原君劝他，他只好接受了。

信陵君不敢回国，把兵符和军队交给魏国的将军带回去，自己留在赵国了。

◎战国 虎噬牛铜啄◎
整体似有长啄的鸟头，銎横置于刃部之上，与刃部呈十字交叉状，銎背上雕铸虎噬牛场面。啄刃又长又尖，使用时可像铜戈一样钩杀。

历代名家点评

李晚芳：战国四君，皆以好士称，惟信陵之好，出自中心，观其下交岩穴，深得孟氏不挟之旨，盖其质本仁厚，性复聪慧。聪慧则能知人用人，仁厚则待贤自有一段慕不尽之真意，非勉强矫饰者可比，此贤士所以乐为用也。

汤谐：当时秦患已极，六国中公卿将相，惟信陵真能下士，从谏若流，故独能抑秦。

钱维城：信陵君发一介之使，而诸侯奔命，莫敢后者，仁义著于人心，而威信足以夺之也。

吕不韦拜相

◎ 周纪 周赧王五十八年
◎ 公元前257年

★世界大事★

公元前3世纪，魔揭陀国统一印度大部分地区。

阅读提示

子楚作为秦国的人质住在赵国，他的车马和日用都不富足，生活困窘，很不得意。吕不韦说子楚就像一件奇货，可以囤积居奇，以待高价售出。于是他和子楚商量后，带着财物去秦国游说，并最终使子楚登上王位，自己也被封为相国。

原文

阳翟大贾吕不韦适邯郸，见之，曰："此奇货可居！"乃往见异人，说曰："吾能大子之门！"异人笑曰："且自大君之门！"不韦曰："子不知也，吾门待子门而大。"异人心知所谓，乃引与坐，深语。

史纪风云

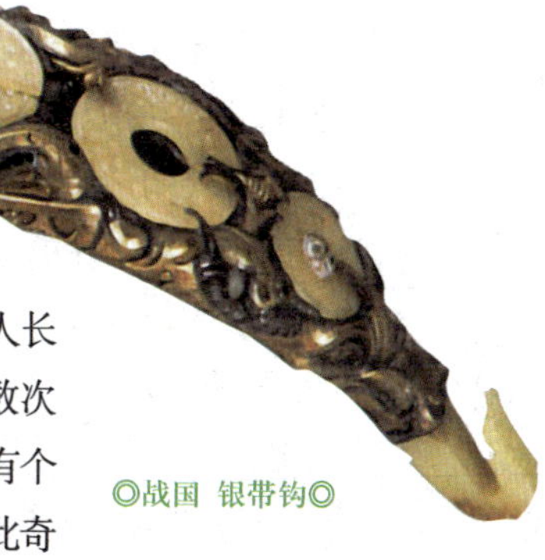

◎战国 银带钩◎

周赧王五十八年(公元前257年)，秦国昭襄王的孙子异人从赵国逃回秦国。

当初，昭襄王的太子娶楚王的女儿为妃，称华阳夫人。华阳夫人没有生儿子，后娶的夏姬生了个儿子叫异人。异人长大后，被爷爷昭襄王派到赵国都城邯郸去做人质。由于秦国数次攻打赵国，赵国对异人不加礼遇，异人在赵国很不得意。阳翟有个大商人叫吕不韦。一天，吕不韦在邯郸见到异人，不禁说道："此奇货可居！"意思是说这货可以买下挣大钱啊。于是，他去拜见异人，说道："我能光大你的门楣。"异人笑道："你先光大自己的门楣

◎战国 交龙纹缶◎

吧。"吕不韦说："你不知道，我的门楣得靠你的门楣才能光大哩。"异人明白他的意思，拉他坐下，两人密谈起来。

吕不韦对异人说："秦王已经老了。太子宠爱华阳夫人，而华阳夫人却没有儿子。你在兄弟二十多人里，位置居中。你父亲不大喜爱你，你父亲一旦即位，立了太子，你就没有机会争做太子了。"异人问道："你看怎么办好呢？"吕不韦回答说："只有华阳夫人能决定谁做太子。我虽然穷，但愿意拿出千金为你活动，好让你父亲立你为太子。"异人说："如果此事真能办成，我愿意和你平分秦国。"于是，吕不韦拿出五百金送给异人，让他结交宾客。自己用五百金买了奇物珍玩，到秦国去见华阳夫人的姐姐，托她将奇物珍玩献给华阳夫人。华阳夫人见了礼物，立即召见吕不韦。吕不韦对华阳夫人说："异人极其贤能，他的宾客遍布天下。他以夫人为天，常流泪思念太子。"夫人听了，十分高兴。

◎战国 踞坐男俑铜勺◎
此器为酒器，是从尊或壶中取酒倒入杯中的酌勺，多与尊、壶共出。这件铜勺造型奇特，与中原地区的铜勺完全不同，具有明显的地区差异性。

接着，吕不韦让华阳夫人的姐姐劝华阳夫人说："漂亮的脸蛋是靠不住的。一旦色衰，太子就不会爱你了。不如趁现在太子爱你时，在太子的儿子中选一个贤能的立为嫡子，将来即使色衰，也有依靠了。异人既然很贤能，就立他为嫡子吧。"华阳夫人同意了。

一天，华阳夫人找机会对太子说："异人极其贤能，人们都夸他。"说着说着又哭了起来："我很不幸，没有生儿子。我想立异人为子，好有个依靠。"太子十分宠爱华阳夫人，言

无不从，当时就同意了。还刻玉为符，立异人为继承人。太子厚赠异人，让吕不韦做他的师傅。

吕不韦和邯郸最美的歌姬赵姬同居，不久赵姬便怀孕了。一天，异人和吕不韦饮酒，遇到赵姬，一见钟情，请吕不韦把赵姬赏给他。吕不韦先是佯装生气，然后就把赵姬献给了他。一年后，赵姬生了个儿子，取名为“政”。于是，异人立赵姬为夫人。这个儿子就是后来的秦始皇。秦军围攻邯郸时，赵国人要杀掉异人。异人和吕不韦献给负责守城的赵将六百金，才得以逃到秦军中。

回到咸阳后，异人穿了一身楚国服装去见华阳夫人。华阳夫人高兴地说：“我是楚国人，你就做我的儿子吧。”于是给异人改名为“楚”。第二年，赧王将土地献给秦国，周朝灭亡了。从此，便不用周朝纪年，改用秦王纪年了。

秦昭襄王五十六年(公元前251年)秋天，昭襄王去世，太子即位，史称孝文王。孝文王即位三天就去世了，太子异人即位，史称庄襄王。庄襄王尊华阳夫人为华阳太后，母亲夏姬为夏太后。庄襄王为了答谢吕不韦，拜他为相国，封他为文信侯。

◎战国 立牛铜伞盖◎

历代名家点评

扬子《法言》：或问：“吕不韦其智矣乎？以人易货。”曰：“谁谓不韦智者欤？以国易宗。吕不韦之盗，穿窬之雄乎！穿窬也者，吾见担石矣，未见雒阳也。”

成语典故

奇货可居

原指把稀有的货物囤积起来，等待高价出售。后常用以比喻凭借某种技艺或事物作为本钱，以捞取功名利禄或别的好处。

李牧破匈奴

◎ 秦纪 始皇帝三年
◎ 公元前244年

阅读提示

赵国北边和匈奴接界。公元前309年，赵武灵王时期，进行了一系列改革，军事力量逐渐强大，屡败匈奴等北方胡人部落。但是，到了惠文王、孝成王时期，匈奴各部落军事力量逐步恢复强大起来，并不断骚扰赵国北部边境，赵惠文王便派李牧带兵独当北部戍边之责。抗击匈奴的斗争中，李牧表现了其杰出的军事才能。

原文

赵王以李牧为将，伐燕，取武遂、方城。李牧者，赵之北边良将也，尝居代、雁门备匈奴，以便宜置吏，市租皆输入莫府，为士卒费，日击数牛飨士；习骑射，谨烽火，多间谍，为约曰："匈奴即入盗，急入收保。有敢捕虏者斩！"

史纪风云

李牧是战国末年赵国名将，智勇双全。他长期驻守北疆的代郡和雁门，抵御匈奴入侵。

战国时，经过兼并战争，只剩下七个大国：齐、楚、燕、韩、赵、魏、秦。七国之中，有三国与胡人为邻，这三国是秦、赵、燕。秦北有翟、乌氏等部落，赵北有林胡、楼烦等部落，燕北有东胡、山戎等部落。为了抵御胡人，秦国在陇西、北地、上郡一线筑了长城；赵国在代郡、阴山之下筑了长城，设置了云中、雁门、代三郡；燕国自造阳到襄平筑了长城，设置了上谷、渔阳、右北平三郡。

到了战国末期，匈奴部落强大起来。匈奴骑兵数量既多，又很精锐，常到赵国雁门、代郡一带劫掠，赵国军队无法与之抗衡。李牧对匈奴采取预防为主、设法使敌军产生骄傲情绪的策略。

李牧在驻地设置官吏，将军中交易所得税收都作为士兵的伙食费用，每天宰杀几头牛为士兵改善伙食。士兵吃饱喝足之后，李牧就带领他们练习骑射。李牧在边疆修了烽火台，派出侦探侦察敌情。他传令说："匈奴骑兵来时，要迅速进堡自守，有敢捕获匈奴骑兵者斩首。"因此，侦探侦知匈奴骑兵进犯时，烽火台立即举火，李牧从不迎战，而是及时坚壁清野，让军队退入堡垒中坚守。连续几年都是如此，匈奴以为他兵弱胆小，不敢出战，不再把他放在眼里了。

久而久之，赵王以为李牧胆小怯战，心中大怒，撤了他的职。

代李牧守边的赵将每当匈奴来犯时，就率兵出战，结果屡遭失败，损失惨重。边疆不宁，百姓无法耕牧了。

一年后，赵王只得又派李牧去守边疆，李牧闭门不出，称病在家。赵王强逼他出山，他对赵王说："如果一定要起用我的话，请允许我仍按老办法行事，我才敢领命。"赵王答应了他。

李牧到了边疆，一切如前。渐渐地，匈奴以为他胆小怯战，对他毫无戒心了。

李牧关心士卒生活，每天仍是宰杀几头牛为士兵改善伙食。但李牧善于治军，他率领的部队军纪严明，军事训练非常严格。士兵个个弓马精熟，勇敢善战。士兵日日受赏而不能报效，时间长了，都愿和匈奴决一死战。在敌军骄惰无备、赵军求战心切的情况下，李牧选出战车一千三百乘，战马一万五千匹，勇士五万人，善射者十万人，进行综合训练，准备发起攻击。

◎战国 棕绳提梁铜壶◎

为了引诱匈奴骑兵，李牧让百姓出城放牧，满山遍野都是牛羊。

不久，敌人小股来犯，李牧佯装败退，

※知识链接※

匈奴：我国古代民族，战国时游牧在燕、赵、秦以北。东汉时分裂为南北两部，北匈奴在1世纪末为汉所败，西迁。南匈奴附汉，两晋时曾先后建立前赵、后赵、夏、北凉等政权。

丢下数十人。匈奴单于听说后，忙率大军南侵，长驱直入。

李牧见状，出其不意地摆出奇阵，从左右两翼包抄合围，敌兵立即乱了阵脚。只这一战，李牧就率赵军消灭敌人骑兵十余万。接着，又消灭了澹褴，打败了东胡，收降了林胡。匈奴单于只得引兵远遁，十多年不敢犯边。

赵悼襄王元年(公元前244年)，李牧又率兵攻燕，拔取武遂、方城。

秦王嬴政十三年(公元前234年)，秦将桓齮伐赵，在平阳打败了赵将扈辄，斩首十万，杀了扈辄。赵幽缪王任命李牧为大将军，在宜安、肥下大败秦军，桓齮逃回秦国。李牧因功被封为武安君。

秦王嬴政十五年(公元前232年)，秦王起兵伐赵。一军打到邺郡，一军打到太原，攻下了狼孟、番吾，后因遇到李牧而退军。

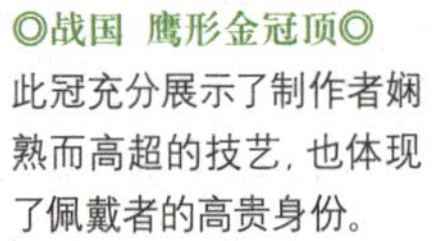

◎战国　鹰形金冠顶◎
此冠充分展示了制作者娴熟而高超的技艺，也体现了佩戴者的高贵身份。

秦王嬴政十八年(公元前229年)，秦将王翦率领上地郡的秦兵伐赵，攻下赵国井陉。同时，秦将端和也率领河内郡的秦兵伐赵，赵王命李牧和司马尚引军抵御。

秦王见不除李牧，大军难以取胜，便行反间计，派人携带重金，送给赵王的嬖臣郭开，让他散布谣言，说李牧和司马尚企图谋反。赵王误信谣言，改派赵葱和颜聚代替李牧和司马尚。李牧不肯听命，被赵王派去的人捕杀。

第二年，王翦大破赵军，赵葱被杀，颜聚逃亡。秦军攻下赵都邯郸，俘虏赵王，赵国灭亡了。

历代名家点评

胡三省注《通鉴》时，将李牧的被害与赵国的灭亡联系在一起：赵之所恃者李牧，而卒杀之，以速其亡。

荆轲刺秦王

◎ 秦纪 始皇帝二十年
◎ 公元前227年

阅读提示

公元前3世纪，为群雄割据的战国时代，雄心壮志的秦王嬴政正忙于完成统一天下的大业。他不断向各国进攻，使燕国丢了好几座城。燕国的太子姬丹原来留在秦国当人质，他见秦王决心兼并列国，又夺去了燕国的土地，就偷偷地逃回燕国。他一心要替燕国报仇。但他既不操练兵马，也不打算联络诸侯共同抗秦，却把燕国的命运寄托在刺客身上。他把家产全拿出来，找寻能刺秦王的人……

原文

荆轲至咸阳，因王宠臣蒙嘉卑辞以求见；王大喜，朝服，设九宾而见之。荆轲奉图以进于王，图穷而匕首见，因把王袖而揕之；未至身，王惊起，袖绝。荆轲逐王，王环柱而走。群臣皆愕，卒起不意，尽失其度。而秦法，群臣侍殿上者不得操尺寸之兵，左右以手共搏之，且曰："王负剑！负剑！"王遂拔以击荆轲，断其左股。荆轲废，乃引匕首擿王，中铜柱。自知事不就，骂曰："事所以不成者，以欲生劫之，必得约契以报太子也！"遂体解荆轲以徇。王于是大怒，益发兵诣赵，就王翦以伐燕，与燕师、代师战于易水之西，大破之。

◎战国 立鹿铜针筒◎
器物通体作圆筒形，腰微束，子母口，盖与身均有对称双耳，盖上铸有昂首欲奔的雄鹿。

史纪风云

秦王政二年(公元前245年)，秦军通过赵国攻打燕国，占了两座城池。燕王引以为忧，忙献给吕不韦河间十城，借以离间秦赵的关系。吕不韦大喜，派蔡泽到燕国辅佐燕王三年。燕王派太子丹到秦国做人质。

秦王政七年(公元前241年)吕不韦想同燕国共同伐赵，扩张他在河间的十座城池。于是，吕不韦派大臣张唐去燕国做相国，张唐推辞说："我多次攻打赵国，赵国当然恨我。如今丞相叫我到燕国去，必然路过赵国。这不是叫我去送死吗？"吕不韦再三请他去，他坚决不干。

为了这件事，吕不韦闷闷不乐，坐在家里生气。他家有个小门客叫甘罗，年纪很轻，口才却很好。他替吕不韦去劝张唐说："你不听从丞相的劝告，他能轻易地放过你吗？"张唐经他这么一吓，害怕了，愿意听从丞相的吩咐。

◎秦始皇陵兵马俑◎

张唐跟着甘罗去向吕不韦谢罪，情愿上燕国去。吕不韦叫张唐准备动身，回头又谢过甘罗。甘罗说："张唐愿意上燕国去，可是他很怕赵国。请丞相派我上赵国去替他疏通疏通吧。"于是，秦王政拜十几岁的小甘罗为大夫，给他十辆马车、一百个人，让他出使赵国。

赵悼襄王听说燕国跟秦国和好，正在担心哩。又听说秦国派使臣来了，他立即派人去迎接。赵王见使臣是个小孩子，不由得奇怪地问："小先生光临，有何见教啊？"甘罗回答说："燕太子丹到了秦国，大王知道吗？"赵悼襄王说："听说了。"甘罗又问："张唐到燕国去当相国，大王知道吗？"赵悼襄王说："也听说了。"甘罗说："大王既然都听说了，就可以明白贵国所处的地位了。燕太子丹到秦国去，就是燕国信任秦国了；秦国的大臣到燕国去当相国，就是秦国信任燕国了。燕国和秦国彼此信任，赵国就危险了。"赵悼襄王问道："为什么啊？"甘罗说："秦国联络燕国，是打算一同进攻贵国，为的是要夺取河间一带的土地。依我说，大王不如把河间的五座城池送给秦国，秦王一定

※知识链接※

风萧萧兮易水寒，壮士一去兮不复还。(荆轲)

身入狼邦，壮志匹夫生死外；心存燕国，萧寒易水古今流。(荆轲墓檀联)

◎秦 兵马俑◎

高兴。我再替大王去求求秦王，别叫张唐上燕国去，别跟燕国来往。这样，贵国就是进攻燕国，秦王也不会去救。这么强大的赵国对付一个弱小的燕国，岂不是要几座城就是几座城吗？送给秦王的五座城简直就不算一回事儿了。”赵悼襄王同意拿五座城做本钱去侵略燕国，好夺取更多的土地。他当时就送给甘罗一百斤金子、两对玉璧，又把河间五座城的地图和户口册交给了甘罗。

甘罗满载而归，向秦王政报告，秦王政一一照办了。

赵悼襄王一打听，果然秦国不派张唐到燕国去，就知道燕国真的孤立了。他叫大将李牧发兵去打燕国，夺了几座城池。这样，秦国和赵国都得了土地，燕国却倒霉了。

燕太子丹住在秦国，见秦王政失信，让赵国去欺负燕国，心里十分难过。他一个人孤苦伶仃地住在秦国，无人可与商量。一天，他忽然想起甘罗来。心想：如果跟他结交，也许能有办法。不料，甘罗才当几天大夫就病死了。

秦王政把吕不韦免了职，重用谋士尉缭，一心要统一天下，不断地向各国进攻。在这种情况下，燕太子丹没法儿再在秦国住下去了。

秦王政十五年(公元前232年)，燕太子丹换了一身破衣裳，脸上抹了些泥土，打扮成一个穷人的样子，给人家去当佣人，借机离开咸阳，混出函谷关，逃回燕国。

燕太子丹恨透了秦王政，一心要替燕国报仇。他把所有的家

◎秦 跪射俑◎

产全拿出来，一心要收买能刺杀秦王的人。

有个杀人犯叫秦舞阳，太子丹知道他有胆量，把他救出来，收在自己门下。这样一来，燕太子丹优待勇士的名声就传开了。

◎水晶雕云纹壁◎

樊於期原是秦国的大将，曾煽动秦王政的兄弟长安君造反，但没有成功。长安君被杀了，他辗转逃到燕国，躲在燕国的深山里。这时，他也出来投奔太子丹。太子丹把他当做上宾，在易水东边给他盖了一所房子。

当时，有一位剑客叫荆轲，很有本事，太子丹也把他收在门下。太子丹把自己的车马给他坐，自己的饭食给他吃，自己的衣裳给他穿，也给他在易水东边盖了一所房子，小心地侍候他。

荆轲实在过意不去，问太子丹道："太子打算怎样抵抗秦国呢？"太子丹说："拿兵力去对付秦国，无异于以卵击石。联合各国诸侯吧，也行不通：韩国已经完了；赵王逃到代郡，赵国也差不多完了；魏国和齐国早已归顺秦国了；楚国离这太远，没法派兵来。合纵抗秦是办不到了。我想派一名勇士，扮成使臣去见秦王。那时，他站在秦王面前，逼他退还诸侯的土地，就像当年曹沫对付齐桓公那样。秦王要是答应了，再好没有；要是不答应，就把他刺死。这是没有办法的办法，先生看行不行。"荆轲说："这是国家大事，还得准备周到了才能办。"太子丹再三请他帮忙，他答应了。

有一天，太子丹慌里慌张地来见荆轲，对他说："秦王派王翦来打我国，已经到了南部边界。先生快想个办法吧！再等下去，我怕先生有力也没处使了。"荆轲说："我早就想过了，要想挨近秦王，必得叫他相信咱们是去向他求和的。秦国早就想得到我国最肥沃的土地——督亢。我要是拿着督亢的地图去献给秦王，他一定喜欢，也许能当面见到他。"太子丹说："好！我叫人把地图拿来。"

荆轲背地里去见樊於期，对他说："秦王害死了将军的父母宗族，还出赏格要将军的头。将军不想报仇吗？"樊於期一听这话，眼泪就掉下来了。他叹息着说："我一想起秦王，恨不得跟他拼命，可是有力无处使

◎秦 铜马车◎

车马结构完整，挽具齐全，装饰物和一些小型构件由金银制成，显得异常富丽堂皇。铜车结构十分精密，镂雕成菱形花纹格的车窗启闭自如，金属鞍辔上雕有精美的花纹装饰，辔绳婉转灵活。整个车通体彩绘，工艺精湛，气魄恢弘。

啊!”荆轲说:“我倒有个主意,既能帮助燕国解除祸患,又能替将军报仇,可就是说不出口来。”樊於期连忙问:“什么主意?说出来吧。”荆轲很为难,一张嘴又闭上了。樊於期见他话到嘴边又咽回去,便催他说:“只要能报仇,就是要我的脑袋也行,你还有什么不好出口的呢?”荆轲说:“我决定去行刺,怕的是见不到秦王。要是能够拿着将军的头献给他,他一定能接见我。到那时,我左手揪住他的袖子,右手拿匕首刺他的胸脯。这样,将军的仇岂不报了?将军看怎么样?”樊於期咬牙切齿地说:“我天天想着报仇,怎会舍不得这颗头呢?好,你拿去吧!祝你马到成功。”说完,拔出宝剑就自杀了。

荆轲派人去通知太子丹。太子丹飞奔而来,趴在樊於期尸体上大哭一场。他叫人把尸身厚葬,把人头装在一个木匣子里交给荆轲,又送给荆轲一把极名贵的匕首。这匕首用毒药煎过,只要刺出像线那样的一丝血,人就会立刻死去。太子丹问荆轲道:“你什么时候动身?”荆轲说:“我有个朋友叫盖聂。我在等他哩。我要他做我的帮手。”太子丹说:“哪有时间了?我这儿有个勇士叫秦舞阳,最有能耐。要是你看他能行,就叫他给你当帮手吧。”荆轲见太子这么急,盖聂又不知在什么地方,樊将军的头已经割下来了,不能多耽搁了。于是,荆轲决定带秦舞阳去咸阳。

荆轲和秦舞阳动身那天,太子丹和几个心腹送他们到易水之滨,挑了一个僻静的地方摆上酒席,为他们饯行。喝酒时,太子丹忽然脱去外衣,摘去帽子,别人也都这么做。一

◎荆轲刺秦王◎

霎时，他们全身缟素，事先为荆轲和秦舞阳开了追悼会。因为他们此行必死无疑，大家都很悲伤。荆轲的朋友高渐离拿着筑，奏出一只曲子。荆轲打着拍子唱了起来：

风萧萧兮易水寒，

壮士一去兮不复还！

太子丹斟了一杯酒，跪着递给荆轲。荆轲接过来，一饮而尽，伸手拉着秦舞阳跳上车，头也不回，飞也似地走了。

秦王政二十年(公元前227年)，荆轲到了咸阳。秦王政听说燕国使臣把樊於期的头和督亢的地图送来了，马上召见荆轲。

荆轲捧着樊於期的头，秦舞阳捧着督亢的地图，一步步地上了秦国朝堂。

秦舞阳一见秦国朝堂威严肃穆，不由得害怕起来。秦王左右一见，喝道："使者为何变色？"荆轲回头一瞧，见秦舞阳的脸又青又白，跟死人差不多，便对秦王说："他是北方粗人，从来没见过大王的威严，免不了有点害怕。请大王原谅！"秦王防着他们可能不怀好意，就对荆轲说："叫他退下去，你一个人上来吧。"荆轲无奈，只好独自捧着木头匣子献给秦王。

秦王打开匣子一看，果然是樊於期的头，便叫荆轲拿过地图来。

◎秦始皇陵兵马俑◎

荆轲回到台阶下面，从秦舞阳的手里接过地图，回身又上去了。他把那一卷地图慢慢地打开，一个地方一个地方地指给秦王看。当地图全部打开时，卷在地图里的匕首就露出来了。

秦王一见匕首，立刻蹦了起来。荆轲连忙抓起匕首，扔了地图，左手揪住秦王的袖子，右手刺了过去。秦王使劲地向后一转身，那只袖子断了。秦王一下子跳过旁边的屏风，荆轲拿着匕首追了上去。秦王见跑又跑不了，躲又没处躲，就绕着朝堂上的大铜柱子跑。荆轲紧紧地追着，两个人就像走马灯似的。

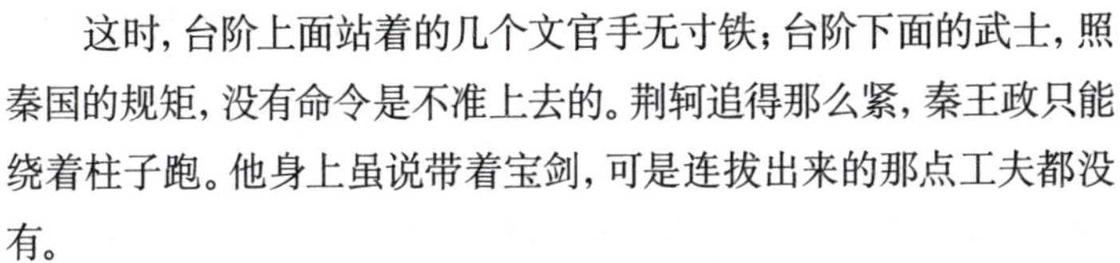

◎秦 刻花鎏金银盘◎

这时，台阶上面站着的几个文官手无寸铁；台阶下面的武士，照秦国的规矩，没有命令是不准上去的。荆轲追得那么紧，秦王政只能绕着柱子跑。他身上虽说带着宝剑，可是连拔出来的那点工夫都没有。

有一两个文官想去拦挡荆轲，全给他踢开了。其中有个侍候秦王的医生，拿起药袋对准荆轲打过去。荆轲手一扬，那个药袋掉在地上。秦王政趁这一眨眼的工夫，用力拔身上佩带的那把宝剑。可是心又急，宝剑又长，怎么也拔不出来。有个手下人嚷着说：“大王把宝剑背到脊梁上，就能拔出来了！”秦王政按着他的话，一下子就把宝剑拔出来了。

秦王政手里有了宝剑，上前一步，只一剑就砍下了荆轲的左腿。荆轲站立不住，咕咚一声摔倒了。他将匕首向秦王政抛过去，秦王政一闪，那把匕首从耳旁擦过，打在铜柱上，直迸火星。秦王政又向荆轲砍了一剑，荆轲用手一挡，被砍去了三个手指。荆轲苦笑着说：“我本想逼你退还诸侯的土地，因此没有早下手。可是你也长不了！”秦王政一连又砍了好几剑，结果了荆轲的性命。台阶下的秦舞阳，早被武士剁成肉泥了。

秦王政大怒，命王翦一鼓作气，攻下燕国都城。燕王喜和太子丹逃往辽东。

秦王政二十一年(公元前226年)，秦军穷追不舍，燕王喜无奈，只得杀了太子丹，将他的头献给秦王政。

秦王政二十五年(公元前222年)，秦军攻下辽东，生擒燕王喜，燕国灭亡了。

历代名家点评

司马光：荆轲怀其豢养之私，不顾七族，欲以尺八匕首强燕而弱秦，不亦愚乎！故扬子论之，以要离为蛛蝥之靡，聂政为壮士之靡，荆轲为刺客之靡，皆不可谓之义。又曰："荆轲，君子盗诸！"善哉！

孙中山：秦始皇虽以一世之雄，并吞六国，统一中原，然彼自度扫大漠而灭匈奴，有所未能也，而设边戍以防飘忽不定之游骑，又有不胜其烦也，为一劳永逸之计，莫善于设长城以御之。秦始皇虽无道，而长城之有功于后世，实于大禹治水等。由是观之，倘无长城之捍卫，则中国之亡于北狄，不待宋明而在楚汉之时代矣。

毛泽东：秦始皇是第一个把中国统一起来的人物，不但政治上统一了中国的文字、中国各种制度，如度量衡，有些制度后来一直沿用下来。中国过去的封建君主还没有第二个超过他的。

毛泽东：劝君少骂秦始皇，焚坑事业要商量。祖龙魂死秦犹在，孔学名高实秕糠。百代都行秦政法，十批不是好文章。熟读唐人封建论，莫从子厚返文王。

成语典故

表里相依

表面现象和内在实质是互相依存的。《资治通鉴·秦纪》："形式相资，表里相依。"

图穷匕首见

《战国策·燕策三》："秦王谓轲曰：'起，取武阳所持图。'轲既取图奉之，发图，图穷而匕首见。"后用以比喻事情到了最后，真相就完全显露了出来。

赵高专权李斯腰斩

◎ 秦纪 秦二世三年
◎ 公元前207年

阅读提示

李斯与赵高，一个是集政治家、阴谋家、学者为一体的人，一个是集野心家、阴谋家、宦官为一体的人，二人狭路相逢，谁败谁胜？这也许不是用常理能够说清楚的，对二人进行比较，大有意味。

原文

初，中丞相赵高，欲专秦权，恐群臣不听，乃先设验，持鹿献于二世曰："马也。"二世笑曰："丞相误邪，谓鹿为马？"问左右，或默，或言马以阿顺赵高，或言鹿者。高因阴中诸言鹿者以法。后群臣皆畏高，莫敢言其过。

◎漆画枋◎

史纪风云

秦庄襄王三年(公元前247年)，庄襄王去世，嬴政即位，做了秦王。这年，他才十三岁。二十六年后，他统一了全国，做了始皇帝。这不是他一人之力，是在李斯等人的帮助下完成的。

李斯是战国末年楚国上蔡人，年轻时曾在家乡当小吏，怀才不遇。于是，他拜当时的大学者荀卿为师，学习帝王之术，好投到王者门下，出人头地。在荀卿那里，李斯与韩非是同学。

学业完成后，李斯认为只有秦国才是他大展宏图的地方，便决定到秦国去。临行前，他向老师荀卿辞行说："将来，只

有秦王才能统一天下。现在，正是去游说的好机会。”

李斯到了秦国，找到相国吕不韦，做了他的门客。在吕不韦的手下，他尽心尽力地干，得到吕不韦的赏识，被推荐为郎官，也就是秦王的侍卫官。从此，他就有机会向秦王进言，阐述自己的政治见解了。

一天，李斯建议秦王吞并东方六国，完成统一大业。他说：“以秦国之强，大王之贤，能像扫除尘埃一样消灭诸侯，完成帝业，统一天下。此乃万世一遇之时，若不急行，诸侯复强，相聚合纵，虽有黄帝之贤，也不能吞并六国了。”秦王听了李斯的卓越见解，拍手称快，立即任命他为长史。

秦王嬴政十年(公元前237年)，文信侯吕不韦罢相。这时，宗室大臣向秦王说：“从诸侯各国来我国做官的人，都是为他们的国王游说，来搞离间活动的，请将他们全部驱逐吧。”秦王听了，觉得言之有理，于是颁下《逐客令》，把从诸侯各国来秦国做官的人一律驱逐出境。李斯本是楚国人，当然也在被逐之列。他在被逐途中，给秦王上了一封谏书说：“从前穆公求贤，西面在西戎找到由余，东面在宛地得到百里奚，从宋国迎来蹇叔，从晋国迎来丕豹、公孙支。穆公有了这些外国来的贤人，才兼并了二十个小国，称霸西戎。孝公用商鞅变法，诸侯才亲近秦国，至今国富民强。惠王用张仪之计，拆散了六国的合纵，使他们服从秦国。昭王得到范睢，加强了国君的权力，抑制了私人的势力。这四位国君，都是借用外国贤人之力才得以成功的。外国人有什么对不起秦国的？美色、音乐、珍珠、宝玉不产在秦国，而大王却享用它们。而用人却不然，不问贤否，不论曲直，不是秦国人就不用，只要是外国人就赶走。这是大王重视美色、音乐、珍珠、宝玉而轻视人啊！我听说泰山不拒绝土壤，所以才那么高；江海不拒绝小河，所以才那么深；王者不拒绝人民，所以才能建立德政，成就大业。因此，五帝、三王才能够无敌于天下。现在，大王却抛弃人民以资助敌国，拒绝宾客让他们给诸侯办事，这岂不等于送士兵给敌人，送粮食给大盗吗！”

这就是有名的《谏秦逐客书》。秦王见了李斯的谏书，忙收回《逐客令》，将他召回，恢复了他的职位。这时，他已经走到骊邑了。秦王任命李斯为廷尉，这是秦国最高的司法官员。李斯向秦王建议先灭韩国。秦王

◎战国 孔雀衔蛇纹铜锥◎

这件铜锥有圆球形柄，内中空，上端有一个圆铸孔。球体表面精细刻画孔雀衔蛇纹，图案优雅秀美，显示古滇人非凡的工艺制作水平。

欣然同意，命李斯筹划攻打韩国。

韩王闻讯，召见韩非商量对策。韩非是韩国的公子，曾与李斯同在荀卿门下学习。他多次向韩王提出富国强兵之策，但未被采用，于是发愤著书十余万言。韩非写的书传到秦国，秦始皇读后大为赞赏，叹道：“如果我能见到这本书的作者，与他共事，就是死了也无遗憾了。”李斯说：“这是我同学韩非的著作。”于是，秦王命令秦军攻打韩国，索取韩非。当初韩王未用韩非，如今到了临危之际，只好请出韩非。秦王嬴政十三年(公元前234年)，韩非到了秦国。秦王见了韩非，十分高兴。但韩非入秦的目的是存韩弱秦，并不打算为秦国效力，他多次向秦王上书，破坏李斯对韩国的进攻计划。李斯对秦王说：“韩非是韩国公子，现在大王打算吞并诸侯，韩非最终是要站在韩国一边，不会为秦国出力的。韩非归国，必为秦患，不如找借口将他诛杀。”秦王深以为然，下令查办韩非。李斯派人给韩非送去毒药，让他自杀。韩非想见秦王，有话面陈，官吏不许，于是就服毒自尽了。韩非一死，韩国别无良策，只好束手待毙。秦王见李斯很有韬略，又任命他为客卿。

秦王在李斯等人的辅佐下，历时二十余年，消灭了六国，于秦王嬴政二十六年(公元前221年)统一了中国，自称“始皇帝”。

当时，天下虽然统一了，但统一以后实行什么样的国家制度，又成为当务之急了。丞相王绾主张施行周代的分封制，并且受到百官的一致支持。秦始皇一时也拿不定主意，便将这件事交给李斯处理。李斯认为这些文人的建议十分荒谬，不可采纳。他认为分封制是历史的倒退。于是，他上书秦始皇，力主推行郡县制。秦始皇采纳了李斯的建议，不封子弟为王，将全国分为三十六郡，郡以下设县、乡、亭、里，组织十分严密。郡县制开创了中国历史上行政区划的先例，影响深远。其中有不少制度，不但为汉唐以后各封建皇帝所采用，而且一直延续到今天。

※知识链接※

赵高是秦汉时期的书法大家，东汉许慎《说文解字序》云：“赵高作《爰历篇》，取史籀大篆，或颇省改。”

李斯才智过人，辅佐秦始皇完成帝业后，又奉命整理文字。他用小篆体编写了《仓颉篇》，作为标准的文字范本，颁行全国。由于李斯的贡献，秦始皇任命他为丞相，封他为通侯。

秦始皇三十四年(公元前213年)，博士淳于越又提出了师古和分封子弟的问题。这次，李斯反对得更加坚决，他上书说：“过去，诸侯纷争，广招游学之士。现在天下一统，法令出于一家，百姓应该致力于农工，读书人则要学习法令。但现在一些文人学士以

◎秦 扁壶◎

及诸子百家总是借古非今，迷惑百姓，批评朝政，这也不对，那也不对，并以此来炫耀自己的高明。在这种情况下，如果不采取措施加以制止，君主的权威就会削弱，下面的人也会逐渐形成党派。因此，请皇上颁布命令：凡是民间有收藏《诗》、《书》和诸子百家等书籍的，一律交出焚毁。命令下达三十天后仍不焚毁的，要处以鲸刑，并罚以徒刑。不必加以焚毁的，仅限于医药、占卜和种树之书。想学习法令的人，应以在职的官吏为师，不得私自办学。”

秦始皇准奏，下令焚毁《秦记》以外的列国史记，对不属于博士官主管的私藏的《诗》、《书》等也都限期焚毁。有敢于谈论《诗》、《书》的处死，以古非今的灭族。禁止办私学。第二年，卢生、侯生等方士、儒生攻击秦始皇。秦始皇派人追查，将四百六十多名方士和儒生在咸阳活埋了。这就是“焚书坑儒”事件。

秦始皇三十七年(公元前210年)冬十月，李斯、秦始皇的小儿子胡亥和中车府令赵高跟随秦始皇出游，秦始皇在平原津一病不起。临死时，他让中车府令行符玺事的赵高写好书信，给长子扶苏，让他到咸阳参加葬礼。信已写好，尚未发出，七月，秦始皇死于沙丘平台。秦历以十月为一年之首，也就是第一个月，而以九月为一年之尾。因此，这里的七月仍是秦始皇三十七年。

李斯唯恐各位公子作乱，天下有变，于是密不发丧，将棺材装在大车上运往咸阳。一路上，照旧上饭，百官奏事如初。只有几个人知道秦始皇已经死了。

这时，深得胡亥宠信的赵高开始打坏主意了。当初，秦始皇尊宠蒙氏兄弟，蒙恬在外为将，蒙毅在朝内参政。赵高生下来是个天阉的男子，秦始皇见他身强有力，精通断狱，提拔他做了中车府令，让他教胡亥断狱，胡亥极宠信他。后来赵高犯罪当死，秦始皇让蒙毅审理，判了死刑。秦始皇见赵高平日做事勤敏，因而赦免了他，恢复了他的官职。从此，他十分痛恨秉公执法的蒙毅。

如今，赵高想：如果扶苏即位，必重用蒙氏兄弟，到那时，自己就倒霉了。于是，他给胡亥出主意，要伪造诏书，以秦始皇的名义诛死扶苏，立胡亥为太子。胡亥同意了。赵高又说：“此事不与丞相合谋，恐怕不能成功。”于是，胡亥让赵高找李斯商量。赵高对李斯说：“皇上的符玺和写给扶苏的信都在胡亥手里，立谁为太子，全凭你我之口了。你看怎么办好？”李斯说：“你怎么说出这种亡国之言？这不是做人臣的应当议论的。”赵高问道：“在长子扶苏的心目中，你

◎秦 云纹高足玉杯◎
杯身呈直口筒状，上层饰有柿蒂、流云纹，中层勾连卷云纹，下饰流云、如意纹。足似豆形，豆的腹部刻有丝束样花纹。为秦代罕见的佳作。

能比过蒙恬吗？”李斯说：“当然比不过蒙恬。”赵高说：“扶苏如果即位，必然让蒙恬做丞相，到那时，你肯定不能衣锦还乡了。而胡亥仁慈宽厚，可以即位。请你好好考虑考虑，再做决定吧。”李斯听了，认为他说得有理，便和他定计，诈称接受秦始皇之命，立胡亥为太子。另外写了一封信给扶苏，说他不能开边立功，士兵多有伤亡，还屡次上书诽谤君父，抱怨不能立为太子。还说将军蒙恬阴知其谋，却不能矫正他的过失，因此，两人要同时赐死，士兵改由裨将王离统率。扶苏见信后，立即自杀。胡亥即位，史称秦二世。后来，蒙氏兄弟也被赵高害死了。

秦二世不学无术，凶暴残忍，只知享乐。他登基后，听信赵高等人的谗言，增加赋税，滥用酷刑，使百姓和群臣不堪忍受。不久，天下大乱，陈涉、吴广揭竿而起，项羽、刘邦举兵响应，百姓纷纷造反。胡亥面对危机，不是引咎自责，而是多次责备李斯说：“你位居三公，为何令盗贼猖獗如此？”李斯无奈，只好顺水推舟，上书说：“贤明的君主一定要行使督责之术，因此大法家申子说：‘拥有天下而不严厉，那是让天下做自己的桎梏了。’不能督责，只为天下人奔忙，如尧和禹那样，天下就成了他们的桎梏了。如果不能进行督责，不能让天下听自己的，而只是苦形劳神，为百姓献身，那就成了百姓的奴仆了。因此，贤明的君主要严于督责，独断于上。诚能如此，群臣和百姓唯恐犯罪，哪里还敢造反啊！”胡亥听了这些话，正合己意，高兴起来，督责得更加严酷了。收税多的算是好官，杀人多的算是忠臣，路上都是受刑的人，死人在市上堆积如山。百姓更加恐惧了。

赵高依仗胡亥的宠信，为所欲为。为报私怨，杀人极多。他怕大臣入朝举报，便劝秦二世说：“天子之所以尊贵，是因为只闻其声，不见其面的原故。况且陛下富于春秋，未必尽通诸事。坐在朝上，万一谴责失宜，举止不当，必被大臣所见，加以指责。这样，如何向天下展示皇帝的神明呢？因此，陛下不如深居宫中，让微臣和懂法令的侍中处理政事，有事也好商量。这样，天下就会称陛下为圣主了。”秦二世正懒得上朝，听了这话，真是求之不得，立即准奏。从此，他再也不坐朝接见大臣，政事都由赵高一人决定了。

这一切，李斯看在眼里，急在心上，后悔当初不该与赵高合谋，杀了扶苏，立了胡亥这个昏君。在人前背后，他流露出对赵高的不满情绪。赵高知道后，表面上不说什么，只是怂恿李斯说：“关东盗贼越来越多，陛下却急于修建阿房宫，收集狗马无用之物。我想谏止，但位卑身贱，这

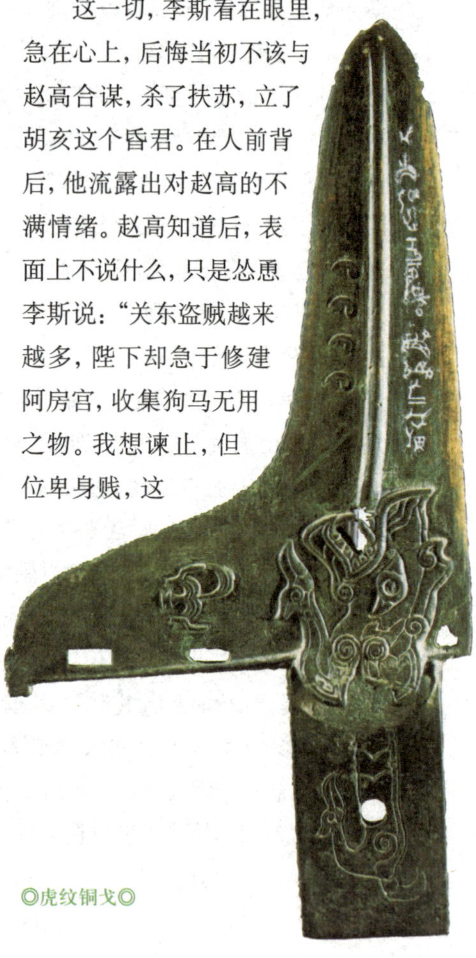
◎虎纹铜戈◎

◎秦 将军佣◎

是丞相之事，丞相为何不谏止呢？”李斯不知是计，回答说：“是的，我早就想谏止了。只是陛下不上朝，常居深宫，我想说的话实在无法上达啊！”赵高说：“你如果真能谏止，我可以安排时间。等皇上有空时，我告诉你。”李斯高兴地说：“这太好了。”过了几天，赵高见秦二世开宴奏乐，面前都是陪伴的美女时，特地让人去告诉李斯说：“皇上正闲着，可以奏事了。”李斯听了，忙进宫求见。秦二世推说有事，不肯接见。李斯一连三次到宫门求见，秦二世动怒说：“我平时常闲着，丞相也不来找我，今日正在宴乐，丞相却总要奏事，真扫兴！难道认为我做错了什么事吗？还是想难为我？”赵高乘机说：“沙丘之谋，丞相曾经参与。如今陛下做了皇帝，而丞相职位照旧。因此，他一定是想裂土封王了。还有，陛下不问我，我是不敢说的。楚盗陈涉是丞相邻县人，因此楚盗在关东通行无阻。丞相长子李由担任三川郡郡守，陈涉路过三川郡时，李由不肯出击。微臣听说李由和陈涉有书信往来，但未审其实，所以不敢上奏。还有，丞相在宫外，权力已经重于陛下了。”秦二世听了，想要审理李斯，但又怕失实，便决定先审理李由通敌的事。

李斯听说后，上书二世，在规劝之余，又指出赵高的许多罪行。他说：“赵高专擅朝政，与皇帝无异。从前，田和做齐康公的相国，窃用恩威，下得百姓，上得群臣，终于赶走齐康公而窃取齐国。这是天下人都知道的。如今赵高心术不正，有谋反之行。私家之富，与田氏无异，却仍然贪欲无厌，求利不止。其心可知！陛下若不早做准备，恐怕他会造反的。”胡亥是赵高一手策划才当上皇帝的，怎能容忍有人说赵高的坏话呢？见了李斯的上书，他气愤地说：“这是哪里话！赵高本是一名宦官，富贵不淫，临危不惧，品行高洁，一心向善，因忠得官，勤于职守。朕认为他很贤能，你却猜疑他。朕不依靠他，又当依靠谁呢？况且赵君为人，精明强干，能知下情，又能体贴朕，希望你不要猜疑了。”秦二世极其宠信赵高，怕李斯杀了他，便将这事私下告诉赵高了。赵高说：“丞相怕的只有我，我死之后，他该仿效田和谋位夺国了。”

这时，关东各地起义的越来越多，关中不停地派兵去镇压。右丞相冯去疾、左丞相李斯、将军冯劫进谏道：“陛下，关东盗贼蜂起，我大秦发兵追击，杀伤甚众，但仍不能平息。盗贼产生的原因，主要是戍边、漕运、徭役太苦，赋税太重。请陛下停止拉夫修建阿房宫，减轻戍边、漕运、徭役之苦，减少赋税。”秦二世大怒道：“拥有天下之所以可贵，就在于能够肆意极欲。天子尊贵，法律严明，下面才不敢为非作歹。皇帝是应该驾驭四海，为所欲为的。虞舜和夏禹，贵为天子，却要让身子受苦，为百姓卖命，何足为法！况且先帝起自诸侯，兼并天下，天下已定，外攘四夷，安定边境，然后建造宫室，庆贺成功，宣扬帝业，这有什么不对？朕即位两年间，盗贼蜂起，你们不能禁止，却又想废掉先帝的举措！这是既不能上报先帝，又不能为朕尽忠，还占着职位干什么！”于是，秦二世将他们三人下狱，还要审理其他的罪。冯去疾、冯劫自杀了，只有李斯去接受审理。

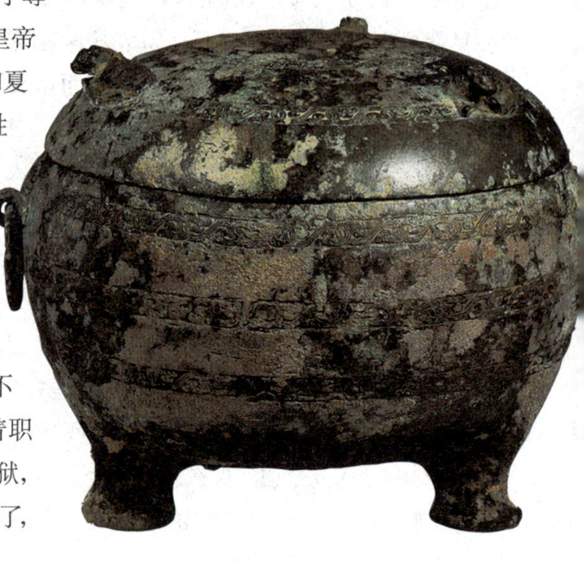

◎战国 交龙纹鼎◎

秦二世先撤了李斯的丞相之职，然后将他交给赵高处理。赵高便指使人严刑拷打李斯，逼迫李斯承认罪行。赵高命令狱卒打李斯一千多棍，李斯受刑不过，只得诬服了。李斯之所以不肯自杀，一是仗着自己能言善辩，相信自己的口才；二是仗着有功，对秦始皇统一天下做过巨大贡献；三是自己确实并无反心。他在狱中上书秦二世说：“我担任丞相，治理国家，已经三十多年了。本来秦地狭隘，不过千里，士兵只有数十万。我施展薄才，派出间谍，带着金玉，游说诸侯。又暗修甲兵，推行政教，让勇士做官，让功臣尊贵，终于兼并六国，一统天下，令秦王做了天子。我还北攻匈奴，南平百越；统一度量衡，划定文字。这些都是臣的罪过，臣早就该死了。幸而先帝让臣效力，才得以活到今天，请陛下体察。”上书写好后，赵高让狱吏扔了，不肯上奏，并说：“囚犯怎能上书呢！”

赵高让他的门客十多人装成御史、谒者、侍中，轮番审讯李斯。李斯以为有了申冤的机会，便实言相对，结果又受了酷刑。等到秦二世派人复审时，李斯怕再挨打，只得诬服了，这便要了他的命。来人回去上奏秦二世，秦二世大喜道：“多亏赵君，否则朕被李斯卖了。”调查李由的使者到三川郡时，李由已经被义军杀了。使者回到咸阳时，李斯正在狱中。赵高便虚报案情，罗织罪名。

秦二世二年(公元前208年)，李斯备受五刑，先处以黥刑，斩掉左右脚趾，然后腰斩于咸阳市。赵高还将李斯的父母、兄弟、妻子三族之人全部诛杀了。李斯被押赴刑场时，回头对他的次子说：“我真想和你再牵着黄犬，一起出上蔡东门去猎狡兔，可惜办不到了！”说罢，父子都哭了。

李斯死后，秦二世任命赵高为中丞相，大权独揽。赵高自知权重，恐朝臣不服，特地在一天早朝时将一只鹿献给秦二世，对秦二世说：“这是一匹马。”秦二世笑道：“丞相搞错了吧，怎么指鹿为马？”他问左右的人说：“这是鹿还是马？”有的人默不作声；有的人阿附赵高，说道：“这是马呀。”有的人据实而言，说道：“这哪里是马，分明是鹿嘛。”退朝后，赵高把说是鹿的人一个个都治罪了。从此，赵高说一不二，谁也不敢多言了。

赵高常对秦二世说：“关东盗贼成不了什么大事。”秦二世三年(公元前207年)，刘邦率军攻下武关，关中震动，赵高这才害怕了。他怕秦二世治他的罪，将他处死。于是，他称病不朝了。

秦二世派人去责问赵高道：“丞相，为何盗贼日多？”赵高一听，更加害怕了。他决定先下手为强，杀死秦二世。他让女婿阎乐率兵入宫，数落二世的罪行，二世问道：“我可以见丞相吗？”阎乐说：“不可以！”二世说：“我想做一郡之王。”阎乐说：“那不行！”二世说：“我想做万户侯。”阎乐仍说不行。二世又说：“我愿和妻子为民，位比公子。”阎乐说：“我受丞相之命，特来杀你。你虽有话，我也不敢回报。”二世听了，无可奈何，只得自杀。

赵高见二世已死，扬言要立二世的侄儿子婴为秦王，先让他斋戒五天，然后让他到宗庙接受玉玺。子婴和儿子商量道：“赵高杀了皇上，怕群臣杀他，诈称要立我为王。我听说他已和关东盗贼约好，要尽除秦宗室，在关中称王。他让我去宗庙，是想在宗庙里杀我。我称病不去，他一定来找我。他来时，我们就杀了他。”

赵高果然派人去请子婴，子婴不去。赵高亲自去请，责问道：“宗庙大事，为何不去？”子婴骂道：“祸国殃民的奸雄，你的死期到了。”斋宫里伏兵齐出，将赵高杀死了。

成语典故

指鹿为马

把鹿说成是马。比喻有意颠倒黑白，混淆是非。

历代名家点评

李贽：李斯开阡陌，置郡县，此等皆是应运豪杰、因时大臣。圣人复起，不能易也。

鲁迅：秦之文章，李斯一人而已。

郭沫若：秦二世暴虐无道，罪浮于纣，是引起了天下人的大不服，而终至于灭亡的。

毛泽东：李斯是拥护秦始皇的，思想上属于荀子一派，主张法后王，后王就是齐桓公、晋文公，秦始皇也算。

刘邦得天下

◎ 汉纪 汉高祖五年
◎ 公元前202年

阅读提示

秦末，陈胜、吴广起义失败后，楚地义军分两路攻秦。项羽在关东聚歼秦军主力；刘邦乘隙攻入咸阳，秦灭亡。依据楚怀王“先入定关中者王之”的约定，刘邦欲称王关中，派兵驻守函谷关，以防诸侯入关。项羽歼灭秦军主力后，取得诸侯上将军地位，实力雄厚，意图消灭刘邦集团。随即项羽、刘邦为争夺政权而进行了一场大规模战争——楚汉之争。

原文

十一月，沛公悉召诸县父老、豪杰，谓曰：“父老苦秦苛法久矣！吾与诸侯约，先入关者王之；吾当王关中。与父老约，法三章耳：杀人者死，伤人及盗抵罪。馀悉除去秦法，诸吏民皆案堵如故。凡吾所以来，为父老除害，非有所侵暴；无恐！且吾所以还军霸上，待诸侯至而定约束耳。”乃使人与秦吏行县、乡、邑，告谕之。秦民大喜。争持牛、羊、酒食献飨军士。沛公又让不受，曰：“仓粟多，非乏，不欲费民。”民又益喜，唯恐沛公不为秦王。

史纪风云

项羽在封诸王时，没有按照怀王的约定，将最先攻入关中的刘邦封为秦王，而是将刘邦封为汉王了。项羽借口说：“汉中过去也属秦国。”

刘邦未被封为秦王，心中大怒，要攻打项羽。萧何劝道：“汉王是比秦王差多了，但也比死强多了呀。”刘邦问道：“何至于死呢？”萧何回答说：“现在攻打项羽，肯定百战百败，非死而何？不如先做汉王，招贤纳士，以汉中为基础，占领关中，再夺天下。”刘邦听了这话，笑道：“说得对！”于是，他做了汉王，以萧何为丞相。

汉王刘邦到汉中时，将士已经逃了不少了。他们因思念家乡，回到了东方。这时，有个叫韩信的人也逃了。

韩信是淮阴人，读通了中国古籍，有经天纬地之才。天下大乱时，他投到项羽军中，因项羽不听他的计谋，他又投到刘邦军中。刘邦也未重用他。他见自己无用武之地，就跟着别人一起逃走了。

萧何深知韩信之才，知道刘邦要夺天下，非靠韩信不可。于是，他跳上马背去追韩信，将韩信追了回来。

当萧何去追韩信时，有人对刘邦说：“萧何也逃了。”刘邦一听，好像失去了左膀右臂。

萧何追回韩信后，刘邦问萧何道：“你怎么也逃了？”萧何回答说：“我哪里逃了！我是去追逃走的人啊。”刘邦问道：“你去追谁了？”萧何说：“我去追韩信了。”刘邦说：“将领逃了十多个，你不去追，怎会去追韩信呢？分明是在撒谎。”萧何说：“将领容易找。像韩信这样的国士，天下无双，可不好找啊！大王如果只想做汉王，就用不着韩信了；如果想争夺天下，非用韩信不可。”刘邦听说韩信能帮他夺得天下，心中大喜，立即拜韩信为大将。

※知识链接※

《大风歌》：大风起兮云飞扬，威加海内兮归故乡。安得猛士兮守四方？

——刘邦

汉高祖元年(公元前206年)八月，刘邦在韩信的帮助下，率军攻占关中，将关中设为渭南、河上、上郡三郡。

接着，刘邦派兵出武关，让王陵去迎接父亲太公和妻子吕后。项羽听说后，发兵阻击，王陵无法通过楚军阵地，未能到达沛县。

王陵也是沛县人，聚集了数千人，占据南阳，如今新归刘邦。

项羽将王陵的母亲劫到军中，想劝王陵归降。王陵派使者来到项羽军中，王母对使者说：“请你告诉陵儿，在汉王手下好好干，

◎西汉 铜灯◎

不要因为我而分心。汉王是仁厚长者，最后一定会得到天下的。”说罢，伏剑而死。项羽大怒，将王陵母亲的遗体烹了。

汉高祖二年(公元前205年)十月，项羽密遣九江王英布、衡山王吴芮、临江王共敖击杀义帝。

项羽封随他进入关中的田都为齐王，田荣不服，将田都赶走。项羽率军伐齐，刘邦趁机攻下楚国的都城彭城，将宝玩和美女都占有了。项羽听说刘邦日日在彭城饮酒欢会，气炸了肺，率领三万精兵，日夜兼程赶回彭城，刘邦大败。

刘邦想回沛县接家人一起逃走，项羽早已派人去劫他的家人，家人都逃散了。因此，刘邦没有接到家人。

刘邦在逃跑的路上，碰到了大儿子刘盈和女儿鲁元公主，便让他们上车一起逃跑。不多时，楚军骑兵追了上来。刘邦急了，忙把儿子和女儿推下车去。太仆滕公见了，又把他俩抱到车上。刘邦将儿子和女儿推下去三次，滕公又将他们抱上车三次。滕公说：“现在虽然危急，也不能抛弃孩子。”刘邦生气了，拔出宝剑，有十多次要杀孩子，都被滕公保护住了。审食其保护着太公和吕后从小路去找刘邦，没有遇到刘邦，反而遇到楚军。楚军将他们带回大营，项羽便将他们留在军中做了人质。

刘邦逃回后，问群臣说：“我把关东交给谁好呢？”张良献计说：“九江王英布是楚国的骁将，但他和项羽不和。还有彭越，已经和齐国联合反对项羽了。大王应赶快用这两个人。在大王的将领中，韩信可以独当一面。大王如把关东交他们三个人，一定能够打败项羽。”八月，刘邦前往荥阳，将关中交给萧何，让他辅佐太子，负责供应军粮。

◎西汉　五牛铜枕◎

刘邦派人去劝魏王魏豹归汉。魏豹说：“汉王傲慢，好侮辱人，骂群臣和诸侯就像骂奴隶一样，我不想再见到他。”于是，刘邦派韩信、灌婴、曹参率军攻打魏国。韩信佯装要在蒲坂渡过黄河，魏王将大

军都集结在蒲坂对面的临晋。韩信见魏王中计，便率大军悄悄从夏阳渡河，进袭安邑，俘虏了魏王。刘邦将魏国设为河东、上党、太原三郡。

汉高祖三年(公元前204年)十月，韩信和张耳率军数万攻打赵国。赵王和成安君陈馀将二十万大军集结在天险井陉口，想阻止汉军东进。广武君李左车对陈馀说："汉军乘胜而来，不可与之交锋。如果断其粮道，再前后夹击，可取汉军两将之头。"陈馀不听。

韩信在距井陉口三十里处下寨。夜里，选轻骑二千人，一人手持一把红旗，从小路过山，埋伏在井陉口敌营附近。

清晨，韩信率大军进攻赵军，赵军倾巢而出。韩信背水列阵，士兵见无退路，拼死抵抗。赵军不能获胜，只得退回。这时，埋伏在敌营附近的二千人早已进入敌营，在敌营里遍插红旗。赵军见了，以为汉军已经占领了营寨，顿时大乱，四散而逃。赵将虽然斩了一些逃兵，但仍禁止不住。这一仗，汉军大胜，斩了陈馀，擒获赵王。

韩信传令："有能生擒李左车的，赏千金。"不多时，有人将李左车绑来。韩信为他解开绳子，请他坐下，以师礼接待他，向他请教说："我想北上伐燕，东进伐齐，请问如何能够成功？"李左车回答说："我是俘虏，怎能参与军机大事啊！"韩信说："当年，百里奚在虞国，虞国灭亡了；在秦国，秦国称霸了。不是因为百里奚在虞国时愚笨，在秦国时聪明，而是在于国君用不用他，听不听他罢了。如果成安君听你的计谋，我早已被擒了。现在，我诚心诚意地向你求教，请你不要推辞。"李左车这才说："将军连灭魏、赵，兵力已乏，暂时不宜进军。应休整部队，安抚

◎西汉 鎏金蟠龙虎纹双耳洗◎

洗呈圆形，口沿外折，腹部较浅，圆底。腹部两侧设有兽首衔环耳，中间装饰有弦纹带，由三道并列的凸弦纹构成，内壁装饰有蟠龙纹和虎纹等，线条细如毫发，飞动飘逸。

※知识链接※

汉初名将韩信，用兵不拘常格，出奇制胜，为汉王朝的建立立下了卓越的功勋。民间有"韩信将兵，多多益善"的俗语。

赵民，派使者到燕国，晓以利害，燕国必然畏服。然后大军东进，天下可定。"韩信依计而行，燕国投降。第二年，齐国也攻下了。

刘邦和项羽对峙，互有胜负。项羽缺粮，十分担忧，便把刘邦的父亲放在大肉案上，对刘邦说："再不服输，我要烹太公了。"刘邦说："当年，我和你共事怀王，约为兄弟，我的父亲就是你的父亲。如果你一定要烹他，请分我一杯肉汤。"项羽大怒，要杀太公。他的叔叔项伯劝道："天下胜负难料，况且争天下的人都不顾家，杀了太公也无益于事。"项羽听了，便没有杀太公。

过了一个月，刘邦派人到楚军去接太公和吕后。项羽见难以灭掉刘邦，军粮又吃光了，便答应放回太公和吕后，相约以鸿沟为界，和刘邦平分天下。鸿沟以东属楚，鸿沟

以西属汉。楚军退走后，刘邦也想退军。谋士张良和陈平说："我大汉已占天下大半，诸侯又都归附我们，楚军兵疲食尽，这正是天亡项羽之时。如果此时不进击项羽，会养虎遗患的。"刘邦听了，猛然醒悟，忙率大军追袭楚军。楚军大败，项羽在乌江自刎而死。

汉高祖五年(公元前202年)二月，刘邦在汜水之滨即位，做了皇帝。秦末天下大乱，到这时又统一了。

◎西汉　鸳鸯形香熏◎

整体形象为一只鸳鸯。微微回首，冠羽翘耸，口微启，双目小而睁亮，翼翅微张，尾羽翘起，一蹼掌独立于长方形座上，一蹼掌缩于腹下。造型生动可爱而又写实。腹部中空，背部开孔，并有一镂空花纹的圆盖，盖钮连接的绳纹链与背部相接。若腹中焚香，则清烟于盖中缓缓而出。形态优美，气韵舒畅，集赏用于一体，另人爱不释手。

历代名家点评

贾谊：秦以区区之地，致万乘之权，招八州而朝同列，百有余年矣，然后以六合为家，殽函为宫。一夫作难而七庙堕，身死人手，为天下笑者，何也？仁义不施而攻守之势异也。

扬子《法言》：或问："楚败垓下，方死，曰'天也！'谅乎？"曰："汉屈群策，群策屈群力；楚憞群策而自屈其力。屈人者克，自屈者负。天曷故焉！"

毛泽东：汉高祖刘邦比西楚霸王项羽强，他得天下一因政策对头，二因用人得当。

毛泽东：宜将剩勇追穷寇，不可沽名学霸王。

毛泽东：刘邦能够打败项羽，是因为刘邦和贵族出身的项羽不同，比较熟悉社会生活，了解人民心理。

成语典故

韩信将兵

比喻多多益善。汉·司马迁《史记·淮阴侯列传》："上问曰：'如我能将几何？'信曰：'陛下不过能将十万。'上曰：'于君何如？'曰：'臣多多益善耳。'"

约法三章

《史记·高祖本纪》："与父老约，法三章耳：杀人者死，伤人及盗抵罪。"《汉书·刑法志》："高祖初入关，约法三章。"

吕后篡权

◎ 汉纪 汉惠帝元年
◎ 公元前194年

阅读提示

吕雉是我国历史上第一个皇权独揽的女人，历史上对她的评价毁誉参半。她为人刚毅，辅佐刘邦平定天下；她阴狠毒辣，掌权十五年。在她统治时期，政治、法制、经济和思想文化各个领域，均全面为“文景之治”奠定了坚实的基础。那么，建立初期的大汉江山又是如何被一个女人篡夺的呢……

原文

冬，十二月，帝晨出射。赵王年少，不能蚤起；太后使人持鸩饮之。黎明，帝还，赵王已死。太后遂断戚夫人手足，去眼，辉耳，饮喑药，使居厕中，命曰“人彘”。居数日，乃召帝观人彘。帝见，问知其戚夫人，乃大哭，因病，岁馀不能起。使人请太后曰：“此非人所为。臣为太后子，终不能治天下。”帝以此日饮为淫乐，不听政。

史纪风云

◎西汉 玉镂雕螭纹谍◎

汉高祖十一年（公元前196年），淮南王英布造反，高祖抱病亲征，被流矢射中，归途中未能及时医治，病情加重。回到长安后，病情转危。

他的妻子吕后找了一位名医来给他治病。汉高祖问医生说：“我的病还能治吗？”医生诊脉之后，先是皱皱眉头，然后委婉地说：“陛下的病虽然很重，但还是可以治的。”汉高祖骂道：“还治什么！我手提三尺宝剑取得天下，这不是天命吗？现在上天要我的命了，即使把名医扁鹊找来，又有什么用呢！”说完，他吩咐赏给医生黄金五十斤，也不叫开药方，就把医生打发走了。

吕后是个有政治野心的人。她见汉高祖危在旦夕，很想知道他怎样安排后事，就问他说：“陛下百年之后，萧相国如果也死了，谁能接替他呀？”汉高祖说：“曹参可以接替他。”吕后又问道：“谁能接替曹参呢？”汉高祖说：“王陵能接替。不过，他有时显得笨，可以让陈平协助他。陈平智谋有余，但不能独当一面。周勃虽说缺少文化，但是稳重厚道。将来安定刘家天下的，必定是他，可以叫他做太尉。”吕后还想接着往下问，汉高祖说：“再往后的事，你也不能知道了。”汉高祖十二年(公元前195年)四月，汉高祖去世了。

汉高祖一死，吕后就开始搞起阴谋来。过了四天，还没有发讣告，她却偷偷地和她的亲信审食其密谋杀害功臣。她对审食其说：“朝中的几员大将，当初和皇上都是一样的老百姓。后来，他们向皇上称臣，心里总是不愉快。现在，又要他们来辅助年轻的皇帝，他们能心甘情愿吗？依我看，不把他们斩尽杀绝，天下是不会太平的。”

有人听到了吕后和审食其的密谋，急忙去告诉大将郦商。郦商找到审食其说：“我听说皇上去世已经四天了，还不发讣告，却在打算杀害功臣。如果真是这样的话，天下就危险了。陈平、灌婴带着十万兵马驻守荥阳，樊哙、周勃率领二十万兵马平定燕、代，如果他们听说皇上已经去世，朝廷要杀戮功臣，一定会联合起来造反的。这样，天下岂不又要大乱了吗？”审食其听了，觉得有理，就把郦商的话告诉给吕后。吕后只好改变主意，赶快向外发讣告，并且把太子刘盈立为皇帝，史称汉惠帝。

※知识链接※

历史上对吕雉的评价毁誉参半。但无论如何，在我们的年代，看到的是她在当时为她的子民所作出的成绩。所以仅在这一方面，对她的评价应该是正面的。

汉惠帝这年十七岁，性格优柔寡断，而且身体不好。这样，朝中大权就全落到他母亲吕后手里了。吕后为人阴险奸诈，心肠狠毒。汉高祖还活着的时候，吕后就采取阴谋手段杀戮功臣，为以后篡权扫除障碍。

当初，韩信被降为淮阴侯时，汉高祖本来没有杀他的意思。可是，吕后乘汉高祖外出平叛之机，设个圈套把韩信骗进未央宫，关进钟室里偷偷杀掉了。

◎西汉 鎏金龙纹甬钟◎

彭越本来并没有谋反，是被人诬告后，才被汉高祖治罪的。汉高祖因他功劳大，谋反证据又不足，不想杀他，只是把他削职后放逐到蜀中去。彭越离开洛阳前往蜀中时，在路上遇见吕后。他哭着向吕后求情说："我没有罪，不要把我放逐到偏远的蜀中去。请你帮帮忙，让我回老家昌邑去吧。"吕后满口答应，带着彭越回到洛阳。可是她见到汉高祖后，却说："像彭越这样有本领的人，把他放逐到蜀中去，岂不是养虎遗患吗？不如把他杀掉。现在，我已经把他带回来了。"于是，她找了个假证人出来告发彭越，以谋反罪把彭越杀死，并且灭了他的三族。

◎西汉 骑马指挥陶俑◎

汉高祖杀戮异姓王时，吕后帮了不少忙。等汉高祖一死，她就杀起刘姓王来，进一步为篡权做准备。她用残酷的手段先后杀死了赵隐王刘如意、赵幽王刘友，逼死赵共王刘恢、燕灵王刘建。在短短几年中，把汉高祖的八个儿子杀了四个。齐悼惠王刘肥，差一点也被吕后害死。由于有人给他出主意，向吕后的亲生女儿鲁元公主献了一个城阳郡，才保住了一条命。刘如意的性格很像汉高祖，是汉高祖最喜欢的一个儿子。汉高祖生前，曾多次想废掉优柔寡断的太子刘盈，立如意为太子。由于大臣坚决反对，才没有办成。

汉高祖死后，吕后先把刘如意的母亲戚夫人打进冷宫，给她脖子上套个囚犯戴的铁箍，身上穿上囚犯的衣服，罚她一天到晚舂米。如果舂不到一定数量的米，就不给她饭吃。

接着，吕后又把刘如意从封地上召到京城，准备杀害他。汉惠帝从小和刘如意在一起玩耍，虽说是异母兄弟，感情却很融洽。汉惠帝听说母亲把刘如意召来，知道凶多吉少，就赶紧把他接到宫里，吃饭睡觉都和他在一起，想尽一切办法保护他。由于汉惠帝的保护，吕后好几个月都没有机会对刘如意下手。一天，汉惠帝清早起来去打猎，刘如意因为睡懒觉，没有起来跟着去。吕后见有机可乘，就派人送去毒酒，把刘如意毒死了。

刘如意死后，吕后叫人砍断戚夫人的手脚，挖掉眼珠，熏聋耳朵，灌了哑药，把她叫做"人彘"，关进了茅房。

过了几天，吕后叫汉惠帝来看"人彘"。汉惠帝一看，认出这个没有手脚、又瞎又聋又哑的"人彘"，就是父亲生前最宠爱的妃子戚夫人，吓得号啕大哭，病了一年多。

汉惠帝在病中派人送信给吕后说："把人害成这个样子，简直不是人的行为。我作为你的儿子，实在不配治理天下！"从此，他心灰意冷，一天到晚饮酒消愁，不再过问国家大事。即位后的第七年，他就忧郁而死了。

汉惠帝死后，吕后假惺惺地哭了一场。可她只是干号，并没有掉一滴眼泪。这时，张良的儿子张辟疆在朝中做侍中的官，他虽然只有十五岁，却猜出了吕后假哭的秘密。于是，他跑去对丞相陈平说："太后只有惠帝一个儿子，如今儿子死了，太后哭时一滴眼泪都没有，你知道这是为什么吗？"陈平反问说："你说这是什么缘故呢？"张辟疆说："皇帝没有成年的儿子，她一定害怕你们这些功臣。你现在去请太后任命她的侄子吕台、吕产、吕禄当将军，让他们带兵，请吕家其他的人进宫掌权。这样，太后就放心了，你们也就不会有什么危险了。"陈平是个足智多谋、又十分忠于刘邦的人，他对吕后的野心已经有所察觉，不过认为吕后篡权的面目还没有暴露，目前还不能和她闹翻，最好还是顺着她的意思办。于是，他听从张辟疆的意见，进皇宫对吕后说了，吕后十分高兴，再哭时果然有眼泪了。但是，吕后一家篡权的活动也就从此开始了。

汉惠帝的皇后张氏一直没有生儿子。当初，吕后叫她在衣服里面塞些东西，让衣服鼓起来，说是怀孕了。到时候，抱来一个宫中美人生的婴儿，假称是皇后生的，并把那个美人杀了灭口。

汉惠帝死后，这个抱来的婴儿即位做了皇帝，历史上称为少帝。

◎西汉　鸭形薰炉◎
炉体为一挺立的鸭形。昂首，曲颈，额顶刻画有羽毛，背脊隆起并镂空透雕，作为可以启闭的炉盖，掌蹼清晰可辨，下为碗形承盘。

其实，这个少帝只不过是一个小傀儡。当时，朝中的一切号令都是由吕后发出的。她是实际上的女皇。

吕后篡权后，想封吕家的子侄为王，借以巩固她的地位。她先征求右丞相王陵的意见。王陵是个直心眼，不懂吕后的用意，当面反对说："不行！高祖在世的时候，曾杀白马宣誓，制订盟约：'不是刘家的人不得封王，没有功劳的人不得封侯。谁不遵守这个盟约，天下人共同讨伐他。'如今封吕家的人为王，是违背盟约的。我不同意！"吕后听了很不高兴。过了几天，她免掉王陵的右丞相一职，叫他去做少帝的老师。王陵很生气，推说有病，告假回故乡去了。吕后赶走了王陵，把左丞相陈平升为右丞相，把自己的亲信审食其提拔为左丞相。汉朝时，右丞相的职位在左丞相之上。

◎汉 玉夔凤纹韘◎

玉料青白色，局部有赭色沁。体呈弧形，片状。上部作一尖锋，尖锋一侧斜出一长榫，榫前端又尖又长；中间有一小孔，主体刻阴线云纹，与两侧及尖锋前部的镂雕夔纹相连。这件作品主体为韘形，整体弯曲似桥，在造型上受到璜形玉佩的影响。它的镂雕部分相当多，是夔凤纹的变形，非常精致，为汉代玉佩的代表作品。

接着，吕后向大臣们放出口风，极力夸奖自己的侄子吕台如何如何能干，意思是想叫大臣们出面，奏请封吕台为王。大臣们顺从吕后的意见，替吕台请封，吕后就把吕台封为吕王，以济南郡作为他的封国。又封吕产为梁王，吕禄为赵王，吕台的儿子吕通为燕王。接着，又封了六个吕家的人为列侯。吕台封王后，不到一年就病死了，由他的儿子吕嘉继承王位。

几年后，少帝长大了些，有点懂事了。他听说张皇后不是他的母亲，吕后不是他的祖母，他的亲生母亲已经被害死了，就愤愤不平地说："太后怎么杀了我的母亲！我将来长大了，一定要替母亲报仇！"吕后听了这话，害怕将来真的出乱子，就将少帝偷偷杀害了。

吕后掌政的第四年(公元前184年)五月，吕后立恒王刘义为帝，更名刘弘。刘弘是个小孩子，也称少帝，照旧由她执掌朝中大权。这时，吕后和她的吕氏子孙已经把刘家的天下篡夺去了。名为汉家天下，其实已是吕家天下了。

历代名家点评

司马光：为人子者，父母有过则谏；谏而不听，则号泣而随之。安有守高祖之业，为天下之主，不忍母之残酷，遂弃国家而不恤，纵酒色以伤生！若孝惠者，可谓笃于小仁而未知大谊也。

文景之治

◎汉纪 汉文帝元年
◎公元前179年

阅读提示

西汉初年，经济萧条，到处都是一片荒凉的景象。汉高祖及其后的汉文帝、汉景帝等，吸取秦灭的教训，减轻农民的徭役和劳役等负担，注重发展农业生产。文景时期，提倡节俭，重视“以德化民”，社会比较安定，经济得到发展。历来被视为封建社会的“盛世”，史称“文景之治”。

原文

帝即位二十三年，宫室、苑囿、车骑、服御，无所增益；有不便，辄弛以利民。尝欲作露台，召匠计之，直百金。上曰：“百金，中人十家之产也。吾奉先帝宫室，常恐羞之，何以台为！”身衣弋绨，所幸慎夫人衣不曳地；帷帐无文绣，以示敦朴，为天下先。治霸陵，皆瓦器，不得以金、银、铜、锡为饰，因其山，不起坟。

史纪风云

◎汉马◎

刘邦死后，大儿子刘盈做了皇帝，史称惠帝。刘盈为人懦弱，不适合做皇帝，他的母亲吕太后掌握了朝中大权。刘盈在位七年，二十四岁便死了。惠帝死后，吕太后继续执政，九年后才死去。

吕太后死后，大将周勃和丞相陈平商量说：“代王刘恒是高祖的儿子，帝位应该由他来继承。”于是，刘恒做了皇帝。这就是历史上有名的汉文帝。这一年是汉文帝前元元年(公元前179年)。

刘恒是刘邦的第三个儿子。母亲薄氏，原是魏王豹的宫人，随儿子长住代国，远离长安，未曾与吕后争宠，所以平安地活了下来。刘恒做皇帝时，已经二十四岁了。

刘恒做了皇帝，第一道诏书就说：“春天快到了，草木复苏，而贫苦的百姓却面临死亡，为民父母的怎能不关心他们呢？要立即赈济他们。”

这一年，文帝废除了连坐法。过去，一人犯罪，要连累父母、兄弟、妻子。文帝说：“法律本来是禁止暴行保护好人的，既然犯法的人已经判了刑，又何必对他人施暴呢？”

文帝废除了肉刑。文帝前元十三年(公元前167年)，齐国太仓令淳于意犯罪，被押往长安，要受肉刑。他没有儿子，只有五个女儿。临行时，他骂女儿说：“只生女，不生男，危难时一点用处也没有！”他最小的女儿叫缇萦，听了这话很伤心，便跟父亲到了长安，上书皇帝说：“我父亲做官，人们都夸他廉洁公平，现在却要受肉刑。人死不可复生，截掉了肢体，就再也接不上，这些受刑的人就是想悔过自新也不可能了。为此，我很伤心。我愿意给官府做女奴，换取我父亲不受肉刑。”文帝见了，极为感动，当即下令废除了砍脚、割鼻、脸上刺字等肉刑。

文帝为了让百姓畅所欲言，还废除了妖言诽谤罪。他说：“这种罪让人不敢讲真话，使我无法知道自己的过失，一定要废除。”

文帝前元十四年(公元前166年)，匈奴大举南侵。因为没有良将，文帝十分着急。一天，文帝对郎中署长冯唐说：“朕当代王时，

◎汉 镂雕鼓钉龙纹璧◎

厨师在上饭时曾对朕说，战国时赵国有个名将叫李齐，很能打仗。从那以后，我每当吃饭时就会想到李齐。你知道这个人吗？”冯唐说：“赵国最有名的大将是廉颇和李牧，李齐比他俩差远了。”接着，冯唐便向文帝讲起廉颇和李牧的事迹。文帝听了，直拍大腿说：“朕要是有这样的将军，就不用担心匈奴了。”冯唐说：“陛下即使得到廉颇和李牧，也是不能用的。”文帝听了这话，十分生气，回身就进宫了。过了好长时间，文帝出来责问冯唐说：“你为什么当众羞辱朕？你怎么知道朕不能用廉颇和李牧呢？”冯唐回答说：“廉颇和李牧打了那么多胜仗，使赵国威振天下，是因为赵王充分信任他们。现在，我听说云中太守魏尚爱护士兵，打了好多胜仗，

※知识链接※

西汉文帝、景帝两代四十年左右的时间，政治稳定，经济生产得到显著发展，历来被视为封建社会的“盛世”，史称“文景之治”。

令匈奴不敢犯边。但仅仅因为他在报功时，首级比上报的数目差了六个，陛下就将他罢官判刑了。立了大功不赏，出了小错受罚。由此可见，陛下即使得到廉颇和李牧，也是不能用的。我是个愚人，好说真话。触犯忌讳，死罪死罪！”文帝听了这话，不生气了，当天就派冯唐持节赦了魏尚，恢复了他的职务，并提升冯唐为车骑都尉。

◎东汉 弋射收割画像砖◎

文帝在位期间，轻徭薄赋，与民休息，曾两次将田赋减为三十税一，甚至十二年免收全国田赋。他还大兴水利，加速发展农业生产。

文帝生活十分节省。有一次，他想建一座露台，一算需费百金，相当于中产人家十户的家产。他嫌花钱多，便停建了。

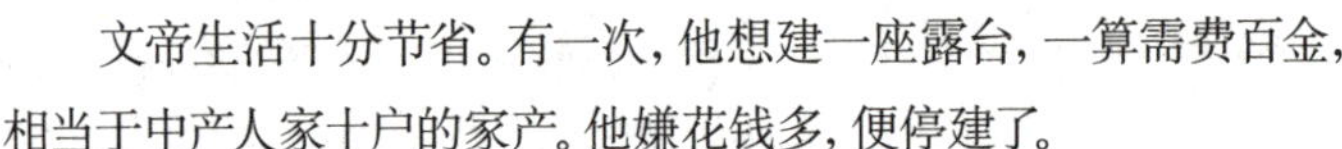

文帝在位二十三年，死时四十六岁。他在遗诏中嘱咐道：“生死是天地之理，物之自然，不要过分哀伤。民俗提倡厚葬，令人破产，只能有害于生者，朕极不赞成。朕死之后，百姓三天即可除掉丧服。丧期中不要禁止百姓嫁娶，不许禁止人们饮酒吃肉。对朕只可利用山势埋葬，不许起高坟。”他的殉葬器物只有瓦器，没有珠宝和金玉。为此，在汉朝皇帝中，只有他的墓没有被盗掘过。

文帝死后，太子刘启即位，史称景帝。他继续执行文帝的政策，国家越来越富。与此同时，藩王的势力也越来越强，对中央形成了威胁。其中最强大的是刘邦的侄儿吴王刘濞。

汉高祖刘邦在铲除韩信、彭越、英布等异姓王后，分封刘姓子弟为王，去接替空出来的王位，这就是同姓王。同姓王当初只有九个，后来逐渐增加，到汉文帝刘恒时，已经增加到二十多个了。其中领地最大的有齐、楚、吴、荆、燕、淮南等，这些王国所领有的土地合起来占西汉国土的大半。皇帝直接管辖的地区只有十五个郡，而这十五个郡当中往往还有列侯和公主的领地。因此，真正属于皇帝管辖的土地，就只有十个郡左右了。

刘邦生前认为同姓王都是他的兄弟子侄，是靠得住的。但事实上，同姓王势力大了也会造反，要夺取皇位的。

刘濞是汉高祖刘邦的侄子，二十岁时被封为吴王，掌管东南地区五郡五十三城的封地。他倚仗自己封国内自然资源丰富，大量采铜铸钱，煮海水制盐，蓄积财富。为了收买民心，他免除了封国内的赋税，并且招降纳叛，拼命扩张势力，准备用武力推翻朝廷。

当初，汉文帝立儿子刘启为太子后，吴王刘濞把他的儿子送到长安，名义上是陪伴太子一块儿学习，实际上是送个儿子到皇宫里作抵押，迷惑一下汉文帝，表示他并没有谋反的野心。太子刘启和刘濞的儿子都喜欢赌博。两个年轻人火气都很旺，一输钱就吵起来，有时甚至动手厮打。

有一天，两人因赌博又打起来了，太子刘启顺手拿起赌博用的木盘扔了过去，一下子把刘濞的儿子打死了。文帝派人把死者的遗体送回吴国安葬，吴王刘濞看到儿子的遗体，大哭一场，怒气冲冲地说：“我和当今皇上是同一个爷爷的孙子，我的儿子既然死在长安，就应当在长安的皇陵里安葬，为什么要送回来？”他派人把儿子的遗体又送往长安，硬要在皇陵里安葬。此后，他装起病来，不再到京城里朝拜皇帝，更积极地准备谋反了。

◎西汉 鸭形熏炉◎
炉体为一挺立的鸭形。昂首，张口，长颈，特别是大大的圆眼，显露出稚气。双翼羽翅刻画细腻，尾羽翘起。整个上半部分为炉盖，可移动，下半部分为椭圆形炉身，盖、身之间为子母口。掌蹼清晰可辨，下为底座。

文帝前元七年（公元前173年），贾谊曾向文帝上书，指出：“当今王国势力过于强大，犹如一个人犯了肿病，一条腿肿得像腰那么粗，一个指头肿得像一条腿，应当赶快医治才好。医治的办法最好是分割诸侯的王国，削弱他们的力量。力量小了，就不会造反了。”

太子家令晁错也跟贾谊有同样的看法，建议汉文帝说：“应该削减王国的领地，分散他们的力量。”汉文帝明知他们的建议都很好，可是觉得时机还未成熟，不能太性急了。他只是在齐王刘侧死后，因为刘侧没有儿子继承，才把领地最大的齐国分成了六个小国，又把曾经发动过叛乱的淮南国分成了三个小国。

刘启即位后，任命自己的管家晁错为御史大夫。晁错又一次建议削夺王国的领地，他对汉景帝说：“吴王因为儿子被打死，假装有病不来朝拜天子，这种狂妄的行为，按照古代的礼法是应当杀头的。现在他不改过自新，反而更加骄横，应当趁早削夺他的领地。”汉景帝说：“削夺他的领地，他造反怎么办？”晁错说：“削夺他的领地，他要造反；不削夺他的领地，他也要造反。削他的领地，他早一点造反，危害小一些；不削他的领地，他晚一点造反，准备得更充分，危害就更大了。”汉景帝认为晁错说得有道理，就开始实行削弱王国的措施。他先从其他几个王国下

手，先把楚国的一个郡、赵国的一个郡和胶西国的六个县削减下来，划归朝廷直接管辖。

刘濞见汉景帝已经削了三个王国，下一个要轮到他了，便决定起兵了。他联合楚王、胶西王、赵王、济南王、菑川王、胶东王一起出兵，于汉景帝前元三年(公元前154年)发动叛乱，这就是历史上有名的七国之乱。

七国起兵的名义是“清君侧”，就是要求杀掉汉景帝身边主张削弱王国的晁错。这是借口，实际上是刘濞纠集割据势力，想要夺取汉景帝的皇位。

这时，景帝想起了父皇临终前的叮嘱：“大将周亚夫这个人在紧急关头可作为依靠，日后如果发生变乱，你尽可放手让他统率军队。”于是，景帝任命周亚夫为太尉，让他前去平叛。此外，还有窦婴等分头率军出战。同时，景帝不愿意事态扩大，竟把晁错杀了，借以缓和七国的敌对情绪。汉景帝虽然杀了晁错，可七国仍然没有退兵，继续向长安进军。

周亚夫是周勃的儿子，善于用兵。他接受平叛的任务后，对汉景帝说：“楚军剽悍，跟他们正面作战很难取胜，应当断绝他们的粮道，便宜行事。还有，请陛下准许先把梁国让给他们，牵制他们的力量，再断其退路，才能取胜。”汉景帝批准了周亚夫的作战计划，周亚夫领兵出发了。

大军到了灞上，有个叫赵涉的人拦住周亚夫的马车献计说：“吴王占据的地方很富饶，他招兵买马，想要造反已经很久了。这次太尉出兵征讨，他一定会在半路上山势险峻之处设伏，袭击官军。因此，请太尉千万不要从老路行军。应当走蓝田，出武关，直奔洛阳。这条路虽说远一些，要多花一两天时间，但是，走这条路会出乎吴王意料之外，他们一定不会防备。等太尉突然出现在他们面前时，他们一定会大吃一惊，以为你是从天而降哩。”周亚夫接受了赵涉的意见，大队人马从右路直奔洛阳。

※知识链接※

汉初的休养生息政策与秦朝的横征暴敛形成鲜明的对照，其结果也截然相反：秦朝由治而乱，汉初则由乱而治。

赵涉的建议果然起到了出奇制胜的作用，周亚夫率领的大军很快截住了吴楚联军。周亚夫派出一支军队，切断了叛军的粮道和归路。叛军猛攻梁国，梁国向周亚夫求救，周亚夫拒不出兵。梁国又向景帝哀求，景帝便命令周亚夫援救梁国。周亚夫说：“将在外，

◎西汉　四足灯◎

盖上设有长条形铰链，盖之一半设有兽首衔环，可开启闭合，以之为灯盘。器体呈椭圆形，腹部较深，可储存灯油，两侧亦设兽首衔环，腹下有四兽蹄足。盖面饰有三道凹弦纹。

◎御车图◎
这是墓室壁画《出行图》中的第一乘导车。红棕色的马奋蹄腾硧，张口翘尾，呈疾进之势。后面辕车之上坐三人，中为车手拉缰绳，左右各坐一位武士，持戈前望。车、马、人造型准确，比例恰当，色彩协调而不夸张，有写实之风。

君命有所不受。”拒不奉诏。

一个月后，形势转为对叛军不利了。吴王想要西进，有梁国誓死守城，挡住了去路；想要和周亚夫决战，周亚夫高垒不战。归路已无，粮道又断，士兵饿得纷纷逃窜。最后，楚王刘成自杀，吴王刘濞带了几千人冲出重围，逃到长江南岸的丹徒。他想去联合东越兵，卷土重来。周亚夫早已悬赏一千斤金子购买他的人头，东越人不但不帮助他，反而乘机杀了他，把他的脑袋献给了周亚夫。

至此，这场七国之乱，仅三个月就平息了。

景帝十分仁慈，对吴王的胁从一概不加追究，甚至还要为吴王立嗣。母亲窦太后说：“吴王是刘家的前辈，本应率领宗室支持朝廷，但他却带头造反，你还为他续什么后？”景帝这才作罢。

汉景帝平定七国之乱后，继续实行休养生息的政策，鼓励农民安心从事生产。他认为

※知识链接※

平定七国之乱的周亚夫，“将在外，君命有所不受”就出自他的口中。

只有农业生产搞好了，政府才能收到更多的赋税。他向地方官吏下命令说："黄金、珍珠、宝玉这些东西，肚子饿了不能当饭吃，身上冷了不能当衣穿，不如粮食、丝、麻这些东西更实惠。你们做地方官的应当劝农民种好粮食和桑麻，让百姓有饭吃，有衣穿，政府能够收到更多的赋税。"为了鼓励农民生产，汉景帝把赋税减到三十税一，就是农民生产的粮食，按三十分之一的比例交赋税。

文帝时，废除了历代相传的肉刑，将割鼻改为笞打三百，砍脚改为笞打五百。景帝说："笞刑和肉刑没有什么区别，受了笞刑的人，即使侥幸不死，也变得终身残废了。现在，要更改一下，原定为笞打五百的改为笞打三百，笞打三百的改为笞打二百。"这样执行了一段时间后，发现仍有被打死的，于是景帝又将三百之数改为二百，二百改为一百。景帝对大臣说："笞刑是为了教育罪犯，一定要尽量保证不把罪犯打死。"有关大臣根据景帝的示意，制定了《箠令》，规定打犯人的箠必须是去掉竹节和棱的竹子所制，行刑时不许乱打，只打屁股，不许中间换人，以免打得过重。

◎西汉　错金银鸟篆文铜壶◎

侈口，束颈，鼓腹，圈足，腹两侧置铺首衔环。口部边沿、肩部、腹中部及圈足各饰一周错金银几何纹、云纹以及龙、虎等动物纹。颈、腹上下各有一周错金银鸟篆文，共二十九字，内容为祈求生活美好、延年益寿的吉祥语。

为了确保国家安定，景帝继续执行汉初以来的与匈奴和亲的政策。为了大局，对匈奴的寇掠，景帝从未还击，只是防御。景帝还在边境设置关市，和匈奴互通有无，促进了汉匈之间的经济交流。这种宽厚政策，确保了国家的安定局面，对经济发展起了很大的作用。

文帝和景帝在位期间，经济繁荣，国家大治，被誉为"文景之治"。在这期间，国库里的钱堆积如山，串钱的绳子都烂掉了。粮食多得连仓库都放不下，只好放在外面，任其发霉。

景帝后元三年(公元前141年)，景帝死于未央宫，在位十六年，终年四十八岁。景帝有十四个儿子，太子刘彻即位，史称汉武帝。

历代名家点评

毛泽东：历史上不是提什么"文景之治"吗？实际上，文帝、景帝只是守成，是维持会，庸碌无能。

罢黜百家独尊儒术

◎汉纪 汉武帝建元元年
◎公元前140年

阅读提示

汉初，在政治上主张无为而治，经济上实行轻徭薄赋。在思想上，主张清静无为的黄老学说受到重视。武帝即位时，从政治上和经济上进一步强化专制主义中央集权制度已成为封建统治者的迫切需要。主张清静无为的黄老思想已不能满足上述政治需要，更与汉武帝的好大喜功相抵触；而儒家的春秋大一统思想、仁义思想和君臣伦理观念显然与武帝时所面临的形势和任务相适应。于是，在思想领域，儒家终于取代了道家的统治地位。

原文

春秋大一统者，天地之常经，古今之通谊也。今师异道，人异论，百家殊方，指意不同，是以上无以持一统，法制数变，下不知所守。臣愚以为诸不在六艺之科、孔子之术者，皆绝其道，勿使并进，邪辟之说灭息，然后统纪可一而法度可明，民知所从矣！

史纪风云

◎汉 菩萨首◎

景帝死后，十六岁的汉武帝于当天即位。

汉景帝和西汉前期的其他几个皇帝实行休养生息的政策，农民得到了喘息的机会，能够安心从事生产和提高生产技术，因此，农业有了很大的发展。

武帝时，管理农业的官吏赵过在总结农民生产经验的基础上，发明了代田法和耧犁。

代田法就是在一块田地里实行垅和沟轮番耕作的办法。耕种时，先把土地犁成一条条互相间隔的垅和沟，垅比沟高出一尺，种籽播在沟里。在庄稼成长的过程中，逐渐把垅上的土翻到沟里，使庄稼的根扎得深，耐风耐旱。这样，能够获得好的收成。第二年耕种的时候，原先的垅因为去年不断地翻土已经成了沟，便在这沟里播种了。这样，使垅和沟轮流休耕，可以恢复地力，使农作物增加产量。

耧犁是一种播种用的农具，由耧斗、耧腿、犁铧和耧把四部分构成。耧斗是盛种籽用的，耧腿有两条或三条，细长中空，上面与耧斗相通，下面装有一个小犁铧。农民播种的时候，用牲口拉着耧犁前进，耧腿下面的小犁铧就把地开出了沟，人扶住耧把来回摇动，种籽就通过空心的耧腿均匀地播到了地里。这样，既大大节省了劳动力，提高了播种的速度，又提高了播种的质量，能够使农作物增加产量。

农业生产的发展，促进了手工业生产的发展。丝织、冶钢、漆器是西汉时期比较发达的手工业部门。产品制作十分精细，已经达到相当高的水平。

由于长期战乱，西汉初期人口稀少，生产遭到很大破坏，国家相当贫穷。经过汉初几十年的与民休息，发展生产，国家逐渐富起来了。到汉武帝刘彻即位时，政府里存钱和储粮的仓库都装得满满的。钱库里的钱多得数都数不清，串钱的绳子都烂了。粮仓里的粮食年年往上堆，已经装不下，都露到外面去了，有些已经霉烂了。

经济的发展，国家的富裕，促使文化和哲学也相应地发展了。

西汉前期，在文学、音乐等方面都出现了繁荣的景象。汉武帝喜爱辞赋，谁能跟他谈辞赋，他就给谁官做。司马相如写的赋立意新颖，文字优美，描写细腻，在当时广泛流传，最负盛名。有一天，汉武帝看到了司马相如写的赋，赞叹说：“写得

◎汉 红玛瑙雕卧山羊◎
此山羊雕件采用红色玛瑙为料，有沁色，色深且透；雕刻工艺细腻传神，小件大器，形态饱满。

太好了！可惜朕无缘跟这赋的作者生在同代。”给汉武帝养猎狗的杨得意是司马相如的同乡，他听到赞美声，忙对汉武帝说：“陛下，这赋的作者如今还在，他就是我的同乡司马相如。”汉武帝一听大喜，立即召见司马相如，封他做了大官。

汉武帝也很喜欢诗歌和音乐。他设立了乐府，专门负责搜集诗歌，配制乐谱，训练乐工，演唱歌曲。汉朝的乐府诗，内容丰富，有反映民间疾苦的，有揭露上层社会奢侈生活的，有描写爱情的，也有鼓励人们上进的。有一首题为《长歌行》的乐府诗，全诗十句，五十个字，以自然界现象作比喻，说明人的生命是有限的，应该及早努力，不要耽误了青春：“青青园中葵，朝露待日晞。阳春布德泽，万物生光辉。常恐秋节至，焜黄华叶衰。百川东到海，何日复西归？少壮不努力，老大徒伤悲。”这首诗被后人当作激励自己上进的座右铭，算得上是千古名诗。

汉景帝平定七国之乱后，全国实现了政治上的统一。汉武帝为了巩固统治，进一步实现了学术思想上的统一。他接受董仲舒的建议，罢黜百家，独尊儒术，结束了战国以来百家争鸣的局面。

董仲舒是广川人，生于汉高祖十年(公元前197年)。他从少年时代起，就钻研《春秋公羊传》。为了专心致志地学习，他谢绝了一切客人，用帷幕将书房围起来，一个人坐在里面，日夜读书，终年冥思苦想。时而在座上高声朗读，时而低头在房中漫步，偶有心得，便秉笔疾书。整整三年，足不出户，外面春花秋实，夏雨冬雪，他连看都未看一眼。通过这样的刻苦钻研，董仲舒学问大进，建立了自己的完整的理论体系，成了精通儒家学说的大学问家。董仲舒认为，朝廷对匈奴的进攻，一味退让；王国坐大，多次谋反，这一切都是诸子百家学说在作怪。他们不是提倡无为，就是提倡无君无父。为此，必须提倡儒家学说，忠君爱国，奋发有为；宣传大一统的思想，巩固皇帝中央集权的地位。

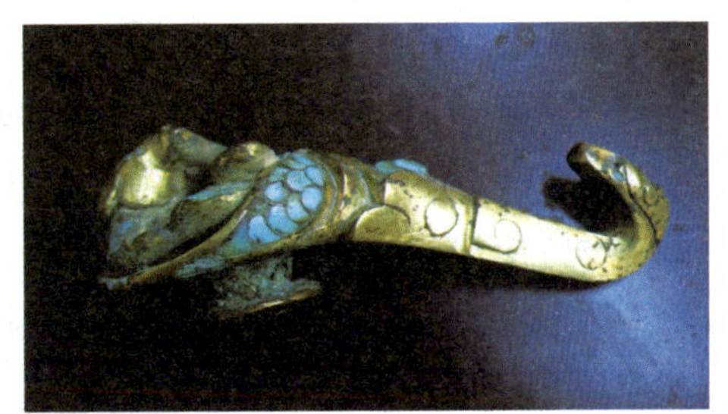

◎西汉 包金带钩◎

董仲舒根据自己的理解和当时政治上的需要，改造了由孔子创立经过孟子发展的儒家学说，并且把儒家学说和阴阳五行等迷信思想融合在一起，使儒家学说变成了一种为封建政治制度服务的、带有宗教迷信色彩的理论。

董仲舒在汉武帝下诏选举“贤良之士”时，向汉武帝提出了“天人三策”。他说：“天是有意志的，人世间的事物是按照天的意志存在和变化的。皇帝是天的代表，皇帝的权力是天授予的，百姓服从皇帝，就是服从天，就是服从天道。在天道之下，君臣、父子、夫妻、兄弟之间，都必须严格遵守上下尊

※知识链接※

董仲舒“罢黜百家，独尊儒术”思想，有利于封建中央集权政治的稳固，却不利于思想文化和政治的进步。中国由此进入了一个长达两千年的缓慢发展时期。

卑的礼节，绝对不许违反这种礼节。诸子百家的学说妨碍皇帝的绝对权威，只有儒家学说才能保持思想上的统一。因此，儒家以外的诸子百家学说都应当禁止传播，只许把儒家的经书《诗》、《书》、《易》、《礼》、《春秋》等传授给读书人，诸子百家的著作一律不许作为教学的内容。

◎西汉 锦被◎

汉武帝认为董仲舒的建议很适合他的统治，就下令在朝廷设置了专门传授儒家学说的五经博士，在五经博士下面配置了五十名弟子员。这些弟子员在五经博士的指导下攻读儒家经书，规定每年进行一次考试，五经中能学通一经的就可以做官，成绩优良的还可以做大官。后来，博士弟子员的人数不断增加，最多的时候曾增加到三千人。这样一来，学习儒家学说成了做官的主要途径，其他诸子百家的学说逐渐被排斥了。依靠儒家学说做官的人，按照董仲舒的理论帮助汉武帝治理天下，并且用儒家学说来教育子孙后代。从董仲舒起，中央集权的思想成了正统思想，儒家学说统治了整个思想领域。

历代名家点评

冯友兰：董仲舒的思想“在客观上对初期封建制的巩固和发展有利”。

汤一介：这一思想体系对当时巩固封建大一统有“积极作用”；它的阶级实质是“反人民的”，在我国长期的封建社会中“起着极其有害的保守作用”。

黄仁宇：总之整个汉代思想。是有选择的大综合。……董仲舒之尊儒，不是以尊儒为目的，而是树立一种统一帝国的正规思想。

雄才大略的汉武帝

◎ 汉纪 汉武帝建元六年
◎ 公元前135年

阅读提示

汉武帝即位之初，一方面政治形势比较稳定，国家经济状况也相当好，另一方面诸侯王国的分裂因素依然存在，潜在威胁还不小。所以，他在继续推行景帝各项政策的同时，采取了一系列强化中央集权的措施。尤其是在对外关系上，武帝北击匈奴，南平百越，开发西域，征服夜郎和高丽。不但使中国的版图大大地扩大了，而且还加速了东西方的交流。

原文

朕即位以来，所为狂悖，使天下愁苦，不可追悔。自今事有伤害百姓，糜费天下者，悉罢之！

史纪风云

由于国力充实，反击匈奴的时机已经成熟了。

秦汉之际，匈奴成了北方严重的边患。匈奴骑兵常常南下，烧杀抢掠。汉初，经过多年战乱，经济凋敝，国家无力反击匈奴，只得采用和亲下策，将公主嫁给单于。主张和亲的人说："和亲之后，女婿怎能再打老丈人呢？将来公主生的儿子做了单于，外孙又怎能打外公呢？"和亲的办法是起到了一定的作用，但匈奴的入侵仍时有发生。

武帝建元六年(公元前135年)，匈奴单于又派人前来申请和亲，武帝召集百官商议。百官中有的主张和亲，有的主战，双方

◎西汉 鎏金弦纹壶◎

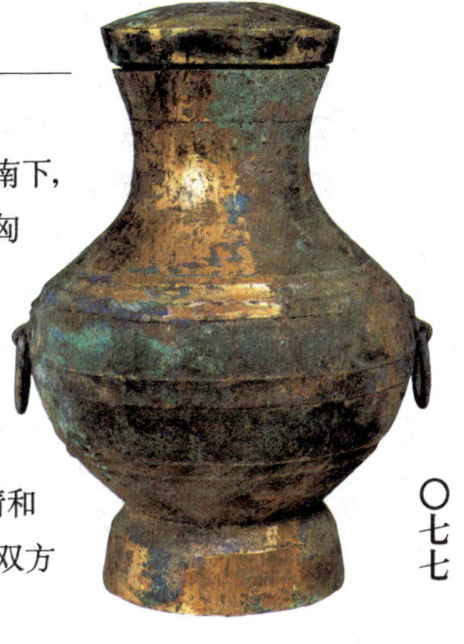

辩论得十分激烈。大臣王恢说："每次和亲之后，过不了几年，匈奴就兴兵入侵了。依臣之见，不如反击匈奴，不许和亲。"大臣韩安国说："匈奴迁徙不定，像飞鸟一样，难以制服。我军数千里求战，人困马乏。匈奴以逸待劳，我军必危。不如和亲为上。"群臣大多附和韩安国。最后，主和派占了上风。于是，武帝便在民间选了一个美女，装扮成公主，嫁给匈奴单于了。

第二年，马邑富豪聂壹通过王恢对武帝说："去年刚和亲，匈奴一定相信我们，我们可以诱之深入，一举歼灭之。"武帝一听，正合其心，立即照准了。

聂壹将一个被判死刑的人砍下头，挂在城头，说这是他砍下的马邑县令之头，让单于率兵前来，攻占马邑。单于一听，心中大喜，立即倾国而来。这时，武帝早已埋伏下三十万大军，要歼灭匈奴。

单于进入汉地之后，忽然发现原野之上只有牛羊，却没有牧人。他心中大疑，忙攻下汉军一座城堡，从俘虏口中才知道汉军之计，忙退军而去。从此，汉、匈关系破裂了。

这样，武帝便不用举行廷议，可以按照自己的意愿对匈奴用兵了。他派大将卫青和霍去病发动了数次反侵略战争，赶走了匈奴，保障了黄河流域广大地区的安定，促进了经济的发展。为了防止匈奴卷土重来，武帝又派张骞出使西域，让西域各国脱离匈奴，归附汉朝。这样，等于斩断了匈奴的右臂。

武帝还解决了南方的问题。

建元三年(公元前138年)，闽越王派兵攻打东瓯，东瓯王派人到长安向武帝求救。

※知识链接※

"秦皇汉武，唐宗宋祖"，其中的汉武指的就是西汉时期的武帝刘彻。

武帝派大将庄助从海上救援，闽越王闻讯，连忙撤兵了。东瓯王怕闽越王再来攻打，向武帝请求内迁，武帝一口答应了。不久，将东瓯人全部迁到江淮地区。

建元六年(公元前135年)，闽越王又发兵攻打南越。南越一面坚守，一面向武帝求救，武帝忙派兵前去。这时，闽越发生了内乱，闽越王的弟弟余善杀了哥哥闽越王。武帝闻讯，便立余善为东越王。

武帝元鼎六年(公元前111年)，东越王余善发动叛乱，进攻汉军，还刻了玉玺，准

◎西汉大败匈奴◎

备称帝。武帝大怒，派出五路大军前去讨伐。大军压境，东越发生内讧，部将杀了余善，向汉军投降。

南越太后想要让南越归属汉朝，宰相吕嘉极力反对，竟然杀了南越王和太后。武帝大怒，出兵灭了南越。从此，独立的东南方和南方都归入了中国的版图。

接着，武帝又征服了西南的夜郎和东北的高丽。

武帝北击匈奴，南平百越，开发西域，征服夜郎和高丽，将国库中爷爷和父亲积下的银子都花光了。到了晚年，武帝手中空空如也。这时，他下了《罪己诏》，说自己不该穷兵黩武，以后再也不用兵了。他说到做到，天下又恢复了太平。

◎西汉 绿釉陶猪圈◎

武帝临死前，决定让小儿子刘弗陵即位。但他又怕弗陵的母亲干政，竟下令逼她自杀了。

武帝在位五十四年，死时七十一岁。其实，他本应活得更长，但他相信术士，误食丹药，以致中毒而死。

武帝不但让中国的版图大大地扩大了，而且还加速了东西方的交流，其功劳是永载史册的。

历代名家点评

班固：孝武初立，卓然罢黜百家，表章《六经》，遂畴咨海内，举其俊茂，与之立功。

司马光：天下信未尝无士也！武帝好四夷之功，而勇锐轻死之士充满朝廷，辟土广地，无不如意。及后息民重农，而赵过之俦教民耕耘，民亦被其利。此一君之身趣好殊别，而士辄应之，诚使武帝兼三王之量以兴商、周之治，其无三代之臣乎！

司马光：孝武穷奢极欲，繁刑重敛，内侈宫室，外事四夷，信惑神怪，巡游无度，使百姓疲敝，起为盗贼，其所以异于秦始皇者无几矣。

毛泽东：汉武帝雄才大略，开拓刘邦的事业，晚年自知奢侈、黩武、方士之弊，下了罪己诏，不失为鼎盛之世。

张骞出使西域

◎ 汉纪 汉武帝元鼎二年
◎ 公元前115年

阅读提示

汉朝日趋强盛后，计划积极地消除匈奴贵族对北方的威胁。汉武帝听到有关大月氏的传言，就想与大月氏建立联合关系，共同抗击匈奴。又考虑西行的必经道路——河西走廊还处在匈奴的控制之下，于是公开征募能担当出使重任的人才。张骞不辱使命，不但贯彻了汉武帝的战略意图，还使中原文明通过“丝绸之路”迅速向西域传播。

骞既至乌孙，昆莫见骞，礼节甚倨。骞谕指曰：“乌孙能东居故地，则汉遣公主为夫人，结为兄弟，共距匈奴，匈奴不足破也。”乌孙自以远汉，未知其大小；素服属匈奴日久，且又近之，其大臣皆畏匈奴，不欲移徙。骞留久之，不能得其要领，因分遣副使使大宛、康居、大月氏、大夏、安息、身毒、于阗及诸旁国，乌孙发译道送骞还，使数十人，马数十匹，随骞报谢，因令窥汉大小。是岁，骞还，到，拜为大行。后岁馀，骞所遣使通大夏之属者皆颇与其人俱来，于是西域始通于汉矣。

汉武帝为了征讨匈奴，曾就匈奴和外国的关系详细询问一些投降过来的匈奴人。这些匈奴人说：“冒顿单于统一匈奴各部后，

曾经打败月氏国，把月氏王的脑袋砍下来当作酒杯用，月氏国被迫西迁到西域。月氏人恨透了匈奴，如果有人帮助他们，他们定能跟匈奴血战到底。”汉武帝知道了这个情况后，心想：月氏和匈奴有这样的深仇大恨，我正好可以去联络他们，共同攻打匈奴。月氏在匈奴的西边，要是能跟月氏联络上，等于斩断了匈奴的右臂，胜利就大有把握了。于是，汉武帝下了一道诏书，招募精明强干的人出使西域，去联络月氏。月氏既然在匈奴的西边，要到月氏去必须经过匈奴，胆小的人听到这样的使命，哪里敢来应征？

但武帝身边有个叫张骞的卫士，胆子特别大。他认为打匈奴是为了汉朝的安全，出使月氏是很有意义的事，即使有风险也不可怕，人活着就得做一番事业。于是，他毫不犹豫地报了名，勇敢地应征了。

张骞是汉中成固人，应征时在朝里做郎官，负责侍从、警卫等工作。他平时意志顽强，胆气过人。一些勇士看到张骞报名了，也纷纷应征。有个叫堂邑父的匈奴人也报了名。

汉武帝建元三年(公元前138年)，汉武帝正式任命张骞为使者，让他带着堂邑父当翻译，还有其他应征的人组成了一百多人的队伍，从陇西出发，到西域去联络月氏国。

为了不被匈奴发现，他们白天休息，夜里赶路，相当艰苦。不料，他们一出陇西，就碰上了匈奴的骑兵。双方打起来，因为寡不敌众，张骞和他带领的一百多人都被俘虏了。

匈奴单于听说张骞是到月氏国去的，生气地说：“月氏国是我们的敌人，我不同意你们到月氏国去。”单于把张骞软禁起来，

◎汉 服饰◎

※知识链接※

汉服是中国汉民族的民族服饰。其由来可追溯到“三皇五帝”时期一直到明代，这一时期汉民族所穿的服装被称为汉服。

因见他相貌堂堂，英气逼人，便嫁给他一个匈奴女人，想让他留在匈奴当官。可张骞心里却一直怀念汉朝。他把汉武帝交给他的旌节偷偷地保存着，等待机会逃走。

过了几年，张骞和堂邑父两人终于找到了机会，弄到两匹好马，偷偷地逃出匈奴，继续向西走去。他们一连走了几十天。一路上尽是沙漠，找不到人家，也找不到食物和水。多亏堂邑父箭法高超，射些飞鸟和野兽来充饥。他们走着走着，越过葱岭，终于到了一个热闹的地方。那里的人鼻子高高的，眼睛蓝蓝的，他们以为那里就是月氏国了。等到一打听，才知道那个国家不是月氏国，是大宛国。

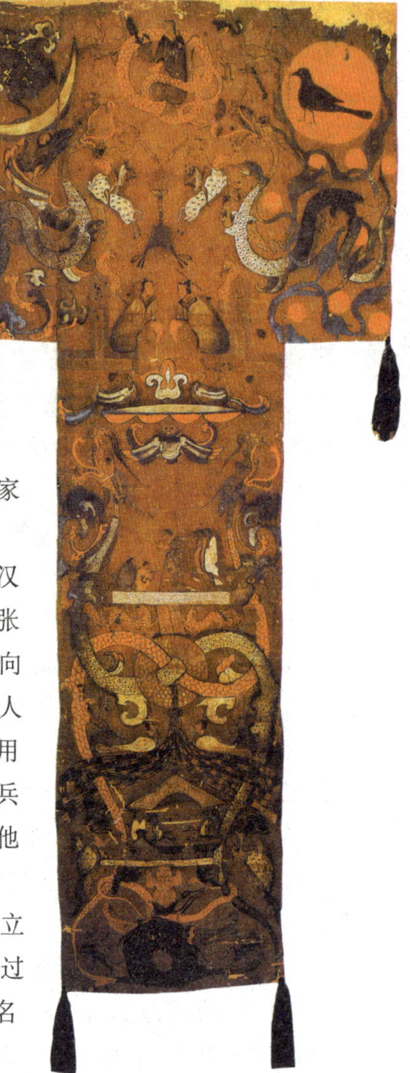

◎西汉 马王堆帛画◎

大宛国国王早听说东南方有一个又大又富庶的汉朝，很想跟汉朝建立关系，却找不到门路。如今见到张骞，高兴极了，赶快拿出好酒和牛羊肉来招待他。张骞向国王说明了出使的目的和任务，并说："如果大王能派人护送我到月氏去，将来我回到汉朝后，一定请汉朝皇帝用金银财宝来酬谢您。"大宛王乐意帮助张骞。他派骑兵和翻译护送张骞和堂邑父到了康居，再请康居人护送他们到月氏国去。

自从月氏国王被匈奴杀害后，月氏国的大臣们拥立国王的夫人为王，西迁到了大夏国境内。大夏人打不过月氏人，向月氏人投降，两个国家合并成一个国家，改名为大月氏国。大月氏国所在的地方土地肥沃，物产丰富，四周又没有一个国家能打得过他们。他们的生活十分安乐，不想回去面对杀人成性的匈奴了。因此，张骞几次向大月氏王陈述汉朝想和他们联合的意思，大月氏王总是故意把话岔开，不作正面回答。张骞在那里住了一年多，达不到目的，只好返回。

在回来的路上，张骞和堂邑父又被匈奴人捉住了。单于见是上次的汉使，心中大怒，罚他俩去做苦工，并说："如果再逃跑，要从重处罚！"

过了一年多，正好赶上单于死了，匈奴人争位，发生了内乱，张骞和堂邑父乘机逃走，回到了长安。

他们这次出使西域，一共花了十三年时间。去的时候，张骞还是个年轻人；回来的时候，他的下巴上已经长了胡须了。去的时候，张骞带了一百多人；回来的时候，只剩下他和堂邑父两个人了。

张骞这次出使月氏，虽然没有达到预期的目的，但是他到了大宛、康居、大月氏、大夏等许多地方，看到了许多新奇的东西。他听别人说西域还有五六个大国，都是物产丰富、景色美丽的国家，并且也都很想和汉朝做买卖。汉武帝听到这些事，心中很感兴趣。

张骞在大夏的时候，看到了那里有四川出产的邛竹杖和细布。他问当地人："这些东西是哪里来的？"大夏人回答说："这是我们的商人从身毒国带回来的。"张骞又问："身毒国在什么地方？"大夏人回答说："在我们东南几千里远的地方，那里靠近大海，地方潮湿，气候炎热，人们骑着大象跟别人打仗。"张骞把这些情况都报告给汉武帝，并且分析说："大夏国在长安西南，身毒国又在大夏东南。并且在那里能买到四川出产的东西，这说明那里离四川不远。如果再要出使大夏，从羌人那里走，地势险恶，羌人又不让过境；偏北一点走，要经过匈奴地界，容易被匈奴人捉住。如果从四川这条路走，又近又安全。"汉武帝听了张骞的介绍，心里很满意。

汉武帝见张骞和堂邑父受了不少苦，死里逃生，念念不忘祖国，还和几个国家联系上了。于是，封张骞为中大夫，堂邑父为奉使君。

汉武帝想：大夏和再往西去的安息都是大国，物产丰富，他们又愿意和汉朝来往。靠北边的大月氏和康居，兵强马壮，也值得跟他们建立关系。如果派人去跟他们讲道理，宣传汉朝的富庶强大，一定能使他们服从汉朝，拿他们的土特产来进贡。这样，汉朝等于扩充了几万里土地，还能得到许多新奇的东西。于是，汉武帝接受张骞的建议，决定派张骞从四川出发，再一次出使西域。

张骞从四川犍为动身，把人马分成四队去探路。每一路都走了一二千里地，结果都被挡回来了。

汉武帝元朔六年(公元前123年)，大将军卫青率领一万多名骑兵去攻打匈奴。张骞因为熟悉匈奴地理，从四川被召回，奉命随军出征。这一次出征大获全胜，消灭匈奴兵约四万人。张骞熟悉水源，使汉军不

※知识链接※

古代西域指的是现在玉门关以西的新疆和中亚细亚等地区。

◎西汉　龙纹熏炉◎

隆盖，炉壁平直，高柄座，腹部两侧设兽首衔环耳。穹隆形盖，顶上有一环形钮，周围为一圈透雕首尾相连的龙纹，弯曲盘绕，其外是两圈镂空的直条纹，呈放射状排列，腹部、座装饰凸弦纹带。

受饥渴，在战争中立了大功。回来后，汉武帝封他为博望侯。

两年后，张骞奉命率领一万骑兵，配合大将李广包抄匈奴，不幸耽误了会合日期，使汉军蒙受了很大损失。汉武帝念张骞出使西域之功，没有按律处斩，将他贬为百姓了事。

元狩四年(公元前119年)，汉武帝因对匈奴作战取得了胜利，想再派人出使西域，于是召见张骞。张骞建议说："陛下，可以结交西域的乌孙国，把公主嫁给乌孙国国王，和他们共同对付匈奴。"汉武帝派张骞做正使，带领副使和将士三百多人，带着许多金银、绸缎和牛羊出使西域。

张骞到了乌孙后，把副使分别派往大宛、康居、大夏、安息等国，他自己留在乌孙，跟乌孙王会谈。乌孙王因为不了解汉朝的情况，又害怕匈奴，一时决定不下来，想先派人到长安去看一看。

汉武帝元鼎二年(公元前115年)，张骞带着乌孙的使者回到长安。汉武帝热情地招待乌孙使者，派人带着他到各地去参观。乌孙使者亲眼看到了长安的繁华景象，看到了汉朝的强大昌盛，回到乌孙后，他把这些情况一五一十地报告了乌孙王。乌孙王听了很高兴，决定跟汉朝建立友好关系，并且娶了汉朝的公主做夫人。

张骞从乌孙回长安后，过了一年多就病死了。他死后不久，派到大宛等国去的副使，又陆续带着各国的使者回到长安。这些国家和乌孙一样，都跟汉朝建立了友好关系。

张骞几次出使西域，踏出了汉朝通往西域的大道。西域出产的葡萄、核桃、石榴、黄瓜、蚕豆、豌豆、大葱和大蒜等传入中国，这些农作物在黄河、长江流域繁殖开来。汉族人先进的农业生产技术、打井和炼铁的方法也传到了西域。西域的音乐舞蹈和乐器传到了汉朝，汉族人民的丝绸等也带进了西域。这样一来，汉朝和西域都得到了很大的好处。

那些喜欢美丽、结实的丝绸的西方国家，打发越来越多的商人来到中国；中国商人也带着丝绸，成群结队地到中亚、西亚去做买卖。他们来往的道路称为"丝绸之路"。丝绸之路为增进各国之间的友谊和交流起了巨大作用，这条丝绸之路是张骞九死一生走出来的。

历代名家点评

《史记·大宛列传》：大宛之迹，见自张骞。

《史记·大宛列传》：骞为人强力，宽大信人，蛮夷爱之。

《汉书》：汉之号令班西域矣，始自张骞而成于郑吉。

张鹏翮：愿效张骞，以身许国，予之志也。

※知识链接※

张骞通西域是中国统一的中央集权国家最具规模的一次外交活动。

◎刻有“阳关道”的石头，甘肃敦煌阳关。古代通西域的必经关口◎

苏武牧羊

◎ 汉纪　汉昭帝始元六年
◎ 公元前81年

★世界大事★

公元前73－公元前71年，斯巴达克起义。

阅读提示

匈奴自从被卫青、霍去病打败以后，双方一直没有战事。他们口头上表示要跟汉朝和好，实际上还是随时想进犯中原。匈奴的单于一次次派使者来求和，可是汉朝的使者到匈奴去回访，有的却被他们扣留了。公元前100年，汉武帝正想出兵攻打匈奴，匈奴派使者来求和了，还把汉朝的使者都放了回来。汉武帝为了答复匈奴的善意表示，派中郎将苏武拿着旌节，带着副手张胜和随员常惠，出使匈奴。

原文

初，苏武既徙北海上，禀食不至，掘野鼠、去草实而食之。杖汉节牧羊，卧起操持，节旄尽落。

武曰："武父子无功德，皆为陛下所成就，位列将，爵通侯，兄弟亲近，常愿肝脑涂地。今得杀身自效，虽斧钺、汤镬，诚甘乐之！臣事君，犹子事父也。子为父死，无所恨。愿勿复再言！"

史纪风云

汉武帝天汉二年(公元前99年)，匈奴且鞮侯单于即位。他怕汉朝趁他刚刚即位立足未稳时出兵打他，便派使者到汉朝来求和，并且把以前扣留的汉朝使者全都送了回来。

◎汉　彩绘刻花墙砖◎

汉武帝觉得这个新即位的单于很懂道理，心里十分高兴，决定好好报答他的善意。于是，就派中郎将苏武为正使，副中郎将张胜为副使，率领助手常惠和一百多名士兵，带上许多金银绸缎等礼物，护送以前扣留下来的全部匈奴使者出使匈奴。

苏武是杜陵人，父亲苏建是武帝名将，按照汉例，子弟要入宫担任侍卫，因此苏武进宫当了郎官。苏武身材魁梧，相貌堂堂，办事认真，一丝不苟，深得武帝敬重，提拔他做了中郎将。

苏武接受任务后，拿着汉武帝亲手交给他的旄节出发了。旄节是一根七八尺长的竹棒，顶部略弯，挂着一串毛做的绒球，是用来表示使者身份的。

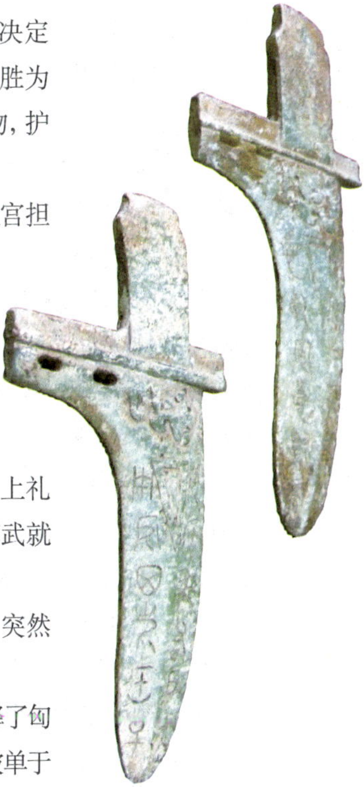

苏武到了匈奴，把带去的匈奴使者当面交给单于，并且送上礼物。单于见有礼物，心中大喜，设宴招待苏武一行。一切顺利，苏武就等回长安了。

哪知天有不测风云，人有旦夕祸福。正当苏武准备回国时，突然发生了一件意外的事。

原来，早在苏武出使匈奴之前，有个叫卫律的汉朝使者投降了匈奴，并且死心塌地地为单于出谋划策，干尽了危害汉朝的坏事，被单于封为丁零王。卫律的部下有个叫虞常的，是个忠于汉朝的血性汉子，他出于义愤，总想找机会除掉卫律，但孤掌难鸣。这次，他听说苏武出使匈奴，高兴极了。过去，他和苏武的副使张胜是好朋友，于是，他就偷偷地和张胜商量说："听说汉朝皇帝痛恨卫律，我决定除掉他。我的母亲和弟弟都在汉朝，万一我有什么不幸，希望皇上能够好好照顾他们。"张胜赞成虞常的计划，并且拿出钱和物支持他。不料，由于虞常办事不谨慎，计划败露了，单于将他逮捕，交给卫律去审问。

事情发生后，张胜怕牵连自己，忙把虞常跟他合谋的经过告诉苏武。苏武说："你事先应该和我商量，如今事情发生了，你才告诉我，看起来我也要受牵连了。我是汉朝使者，如果上堂受审，就等于我们朝廷受了侮辱。这太丢脸了，我还是赶早自杀为好。"说完，他拔出刀来就往脖子上抹，张胜、常惠忙冲过去把刀夺下来。

卫律审问虞常时，用尽了各种酷刑，虞常经受不住，终于供出了张胜。因为张胜是苏武的副使，单于命令卫律道："快去叫苏武前来受审！"

苏武见卫律来传他，便对常惠等人说："我这次出使匈奴，是为了汉匈和好，如今我出庭受审，让国家受辱，还有什么脸面回长安

◎汉　戈◎

呢？”说完，便拔刀自刎。卫律急忙把他抱住，夺下刀来。可苏武已经受了重伤，血流如注，晕过去了。

卫律派人找来医者包扎抢救，苏武慢慢醒来。常惠哭着把苏武抬回帐篷，张胜被单于抓去关进监牢。

单于见苏武有骨气，视死如归，不禁暗暗佩服。他希望苏武能够投降，像卫律一样替他效力。他早晚派人来问候探望，想软化苏武，好劝他投降。

苏武恢复健康后，单于命令卫律提审虞常和张胜，叫苏武前去旁听。在审问时，卫律当场把虞常杀死。接着，他又举起宝剑威胁张胜说：“你身为汉朝副使，居然谋杀匈奴大臣，也应当把你杀了。你要是肯投降，可以免你一死。”张胜吓得跪在地上请降。

卫律收起宝剑，回过头来对苏武说：“副使有罪，正使应当连坐。”苏武从容地说：“我不知道他们的密谋，跟他们又没有任何亲属关系，凭什么叫我连坐？”卫律说：“快投降吧，否则把你也杀了！”说着，抽出宝剑向苏武走来。苏武迎上去说：“有胆量擅杀堂堂汉使，你就杀吧！”卫律见苏武威武镇定，知道吓不倒他，就收起宝剑，装出一副笑脸说：“苏将军，我劝你还是投降吧。你看看我，投降之后，单于十分重用我，已封我为王了。如今我手下有好几万人，牛羊满山，享尽了荣华富贵。如果你今天投降，明天就会跟我一样。否则，你将白白地死在这里，葬身于乱草之中。天高皇帝远，又有谁知道你的一片忠心呢？”

苏武对卫律的话根本不予理睬。卫律接着说：“如果听我的话投降匈奴，我愿跟你结为兄弟。如果不听我的话，以后再想见我就难啦。”苏武听卫律说要跟他结为兄弟，觉得自己受了莫大的侮辱，指着卫律的鼻子大骂道：“你身为汉朝使臣，竟投降匈奴，真是忘恩负义，厚颜无耻。像你这样的人，我见都不想见。你擅杀汉使，挑动汉朝和匈奴打仗，真是罪大恶极！你今天杀了我，将来总会有人杀死你这个奸贼的！”卫律见威胁和利诱都不能使苏武投降，只好回去报告单于。

单于见苏武这样坚定，更想让他投降了。他下令把苏武放在一个大地窖里，不给饮食，想用饥饿来迫使他屈服。北方天气十分寒冷，空中经常飘着雪花，西北风整天刮着。苏武在地窖里，想到自己的使命，明白作为汉使，应该顽强地活下去，不能在屈辱中默默地死去。于是，他渴了就吃雪，饿了就吞毡毛，过了好些天也没有屈服。

◎西汉 彩绘方壶◎

对于苏武这样的硬汉子，匈奴单于实在奈何不了他了。最后，只得下令把他送到北海之滨去牧羊。临行前，单于对苏武说：“等公羊生了小羊，再放你回去！”

北海一带，终年白雪皑皑，连鸟兽也很稀少。苏武在北海之滨牧羊，饿了就挖取野鼠洞里的草籽充饥。一天，苏武的好友李陵前来看望他。李陵是汉朝名将李广的孙子，在与匈奴作战中，率领汉军浴血拼杀，后来，终因后援部队失期，力尽被俘，被单于封为右校王。李陵出于对老朋友的关心，劝他留在匈奴施展才干。苏武婉言谢绝了，李陵垂泪而去。

◎战国 虎牛鹿铜贮贝器◎
器身作圆筒形，中部微束，器盖作圆盘形，顶端正中铸有一牛较大，周边一虎三鹿较小，平底，底部有三个跪坐人形足。动物造型形象生动，线刻花纹精细。

一年到头，苏武一面牧羊，一面抚弄着汉武帝亲手交给他的旌节，深深地怀念父母之邦。日子一长，旌节上的毛都脱落了，可苏武还是紧紧地握着那根光秃秃的旌节不肯撒手。握着旌节好像又回到了祖国。晚上，他紧紧地搂着旌节，才能入睡。这旌节给了他力量，使他在荒凉的北海之滨，度过了漫长的艰苦岁月。

汉武帝死后，汉昭帝即位。过了几年，匈奴发生内乱，分裂成三部。新单于无力南侵，又跟汉朝议和了。汉朝派出使者，要求匈奴放苏武回国，单于欺骗说："苏武已经死了。"使者信以为真，空手而归。

后来，当汉朝第二次派使者到匈奴时，苏武的助手常惠买通监视他的匈奴人，在夜里偷偷地来见汉使，把苏武的情况详细地讲给使者听，并且教给使者向单于要回苏武的办法。

第二天，汉使去见单于，请他放苏武回国。单于故作惊讶地说："哪有苏武？我早就说过，苏武已经死了。"使者说："我们皇上在上林苑射猎时，射下一只大雁。大雁腿上系着一条绸子，上面是苏武写给皇上的一封信。信里说他在北海牧羊哩，为什么说他死了？你们既然想和好，何不拿出诚意来？"单于听了，着实吃了一惊，为了不影响议和大局，只好派人把苏武从北海接回，交给汉使。

汉昭帝始元六年(公元前81年)春天，苏武、常惠等九个人回到了久别的长安，拜见了汉昭帝。汉昭帝为苏武准备了牛羊等祭品，叫他到先帝庙里去拜见汉武帝的灵位，把那根光秃秃的旌节交还到汉武帝灵位之前。

苏武在匈奴度过了十九年漫长而又艰苦的岁月，回来时已经是须发全白的老人了。他那坚强不屈、视死如归、永不失节的事迹，一下子轰动了朝野。

◎西汉 彩绘壶◎

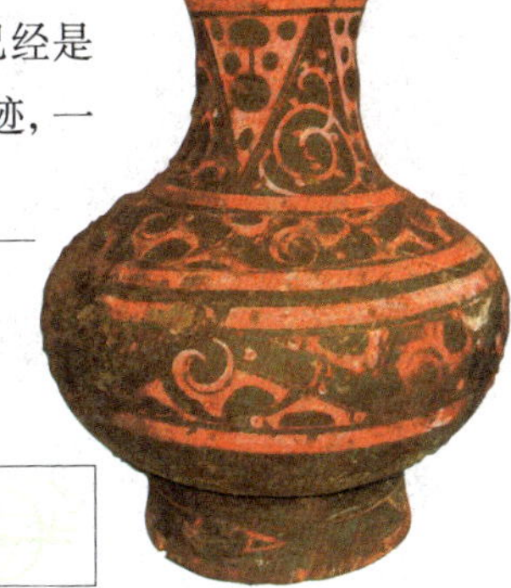

历代名家点评

《汉书·苏武传》：使于四方，不辱君命，苏武有之矣！

王莽篡位

◎ 汉纪 王莽始建国元年
◎ 公元9年

★世界大事★

公元前后，朝鲜半岛出现高句丽奴隶制国家。

公元初，东非阿克苏姗奴隶制国家兴起。

公元1世纪，基督教产生。

阅读提示

西汉后期，社会危机深重，政治动荡，人心思变，整个社会流行所谓汉室当“更受命”之说。这种思潮为王莽代汉创造了一个舆论上的思想准备。西汉后期由于土地兼并，灾荒，经济凋敝，所以人心浮动，阶级矛盾尖锐，人民起义不断。王莽篡位正是适应了当时整个社会的基本思潮、社会思治这一实际情况产生的。

原文

春，正月，朔，莽帅公侯卿士奉皇太后玺韨上太皇太后，顺符命，去汉号焉。

初，莽娶故丞相王䜣孙宜春侯咸女为妻，立以为皇后；生四男，宇、获前诛死，安颇荒忽，乃以临为皇太子，安为新嘉辟。封宇子六人皆为公。大赦天下。

莽乃策命孺子为定安公，封以万户，地方百里；立汉祖宗之庙于其国，与周后并行其正朔、服色；以孝平皇后为定安太后。读策毕，莽亲执孺子手，流涕歔欷曰：“昔周公摄位，终得复子明辟；今予独迫皇天威命，不得如意！”哀叹良久。中傅将孺子下殿，北面而称臣。百僚陪位，莫不感动。

史纪风云

汉宣帝死后，太子即位，史称汉元帝。汉元帝皇后王政君生下汉成帝，汉成帝即位后，尊母亲为皇太后，拜大舅王凤为大司马大将军，其他几个舅舅也都封了侯。王家掌握了汉家大权。

成帝的二舅王曼去世早。王曼的二儿子王莽是个极有心计的人，他为了爬上权力顶峰，一面拚命读书，将经书背得滚瓜烂熟，一面讨好叔叔伯伯。王凤病重时，王莽大献殷勤，亲尝汤药，端屎端尿。他几个月不洗脸，不脱衣服，服侍王凤。王凤极为感动，临死前，向太后和成帝推荐了王莽。于是，成帝任命王莽为黄门郎，接着又提拔他为射声校尉。过了些时候，由于叔叔王商的推荐，王莽被封为新都侯，做了光禄大夫。

几年后，王莽的叔叔大司马骠骑将军王根年老退休，成帝让王莽做了大司马，这样，王莽便掌握了朝中大权。

王莽上任后，恭谨勤劳，不知疲倦。凡是投奔他的人，不论远近，不论出身贵贱，他一概录用，给他们官做。他从自己的封邑里拿出钱粮送人，而自己却过着十分俭朴的生活。一天，王莽的母亲病了，百官的夫人都登门探望。王莽的夫人出来接待，只穿着刚刚遮住膝盖的破衣服，夫人们还以为她是王莽家的女仆哩。不久，人们争相赞颂王莽舍己为人、克己奉公、勤俭朴素、一心为国，大臣们都在皇帝面前说他的好话。

汉成帝绥和二年(公元前7年)，成帝去世，他的侄儿刘欣即位，史称汉哀帝。哀帝的祖母傅太后和母亲丁太后的娘家人为了夺权，利用哀帝的地位将王莽排挤出朝廷。

◎汉 铜马◎

王莽在家闲居了六年。哀帝死后，王政君立哀帝的堂弟做皇帝，史称汉平帝。王政君又让她的侄儿王莽重新担任大司马。从此，尝过下台滋味的王莽开始一步步地篡夺汉朝的天下了。这年，平帝只有九岁，名义上由王政君掌握朝中大权，实际上，大权掌握在王莽手里。

王莽担心成帝和哀帝的外戚再来夺权，便找借口逼迫成帝和哀帝的皇后自杀了。这时，王莽的叔叔伯伯中，只剩下一个最小的叔叔红阳侯王立了。王莽怕王立在王政君面前讲话，使他不能背着王政君为所欲为，便玩弄权术，让王政君将王立赶到封地上去了。

王莽在朝廷上遍插亲信，让自己的心腹都做了大官。王莽想做什么，就授意他的亲信到王政君那儿去奏请。

王莽就是用这种办法，让王政君封他为安汉公的。

王莽将女儿嫁给平帝做皇后，王莽成了国丈，地位更显赫了。泉陵侯刘庆见王莽势大，便来讨好他。刘庆上书王政君说："周成王小的时候，由周公代行皇帝职权。如今皇上年纪也很小，应由安汉公行使皇帝职权。"

※知识链接※

王莽是外戚望族中的"低贱者"。他以孝廉、勤俭、谦恭赚取美名而至大司马，最终篡权当了"新"朝皇帝。后人有诗曰："王莽谦恭未篡时。"王莽应是政治投机的"楷模"。

王政君把这个建议交给群臣去讨论，满朝都是王莽的心腹，他们异口同声地说："应当照刘庆所说的办。"于是，王政君让王莽像周公那样，行使皇帝职权了。

平帝一天天长大，渐渐懂事了，他对王莽的野心又恨又怕。他的母亲卫姬，按理应封为皇太后，但王莽怕卫家的人夺权，只封卫姬为中山王后，封平帝的两个舅舅为关内侯，让他们留在封地中山，不许进京。对此，平帝难免有怨言。王莽听说后，怕平帝将来对他不利，便将他毒死了，这一年是平帝元始五年(公元5年)。

◎西汉　砚台◎

平帝死后，王莽让只有两岁的刘婴做了皇帝，史称孺子婴。

没几天，武功人孟通在淘井时淘出一块白石头，上面刻有"告安汉公莽为皇帝"八个大字，这当然是王莽的人蓄意干的。这事报告到王莽那里时，王莽立即叫人去告诉王政君。王政君便封王莽为摄政，并把第二年改为居摄元年。

刘氏皇族中的安众侯刘崇对亲信张绍说："王莽要篡位，刘家的天下危险了。但刘氏皇族中竟没有一个人敢站出来反对他，这是我们刘家的耻辱，我想带头反对王莽，天下人一定会响应的。"张绍听了，便协助刘崇聚集了百十来个人，起兵攻打宛城。由于准备不足，力量太小，很快便失败了。

王莽又指使人去对王政君说："应该封摄政为摄皇帝。"王政君只得照办了。

居摄二年(公元7年)，东郡太守翟义起兵反对王莽，立严乡侯刘信为天子，发表檄文说："王莽鸩杀平帝，摄天子之位，意欲篡汉。如今天子已立，誓与豪杰共行天讨。”檄文传开后，天下震动。翟义大军很快发展到十万人。

王莽闻讯，恐惧万分，食不下咽了。他忙派出七个将军率军前去镇压。

这时，听说有人起兵反对王莽，关中也有人起兵响应了。王莽一面派人镇压，一面加强长安城防。

不久，关里关外的义军都被镇压下去了。这时，王莽贼胆更大了。梓潼有个叫哀章的人，做了一个铜箱，在上面刻了“汉高祖让位于王莽”几个字，然后把铜箱放在高祖的庙里。人们看到这个铜箱后，赶紧去告诉王莽。王莽说：“既然高祖显灵，让我做皇帝，这是老祖宗的意思，我不能再推辞了。”始建国元年(公元9年)，王莽建立了新朝，做了皇帝。

历代名家点评

毛泽东： 汉时一般做史的人——范晔、班固、班昭等，因为他们吃的汉朝的饭，要给汉朝说几句好话，把王莽说得怎样坏。其实王莽也不是怎么不得了的一个坏人。我们现在研究王莽，要拿很公平诚恳的态度来研究的。均田制是王莽时提倡的，可见他注意到农民问题了。因为农民问题最重要者其唯土地，而他先节制田地，岂非明证欤？

王允智杀董卓

◎ 汉纪 汉献帝初平三年
◎ 公元192年

阅读提示

公元190年，董卓废掉少帝，献帝刘协继位。公元191年，王允担任司徒职务，可谓是受命于危难之秋。献帝登极后，外戚、宦官斗争仍在继续，人民起义风起云涌，各地割据豪强也趁机发难，纷纷问鼎中央政权，整个东汉政权危机四伏。面对如此国将不国的尴尬局势，王允毅然承担起恢复和革新东汉政权的重任。为了稳定政局，消除混乱，王允和朝中其他忠臣良将一道出谋划策，重新树立皇帝的绝对权威，并准备智杀董卓。

原文

夏，四月丁巳，帝有疾新愈，大会未央殿。卓朝服乘车而入，陈兵夹道，自营至宫，左步右骑，屯卫周匝，令吕布等扞卫前后。王允使士孙瑞自书诏以授布，布令同郡骑都尉李肃与勇士秦谊、陈卫等十馀人伪著卫士服，守北掖门内以待卓。卓入门，肃以戟刺之；卓衷甲，不入，伤臂，堕车，顾大呼曰：“吕布何在！”布曰：“有诏讨贼臣！”卓大骂曰：“庸狗，敢如是邪！”布应声持矛刺卓，趣兵斩之。

◎汉 马踏飞燕◎

史纪风云

汉桓帝和汉灵帝两个人都是昏君，他们或崇信外戚，或重用宦官，就是不信用忠臣。这样一来，百姓开始吃苦了。

巨鹿那个地方有个叫张角的，是个有雄心大志的人。他见国家如此，便想乘机推翻汉朝天下，建立太平盛世。为了组织兵力，他创办了太平道。先让人加入太平道，然后伺机起义。

张角懂得医术，他为人治病时，不要报酬，只要加入太平道就行。经过十年的努力，他的教徒竟发展到三十万人，几乎遍及全国。

这时，正赶上天灾，饥民遍地，张角抓住这个时机，发动了起义。

起义军攻城夺地，专杀贪官污吏，天下震动。汉灵帝惊恐万分，一面派兵镇压，一面命令地方组织兵力围剿。这样一来，各地豪杰纷纷而起，开始拥兵自重了。

黄巾起义被镇压下去之后，地方上的豪杰却利用组织起来的兵力开始混战，乘机发展自己的势力，变成割据一方的军阀。于是，东汉王朝转入了军阀割据时期。

◎汉 兽形水注◎

兽体略呈伏蛙形，中空。昂首，双目圆睁，宽鼻，咧嘴露齿，嘴角两侧有胡须，小尖耳，头顶上的双角向后弯曲，体躯两侧饰羽毛图案，为双翼，四爪粗壮有力。吻部衔一个小圆洗，背上部有一圆筒形流。

这些军阀弱肉强食，互相兼并，战争连年不断，给百姓带来了深重的灾难。

凉州军阀董卓就是这些军阀中的一个。他是陇西临洮人，从小有勇有谋，膂力过人。年轻时曾到羌族地区游历，和羌族的豪强贵族交朋友，赠礼物，培植自己的势力。他因镇压黄巾起义有功，步步高升，做了破虏将军，势力越来越大了。

这时，朝廷内外戚和宦官争权夺利的斗争愈演愈烈。何皇后的哥哥何进担任大将军，负责守卫洛阳。他势力强大，引起了宦官的不满和反对。

灵帝中平六年(公元189年)，灵帝病死。灵帝有两个儿子，大的叫刘辨，老二叫刘协。刘辨是何皇后的儿子，灵帝不喜欢他。临死前，灵帝把刘协托付给宦官蹇硕。蹇硕担任上军校尉，是皇宫禁卫军的统帅，他想杀掉何进，立刘协为帝，但没有杀成。于是，何进便立刘辨为帝，史称少帝。

何进掌握了朝中大权，蹇硕心中不安，便与众宦官谋除何进。不料走漏了消息，何进先下手为强，将赛硕杀了。

担任中军校尉的袁绍，劝何进利用这个时机将所有宦官全部杀掉。于是，何进先请何太后罢免所有宦官的官职，改由郎官担任，何太后不同意。袁绍又向何进建议，号召四方猛将进京，胁迫太后同意。何进采纳了他的建议，想依靠凉州军阀董卓的力量，便下令召董

◎汉 调兵用虎符◎

卓速到洛阳。大臣谏道："大将军身居要职，手握重兵，要杀宦官，只要当机立断即可，不必召外兵进京。董卓为人，性如豺狼，进京必然为乱！"何进不听。

宦官听说何进要杀他们，忙假传圣旨，召何进进宫，趁他不备，将他杀死。何进部将闻讯，与中郎将袁术、中军校尉袁绍率军入宫，大杀宦官，死者二千余人。东汉以来猖獗近百年的宦官集团终于覆灭。

这时，董卓来到洛阳。他只带了三千人马，为了虚张声势，叫士兵夜里偷偷出城，白天再打着旗敲着鼓，浩浩荡荡地从四个城门开进来。这样一连闹了四五天，不明真相的人以为董卓调来了许多兵马。

董卓为了掌权，要行废立之事。负责京城治安的大将丁原看出董卓有野心，对董卓的行为深表不满。董卓也知道不除掉丁原，就不能掌权。他听说丁原的部将吕布是个反复无常的人，就用金钱去收买吕布。吕布接受了董卓的重贿，不几天就把丁原杀掉，替董卓扫除了障碍。这年九月间，董卓废了少帝，毒死何皇后，另立刘协为帝，史称汉献帝。

董卓依靠拥立之功，自封为丞相，独揽了朝中大权。他参拜不名，入朝不趋，剑履上殿，全无人臣之礼。从此，他在洛阳为所欲为。

有一天，董卓带兵到郊外闲游，正赶上庙会，人山人海，十分热闹。董卓兽性大发，竟命令士兵冲进人群，把男人全部杀掉，赶走他们的牛车，抢走妇女和财物，还把那些砍下来的人头绑在车辕上带回洛阳。一路上，董卓让士兵狂呼乱喊道："打了大胜仗回来啦！"

董卓在洛阳的所作所为引起了人们的强烈反对。袁绍因和董卓意见不合，逃到了渤海郡。典军校尉曹操怕董卓对他下毒手，逃出洛阳，到了陈留。

这时，有十多个州郡先后起兵反对董卓。他们集合在一起，共推袁绍做盟主，组

※知识链接※

外戚与宦官交替专权，是君主世袭制度的恶果。在家天下的制度下，老皇帝死了，小皇帝接班，免不了大权旁落，不是落在外戚手中，就落在皇帝身边的宦官手中。外戚、宦官为了各自的利益，互相倾轧，把朝廷搞得乌烟瘴气，把国家搞得经济凋敝、民不聊生。

织联军讨伐董卓。这支联军称为“关东军”。

关东军从东面对洛阳采取了半圆形的包围阵势，但他们各有各的打算，为了保存实力，都观望不前，没有对董卓构成压力。董卓也没把他们放在眼里，董卓担心的是黄巾起义军的余部郭太。这时，郭太在西河重整旗鼓，多次打败董卓派去的军队。董卓怕起义军渡过黄河，切断他的后路，便急忙挟持汉献帝撤出洛阳，逃往长安。

董卓撤出洛阳时，要把百姓全都带走。百姓不愿意跟他走，他就把洛阳附近二百里内的几百万人分成许多小队，每个小队派一队士兵押送，驱赶着向西迁徙。董卓怕百姓在半路上逃回洛阳，派军队把洛阳一带的房屋、宫殿全都烧光了，洛阳顿时变成一片废墟。

董卓到了长安，更加专横跋扈，穷奢极欲。他把自己比作西周时辅助周武王的姜尚，要汉献帝尊称他为“尚父”。

董卓每逢外出时，都盗用天子仪仗，气焰熏天。董卓大权在手，大封自己的子侄做官。他封还在吃奶的儿子为侯，封弟弟董旻为左将军，封侄子董璜为中军校尉。

董卓拼命搜刮财物，下令把秦始皇在长安所铸的铜人和长安皇宫里的铜钟铜架全部砸碎，把旧有的五铢钱收集起来，利用这些铜料铸成小钱在市上使用。这样，大钱改成小钱，弄得物价飞涨，一石谷的价钱高达数十万钱。

百姓被董卓害苦了，都希望他快死。不久，长安城里流传着一首童谣：“千里草，何青青！十日卜，不得生。”“千里草”是“董”字，“十日卜”是“卓”字。这首童谣是说：董卓你怎么还活着，十日之内就死了吧。

◎东汉 陶船◎

董卓不管百姓的死活，征集二十五万民夫，在离长安城二百六十里的郿邑建了一座城堡，称为郿坞。城堡四周城墙的高度和厚度都同长安城一模一样。董卓在城堡里屯积了够他们食用三十年的粮食、二三万斤黄金、八九万斤白银，还有其他无数珍宝。董卓怕人行刺，外出时总是在衣服里面穿上厚厚的铠甲。他以为有了这些，就可以万无一失，高枕无忧了。他说："夺权成功，可以称帝；万一不成功，守着这些也足够过一辈子了。"

◎东汉 碧琉璃杯◎

董卓倒行逆施，恶贯满盈，引起众怒了。后来，连他委任的官吏也成了他的敌人。

汉献帝初平三年(公元192年)四月间，王允和吕布合谋，要杀董卓。王允是太原人，少有大志，能文能武，做郡吏时即能为民除害。这时，王允已步步升至司徒。

几天后，适逢汉献帝有病初愈，群臣在未央殿聚会，董卓乘车进宫。吕布等十余人埋伏在朝门内，趁董卓车到时将他刺死。接着，又将董卓族人全部诛杀。

董卓死后，长安市民奔走相告，欢欣鼓舞。看守董卓尸体的士兵见董卓肥胖，就在他的肚脐中插上灯芯，像点油灯一样点着了。这支特大的"油灯"足足亮了两天。

历代名家点评

陈寿：董卓狼戾贼忍，暴虐不仁，自书契已来，殆未之有也。

苏轼：衣中甲厚行何惧，坞里金多退足凭；毕竟英雄谁得似，脐脂自照不须灯。

毛宗岗：观董卓行事，是愚蠢强盗，不是权诈奸雄。奸雄必要结民心，奸雄必假行仁义。今焚宫室、发陵寝，杀百姓、掳货财，不过如张角等所为。后人并称卓、操，孰知卓之不及操也远甚！

官渡之战

◎ 汉纪 汉献帝建安五年
◎ 公元200年

★世界大事★

公元3世纪，日本大和奴隶制国家兴起。

阅读提示

东汉末年轰轰烈烈的黄巾起义虽然被镇压下去了，但东汉政权名存实亡。在这些割据势力的连年征战中，袁绍、曹操两大集团逐步发展壮大起来。建安元年，曹操把汉献帝挟持到许昌，形成“挟天子以令诸侯”的局面，取得政治上的优势。在消灭袁术和吕布之后，与袁绍形成沿黄河下游南北对峙的局面。袁绍的兵力在当时远远胜过曹操，决心同曹操一决雌雄。建安四年，袁绍企图南下进攻许昌，官渡之战的序幕由此拉开。

原文

绍骑至乌巢，操左右或言：“贼骑稍近，请分兵拒之。”操怒曰：“贼在背后，乃白！”士卒皆殊死战，遂大破之，斩琼等，尽燔其粮谷，士卒千馀人，皆取其鼻，牛马割唇舌，以示绍军，绍军将士皆恟惧。郭图惭其计之失，复谮张郃于绍曰：“郃快军败。”郃忿惧，遂与高览焚攻具，诣操营降。曹洪疑不敢受，荀攸曰：“郃计画不用，怒而来奔，君有何疑！”乃受之。

史纪风云

曹操能征惯战，势力越来越大，投靠他的人也越来越多了。一天，他手下的谋士对他说：“将军，要想消灭各地拥兵自重的军阀，必须利用皇帝的名义号令天下，才能办到，这叫作‘挟天子以令诸侯’。其次，必须让士兵屯田，自给自足，才能吃饱饭，打胜仗。”曹操一听大喜，马上照办。

建安元年(公元196年)八月，曹操前往洛阳，将从长安迁回洛阳的汉献帝迁到许昌，牢牢地控制在自己手中。从此，他自己专断朝政，汉献帝成了傀儡，百官也全得听他的。曹操用亲信担任皇宫卫士，看住朝廷。自己出征时，让谋士荀彧管理朝政。从此，朝中大权全归曹操，汉朝天下已名存实亡。

接着，曹操南征北战，东攻西讨，打败了张绣，杀掉了吕布，击破了袁术，又用汉献帝的名义封孙策为吴侯，稳住了江东。

袁绍见曹操日益强大，不禁坐立不安。汉献帝建安五年(公元200年)二月，袁绍任命沮授为监军，亲自统领十万大军，从邺城出发，进攻许昌，要消灭曹操。

◎汉 彩绘龙纹罐◎

袁绍进军到黄河北岸的黎阳，派郭图、颜良进攻白马。他企图引诱曹操离开官渡，一举消灭曹军。监军沮授认为颜良虽然勇猛，但骄傲自大，缺少智谋，怕他担当不了这样的重任。袁绍一向刚愎自用，根本不听沮授的意见。

在白马的东郡太守刘延，听说袁军要来进攻，急忙派人向曹操报告。曹操接到报告后，立即召集谋士和武将商量对策。大家建议说：“不要和袁绍硬打硬拼，应该避实就虚，声东击西。”于是，曹操指挥军队装出要从延津方向渡过黄河去攻打袁绍后方的样子，引诱袁绍主力离开黎阳，并且麻痹围攻白马的颜良。

袁绍得到曹操向延津进军的消息，限令黎阳的军队赶在曹军渡河之前到达延津渡口，做好和曹军决战的准备。曹操见袁绍中计，忙悄悄率领轻骑奔向白马。

在白马的颜良、郭图倚仗兵马多，又有在黎阳的主力做后盾，正洋洋得意地开怀畅饮。这时，曹军突然出现，颜良手忙脚乱，仓促应战。曹军左右夹攻，颜良抵挡不住，在阵前被斩。郭图一看形势不好，骑上战马逃走了。

袁绍听说大将颜良被杀，进攻白马的袁军全被消灭，气得直跺脚。为了给颜良报仇，他派大将文丑带领五六千骑兵渡河追击曹操。

这时，曹操已从白马撤军，刚走到延津南面的一个山坡下，忽报袁绍派兵追来。曹操见那里地势险要，两面高山对峙，峡谷中只有一条蜿蜒曲折的小道，山坡上草木茂密，顿时心生一计。他传下命令："停止前进，丢下一些车辆物资，然后埋伏好。"

徐晃挑选精锐骑兵六百多名在树林中埋伏起来。不多时，文丑的大队人马到来。他们看见道上的车辆物资，以为是曹军为了逃命才丢下的，便争先恐后地跳下马，一窝蜂似的拥上去抢东西。这时，曹操一声令下，埋伏好的骑兵突然冲了出来，看见袁军就杀。文丑遭到突然袭击，仓促应战，被徐晃一刀斩于马下。他手下的士兵逃走了一些，剩下的都投降了。

打了胜仗的曹军将士带着战利品回到官渡大营。

袁军接连打了两次败仗，士气低落。但袁绍自恃兵多，仍要渡河跟曹操的主力决战。沮授劝阻道："目前我军新败，难以决战。曹操虽胜，但是兵少粮缺，只要我们和他长期对峙，就能取胜。"袁绍冷冷地说："兵贵神速，难道你不懂吗？"他不听沮授的劝阻，率领大军渡过黄河，直逼官渡。

官渡距许昌不到二百里，是南北交通咽喉，兵家必争之地。如果官渡失守，许昌就失去屏障了。因此，曹操鼓励将士，竭尽全力固守官渡阵地。袁绍一时不能得手，战局进入胶着状态。

有一天，袁绍巡视阵地，爬上一个土堆，望见了曹营将士。袁绍从这里受到启发，命令士兵在阵地上堆起土山，筑起瞭望楼，让弓箭手居高临下向曹营射箭。曹军遭到突然袭击，死伤不少。

曹操吃了亏，就召集谋士商议对策。有人建议说："可制造发石车对付袁军。这种发石车又称'霹雳车'，能把十斤重的大石块发射到三百步以外的地方。"曹操命令工匠连夜按图制造发石车。

发石车造好后，曹操命令各处的发石车同时对准袁绍的瞭望楼发射。顷刻之间，乱石飞空，声如雷鸣，打得袁军头破血流，死伤无数。

曹操虽然多次打退袁绍的进攻，守住了阵地，但由于双方相持时间过长，粮草供应越来越困难，眼看只剩下一个月的粮食了，简直是一筹莫展。而袁绍的军粮却从后方源源不断地运到距官渡四十里的乌巢。

◎东汉 记里鼓◎

又称大章车。出现于东汉以后。由汉代鼓车改装而成。车每行一里，车上木人受凸轮牵动，由绳索拉起木人右臂击鼓一次。其工作原理是利用车轮带动大小不等的若干齿轮，当车轮走满一里时，其中一个齿轮恰转一圈，拨动木人去打鼓，每走十里则另一齿轮也转了一圈，再拨动木人打鼓。

正在这时，卫兵报告曹操说："从袁军那边跑过来一个名叫许攸的官员，说是有急事求见。"许攸原先就认识曹操，曹操赶快把他迎了进来。许攸是袁绍的谋士，不久前，他家中有人犯法，已被收监。许攸得到音信后，急忙前来投奔曹操。

曹操向许攸询问破袁之计，许攸建议曹操派兵去袭击乌巢的粮仓。他说："袁绍派在乌巢把守粮仓的淳于琼，为人骄横自大，喜欢喝酒，警惕性很差。如果派奇兵去袭击，烧掉那里的全部粮食，不出三天，袁军就会不战自溃。"曹操一听大喜，和众谋士商量，拟定了夜袭乌巢的方案。

一天夜里，万籁俱寂。曹操留下曹洪守营，亲自和张辽、乐进等几员将领带着五千精兵，打着袁军的旗号，悄悄地离开官渡，向乌巢进发。

守卫乌巢的袁军哨兵看见一队人马走来，连忙截住查问。张辽骗他们说："我们是蒋奇的人马，是袁将军派到乌巢来护粮的。"他没等哨兵进一步追问，又走近一步，故意压低了声音，装出神秘的样子说："听说曹操要偷袭乌巢，袁将军派我们赶来增援。"哨兵见他们的旗帜上写着斗大的"袁"字，便没有怀疑，让他们通过了。

曹军摸进乌巢，按预定计划分头占领要道，放火焚烧粮囤。刹那间，粮囤到处起火，浓烟滚滚，直冲云霄。袁军士兵吓得连声叫苦，赶快去报告淳于琼。

◎东汉 青铜怪兽笔架◎

喝得醉醺醺的淳于琼听说粮囤起火，曹操的人马打进来了，吓得出了一身冷汗，酒也醒了。他急忙集合士兵准备厮杀。这时，乐进已经冲了过来，一刀把他砍了，没过多久就结束了战斗。

袁绍得知乌巢被袭，粮食被烧，吓得目瞪口呆。他的儿子袁谭催促说："情况危急，如何是好？快想办法吧！"袁绍略为思考一下，镇静地说："曹操偷袭乌巢，我将计就计，袭击他的大营，切断他的归路，叫他死无葬身之地！"

袁绍不管有人反对，命令部将张郃、高览进攻官渡的曹营。张郃、高览只好带领军队出发了。

袁军到达官渡后，前有曹洪的坚强抵抗，后有从乌巢回来的曹军的猛烈袭击，张郃腹背受敌，抵挡不住，知道袁绍难成大事，就和高览一同投降了曹操。

袁绍连吃败仗，粮草被烧，谋士离叛，将领投降，士兵逃散。他见大势已去，慌忙向北撤军。逃过黄河的时候，他身边只剩下八百个人了。

袁绍逃回北方后，不久吐血而死。他的儿子逃往乌桓。曹操乘胜追击，乌桓投降。袁绍的儿子又逃到辽东，被辽东太守公孙康杀死，将首级献给曹操。

至此，曹操统一了北方。

◎汉 鼎◎

历代名家点评

李世民：曹操是："临危制变，料敌设奇，一将之智有余，万乘之才不足。"

刘知几：罪百田常，祸千王莽。

洪迈：曹操为汉鬼蜮，君子所不道。

鲁迅：我们讲曹操，很容易就联想起《三国志演义》，更而想起戏台上那一位花面的奸臣，但这不是观察曹操的真正方法……其实，曹操是一个很有本事的人，至少是一个英雄，我虽不是曹操一党，但无论如何，总是非常佩服他。

毛泽东：曹操统一中国北方，创立魏国。他改革了东汉许多恶政，抑制豪强，发展生产，实行屯田制，还教促开荒，推行法治，提倡节俭，使遭受到破坏的社会开始稳定、恢复发展。这难道不该肯定？难道不是了不起？说曹操是白脸奸臣，书上这么说，戏里这么演，老百姓这么说。那是封建正统观念制造的冤案。还有那些反动氏族，他们是封建文化的垄断者，他们写东西就是维护封建正统。这个案要翻。

◎东汉 绿釉鸡顶三管尊◎

三顾茅庐

◎ 汉纪 汉献帝建安十二年
◎ 公元207年

阅读提示

汉末，黄巾起义后，天下大乱，曹操坐据朝廷，孙权拥兵东吴。当时，刘备依附于刘表，屯兵新野。雄心勃勃的他为了早日完成匡扶汉室的大业，不断招贤纳士。在一次拜访司马徽时听过他说“能了解当世的时局才是俊杰，此时只有伏龙（诸葛亮）、凤雏（庞统）”。刘备便三次亲自前往拜访。

原文

亮曰：“今曹操已拥百万之众，挟天子而令诸侯，此诚不可与争锋。孙权据有江东，已历三世，国险而民附，贤能为之用，此可与为援而不可图也。荆州北据汉、沔，利尽南海，东连吴会，西通巴、蜀，此用武之国，而其主不能守，此殆天所以资将军也。益州险塞，沃野千里，天府之土；刘璋阇弱，张鲁在北，民殷国富而不知存恤，智能之士思得明君。将军既帝室之胄，信义著于四海，若跨有荆、益，保其岩阻，抚和戎、越，结好孙权，内修政治，外观时变，则霸业可成，汉室可兴矣。”

◎东汉 青瓷◎

史纪风云

袁绍失败后，原来投靠袁绍的刘备只得带着张飞、关羽等人去投靠荆州刺史刘表。刘表对他很客气，亲自到郊外迎接，待以上宾之礼，还拨给他一些兵马，叫他驻扎在新野县城。刘备从起兵到这时已有二十多年了，名声很大，他在新野住下后，有不少人从各地来投奔他，他自己也四处访求人才。

◎三顾茅庐◎

有个叫徐庶的谋士前来投奔刘备，刘备十分器重他，请他再推荐一位谋士。徐庶对刘备说："有个叫诸葛亮的，人称'卧龙'，是个了不起的人才，将军愿意见他吗？"刘备一听十分高兴，连忙对徐庶说："请先生把他带来见我吧！"徐庶摇摇手说："诸葛亮是个难得的人才，像他这样的人，不能够随随便便地叫来，应当恭恭敬敬地亲自去请他。"刘备认为徐庶说得对，决定亲自去请诸葛亮出山。

诸葛亮于汉灵帝光和四年(公元181年)生于琅琊郡，是西汉司隶校尉诸葛丰的后人，父亲曾做过郡丞。他从小死了父母，七岁时成了孤儿，跟随叔父到荆州避难。在他十七岁那年，叔父也死了，他就在南阳隆中定居下来。

诸葛亮除了种地外，经常和一些朋友读书，切磋学问，谈论天下大事。诸葛亮身高八尺，面如白玉，相貌奇伟，胸怀大志，常常把自己比做春秋战国时的管仲和乐毅。管仲曾经辅佐齐桓公创立霸业，乐毅曾经替燕昭王打败强大的齐国。熟悉诸葛亮的人，都知道他是个了不起的人，认为他是卧在地上准备腾空而起的龙。又因为他住在卧龙岗，所以人们就尊称他为"卧龙先生"了。

※知识链接※

三国蜀汉的创立者刘备，有与刘邦相似的出身，却没有刘邦那样的才干和机遇。

建安十二年(公元207年)，刘备打听好诸葛亮的住处后，同关羽、张飞带着礼物前往隆中。那里山峦起伏，树木葱笼，风景如画。有一座小山蜿蜒曲折，真像是一条静卧的苍龙。

刘备等三人继续前行，来到山岗下，只见几间草屋，掩映在一片苍松翠柏之间。刘备对关羽、张飞说："一定是这里了。"说着，三人在草屋前下马，刘备亲自上去敲门。一个小童打开门，出来问道："你们找谁？"刘备客客气气地说："请告诉卧龙先生，刘备前来拜见！"小童说："先生不在家，早晨出门去了。"刘备问道："先生到哪里去了？"小童说："不知道上哪儿去了，可能找朋友一块儿读书去了。"张飞见刘备还要再问，便不耐烦地说："既然不在家，我们就回去吧。"关羽也在一旁说："我们先回去，以后派人打听好了再来。"刘备只得对小童说："等先生回来，请你告诉他，说刘备特地前来拜访了。"说完，失望地离开了卧龙岗。

过了几天，刘备打听到诸葛亮已经回家，又带着关羽、张飞去请他。那天天气很冷，走到半路，天下起大雪来了。张飞有些不耐烦，想要折回新野。刘备却认为冒着风雪去请，正好能表明自己的诚意，坚持要去，张飞只得依他。他们好不容易到了卧龙岗，一打听，才知道孔明已经在头一天和朋友出去了，又未见到。

过了些天，刘备选了一个吉日，准备第三次去请诸葛亮。这次，连关羽也有些不高兴了。刘备说："你们知道周文王访贤遇姜尚的故事吗？文王敬重姜尚，姜尚一心辅佐文王和武王，他们君臣齐心，上下合力，终于完成了灭殷的大业。咱们应该效法古人啊。"说完，带着关羽、张飞出发了。

他们三人来到卧龙岗，从小童那里打听到诸葛亮正在草堂上睡觉哩。刘备不让小童随便去惊动，叫关羽、张飞在门外等候，他自己恭恭敬敬地站在草堂的台阶下等着。过了好一会儿，诸葛亮才醒。小童禀报说："刘将军已经来了一会儿了。"诸葛亮连忙起身，把刘备迎到屋里，谈论起天下大事来。

刘备对诸葛亮说："现在汉室衰弱，奸臣当道。我不自量力，想出来安定天下。但我智谋短浅，能力单薄，直到现在还没有什么成就。请先生指教，我应当怎么办才能成功呢？"诸葛亮见刘备十分诚恳，就对当时天下大势作了精辟的分析，给刘备提出了一套统一天下的策略。他说："自从董卓进入洛阳以来，天下群雄并起，跨州连郡的多得不可胜数。曹操和袁绍相比，名望低，兵力少，但竟然打败了袁绍，这是因为曹操有智谋。如今曹操拥有百万之众，挟天子而令诸侯，目前当然不能和他争锋。至于孙权，他据有长江天险，百姓归附他，有才能的人肯为他效力，因此对他只能联合，不能打他的主意。荆州地势险要，北有汉水、沔水，南通南海，东连吴会，西通巴蜀，是个用兵之地。可是刘表守不住它，似乎是老天要将这个地方送给将军，将军应当夺取它。益州易守难攻，沃野千里，物产丰富，向来有'天府之国'的称号，汉高祖就是以益州为根据地统一天下的。将军如能先占荆州，站稳脚跟，再取益州，励精图

◎东汉 禽兽博局纹镜◎

半圆钮，钮外双线方格内切圆形，圆圈内及四角饰以简单的纹饰。方格外四边有对称的八个小枚，博局纹划分的四方八区内分别装饰了青龙、朱雀、玄武、禽鸟等八种动物，外围细斜条纹，镜缘是锯齿纹及连续云气纹。

◎汉 画像石 ◎

治，联合孙权，然后等待时机再向中原发展，那么，统一天下的大业一定会成功的。”刘备听了，连连点头，对诸葛亮说：“先生这番话，说得十分透彻，令我如拨云雾而见青天。我希望先生出山，帮我完成统一天下的大业。”诸葛亮见刘备为人忠厚，便说：“既然将军这样看得起我，我只好竭尽微薄的力量来为将军效劳了。”刘备见诸葛亮答应了，非常高兴。他请诸葛亮尽快出山，共图大业。

第二天，诸葛亮告别亲友，跟刘备一起到了新野。

诸葛亮这年才二十七岁。

历代名家点评

陈寿：先主之弘毅宽厚，知人待士，盖有高祖之风，英雄之器焉。

苏辙：孙不如曹，而刘不如孙。刘备唯智短而勇不足，故有所不若于二人者，而不知因其所不足以求胜，则亦已惑矣。

毛泽东：刘备是个拖不垮、打不烂、啃不动的硬骨头！没有点真本事是不会在历史的海洋中弄潮的。

李宗吾：他的特长，全在于脸皮厚：他依曹操，依吕布，依刘表，依孙权，依袁绍，东窜西走，寄人篱下，恬不为耻，而且生平善哭，做三国演义的人，更把他写得惟妙惟肖，遇到不能解决的事情，对人痛哭一场，立即转败为功，所以俗语有云：“刘备的江山，是哭出来的。”这也是一个有本事的英雄。

赤壁之战

◎ 汉纪 汉献帝建安十三年
◎ 公元208年

阅读提示

建安十三年（公元208年），曹操挥军南下，企图夺取刘表之子刘琮据有的荆州，然后再进占江东，逐步统一全国。在中原活动失败的刘备，正依托于荆州，他在曹军的追逐下自樊城南奔江陵，行抵当阳，为曹军所败。那时，孙权已经继孙策统治江东，他与刘备的谋士诸葛亮结盟于柴桑，共与曹军相持于赤壁。

原文

时操军众已有疾疫，初一交战，操军不利，引次江北。瑜等在南岸，瑜部将黄盖曰："今寇众我寡，难与持久。操军方连船舰，首尾相接，可烧而走也。"乃取蒙冲斗舰十艘，载燥荻、枯柴，灌油其中，裹以帷幕，上建旌旗，豫备走舸，系于其尾。先以书遗操，诈云欲降。时东南风急，盖以十舰最著前，中江举帆，馀船以次俱进。操军吏士皆出营立观，指言盖降。去北军二里馀，同时发火，火烈风猛，船往如箭，烧尽北船，延及岸上营落。顷之，烟炎张天，人马烧溺死者甚众。

◎东汉 原始瓷带盖双耳瓶◎

史纪风云

曹操统一北方后，发展农业生产，增强军事力量，实力越来越雄厚了。于是，他打算进军南方，消灭荆州的刘表和江东的孙权，进而统一全国。

◎湖北嘉鱼县，赤壁古战场遗址◎

汉献帝建安十三年(公元208年)七月，曹操率军南下，要夺取荆州。八月，荆州牧刘表病死，他的内弟蔡瑁等人拥立刘表次子刘琮为荆州牧。蔡瑁听说曹军声势浩大，吓破了胆，劝刘琮向曹操投降，刘琮同意了。九月，曹操大军到了新野，刘琮遣使者奉送降表，迎接曹操入荆州。

这时，刘备正驻守樊城，听说刘琮已降，又见曹操大军迫近，想要抵抗已经来不及了，只得匆忙地向江陵转移。

江陵是军事重镇，又是兵力和物资的重要补给地。曹操怕刘备占领江陵，就亲自率领五千轻骑兵，不分昼夜地追赶，一日一夜跑了三百多里。几天后，曹操在长坂坡追上刘备。刘备大败，曹操夺取了江陵。

刘备从小道逃到夏口，在那里和刘表的长子刘琦合兵一处，约有二万人。

曹操占了荆州，收降了刘琮的水军，如今又占了江陵，得到了大量的军用物资。于是，他决定顺江而下，先消灭刘备，再消灭孙权，占领江南，统一全国。

曹操南下，孙权感到很紧张。在孙权同意下，鲁肃到刘备那里去察看军情，并且说服刘备和孙权联合，共破曹操。刘备完全同意鲁肃的主张，带领军队退守长江南岸的樊口。

曹操收降了刘琮的军队八万多人，兵力增加到二十多万，沿江东下，直逼夏口。诸葛亮见形势紧张，对刘备说：“让我去孙权那里求救吧！”刘备就派诸葛亮跟着鲁肃去柴桑见孙权。诸葛亮见到孙权，对他说：“曹操破了荆州，威震四海。现在，他顺江而下，直逼江东。孙将军如果想要抵抗曹操，就应该立刻跟他断绝关系；如果没有这份胆量，何不趁早投降呢？”孙权一听这话，反问道：“刘豫州为什么不向曹操投降呢？”诸葛亮回答说：“刘豫州是汉朝王室后裔，才能盖世，读书人仰慕他，如江河归向大海一样。眼前遇到一点困难，怎么就能屈居人下呢！”孙权听诸葛亮这么说，十分激动，猛地站起来说：“我不能拿江东十万雄兵，受制于人，我主意已定。不过，刘豫州刚打了败仗，怎能抵抗曹操呢？”诸葛亮说：“刘豫州还有精兵二万。曹操兵马虽多，但是经过长途跋涉，已经疲惫不堪。何况曹军多半是北方人，到了南方，水土不服，又不习惯水战。他们刚刚占领荆州，人心不服。在这种情况下，只要我们两家联合起来，协力作战，就一定能够打败曹操。”诸葛亮这样一分析，孙权觉得很有道理，增强了抗曹的决心。

于是，孙权召集文臣武将开会，商讨抗击曹操的办法。恰在这个时候，曹操写信威吓孙权，说他带领八十万大军前来，要同孙权会战。孙权把曹操的信拿给大家看，许多人大惊失色。长史张昭说：“我们可以凭借抗拒曹操的是长江天险，现在曹操占了荆州，得了刘表的水军和几千条战舰，沿江水陆俱下，长江已经失去了阻挡敌军的作用，我们还有什么办法抵抗曹操？照我看，我们不如和他讲和！”孙权听到这种投降言论，心里很不高兴。起身离开了会场。

◎孙刘联盟◎

鲁肃见状，急忙跟在孙权后面，追到屋檐下，对孙权说：“刚才张昭的话，千万听不得。应当把周瑜叫回来，和他一起决定大计。”孙权接受鲁肃的建议，宣布暂时休会，等周瑜来了再说。

周瑜当时正在鄱阳湖训练水军，听说孙权召见他，就动身来到柴桑。他听了文武官员的意见，对孙权说：“将军割据江东，地方数千里，兵精粮足，应当横行天下，哪能向曹操屈服呢？”周瑜接着分析说：“其实，曹军最多不过二十几万。现在，正是天寒地冻的季节，他们的军马缺乏草料。北方士兵来到南方，水土不服，必然生病。这些都是曹军的致命弱点。依我看，这正是我们打败曹操的最好时机。请将军拨给我几万精兵，开赴夏口，击败曹操。”孙权听周瑜这么说，精神为之一振。他拔出佩刀，一刀砍下木案的一角，对众臣说：“谁要是再提投降曹操，就和这张案子一样。现任命周瑜为大都督，程普为副都督，鲁肃为赞军校尉，带领三万人马，与刘备的水军会合，协同作战，共破曹操。”孙刘联兵抗曹，就这样定下来了。

几天后，孙刘联军进驻长江南岸的赤壁，跟北岸的曹军隔江对峙，一场大战就要开始了。这时，曹军因水土不服，渐渐生起病来。没有病的士兵，因不习惯水上风浪颠簸，许多人晕船，恶心呕吐，失去了作战能力。对此，曹操非常焦急。有人献计说：“丞相，何不把战船用铁链连在一起，铺上木板，就会四平八稳了，这种大船称为‘连环船’。”曹操听了，觉得有理，急忙命令工匠连夜赶造。船连在一起后，人在船上行走，就像在陆地上一样。统率孙刘联军的周瑜，得到曹操使用连环船的消息，就跟大伙儿商量对策。部将黄盖说：“连环船虽然四平八稳，但是它有个弱点，最怕火攻。”周瑜说：“火攻确实是好。可如何放火呢？得有人前去诈降，挨近他们，趁机放火才行。这可是一件危险的事。”黄盖说：“我愿意去诈降，就是粉身碎骨，我也要设法火烧曹营！”

几天后，曹操接到了黄盖要求投降的信。这时，曹操认为自己处于绝对优势，孙权的处境已经十分困难，江东覆亡的命运已经不可避免，孙氏政权内部的分化极有可能。因此，他对黄盖投降深信不疑，还约定了投降的日期和暗号。到了约定的日子，天快黑下来的时候，士兵报告曹操说：“有十条插着青龙旗的小船向北岸开来了。”曹操高兴地说：“这是黄盖前来投降了。黄盖一来，我就大功告成了！”

黄盖的船上装满了浇过油的枯柴干草，外边盖着帷幕。在离曹营二里远的水面上，黄盖命令士兵道：“点起火来！”当时，正刮着东南风，火借风势，冲天而起，十条船就像十条火龙，飞快地顺着东南风冲向曹营，把曹营的船只都烧着了。曹营的船是用铁链锁着的连环船，很快就烧成了一片火海。只见烈焰腾空，火光把江岸的石壁都照红了。曹军一片惊慌，争着逃命，烧死淹死的不计其数。周瑜指挥联军主力，乘机向曹军展开了猛烈的进攻，曹军大败。孙刘联军分水陆两路乘胜追击，曹操率军由华容道撤回江陵。曹操在过华容道时，忽然仰天大笑起来，部下不解地问道：“丞相为何发笑？”曹操说：“刘备要在这里先放把火，我们岂能通过？”等曹操走过华容道时，刘备才赶来放火，但已经晚了。

曹操到了江陵，见剩下的士兵也多染病，无力反击，便留下曹仁、徐晃守江陵，乐进守襄阳，自引大军北归了。

◎东汉 绿釉壶◎

历代名家点评

习凿齿：昔齐桓一矜其功而叛者九国，曹操暂自骄伐而天下三分。皆勤之于数十年之内，而弃之于俯仰之顷，岂不惜乎！

毛泽东：汉末开始大分裂，黄巾起义摧毁了汉代的封建统治，后来形成三国，这是向统一发展。三国的几个政治家、军事家，对统一都有所贡献，而以曹为最大。

吴晗：赤壁之战中，周瑜是个最出色的人物……这一仗，曹操方面号称八十三万，孙权之兵三万，加之刘备、刘琦的部队也不过五万人左右，以少败众，以弱胜强，在军事史上写下了光辉的一页。

黄仁宇：整个三国时代，是英雄豪杰风流人物浮沉起伏的期间。因为战争连亘不断，皇帝威信又名实俱亡，很多舞台上的角色，已不受道德上的约束，于是趋利赴势。他们自述胸襟怀抱，慷慨真切，全无腐儒气味。做起事来，也是畅快淋漓。

大意失荆州

◎ 汉纪 汉献帝建安二十四年
◎ 公元219年

阅读提示

建安二十二年，鲁肃去世。孙权派虎威将军吕蒙屯守陆口。关羽占领了南安、南郡等地区，与东吴边境相接。吕蒙知道关羽占据了他的下游，表面上与关羽搞好关系，其实已有了并吞荆州的打算。

原文

关羽数使人与吕蒙相闻，蒙辄厚遇其使，周游城中，家家致问，或手书示信。羽人还，私相参讯，咸知家门无恙，见待过于平时，故羽吏士无斗心。

关羽自知孤穷，乃西保麦城。孙权使诱之，羽伪降，立幡旗为象人于城上，因遁走，兵皆解散，才十馀骑。权先使朱然、潘璋断其径路。十二月，璋司马马忠获羽及其子平于章乡，斩之，遂定荆州。

史纪风云

赤壁之战后，曹操退回北方。建安十八年(公元213年)，汉献帝封曹操为魏公。建安二十一年(公元216年)，又封曹操为魏王。建安二十五年(公元220年)，曹操因病去世，曹丕继任魏王。没过多久，曹丕废掉汉献帝，自己做了皇帝，改国号叫魏，迁都洛阳。

赤壁之战后，刘备乘胜占了荆州，又进兵益州。在曹丕称帝的第二年，在诸葛亮等人的劝进下，也自立为帝，国号汉，历史上叫蜀汉。

孙权在赤壁之战后，在长江下游励精图治，在刘备称帝后的第八年，也即位称帝，国号叫吴。

这样，魏、蜀、吴形成了三国鼎立的局面，中国历史进入三国时期。

再说赤壁之战结束后，东吴大都督周瑜又用了一年多的时间，才把荆州地面上的曹军全部赶走。

◎汉 兽面纹玉铺首◎
青玉，扁方形，中央浅浮雕兽面纹，张目卷鼻，牙齿外露，状甚凶猛。两侧雕青龙、白虎、朱雀、玄武，姿态生动。背有突出方鼻钮，上有方孔，是嵌在门上的装饰。

刘备认为荆州本是刘表的领地，现在刘表死了，荆州应该归他所有。而孙权则认为荆州是周瑜打下的，理所当然应该归东吴所有。但这时刘备实力太弱，无法与东吴抗争，只得听从周瑜的安排，在长江南岸的公安一带驻兵。

周瑜死后，在鲁肃的劝说下，孙权将荆州借给了刘备。

刘备听从诸葛亮之计，于汉献帝建安十九年(公元214年)赶走了益州牧刘璋，进入成都，占领蜀中。从此，刘备有了自己的地盘，奠定了和曹魏、东吴三分天下的基础。

刘备占据蜀中后，留关羽镇守荆州。关羽是员猛将，人称“万人之敌”。他为人讲义气，对刘备忠心不二，因此刘备让他坐镇荆州，独当一面。

孙权见刘备占了蜀中，便派使者前去索取荆州。刘备用诸葛亮之计，正打算从蜀中和荆州同时出兵，东西呼应，北伐曹操，因此不肯归还荆州。双方争持不下，眼看孙刘联盟就要破裂了。

这时，北方传来警报，说曹操要进攻汉中了。汉中是蜀中的北大门。如果汉中有失，蜀中就失去了屏障。刘备不能兼顾，只得和孙权和谈，达成协议，将荆州一分为二，以湘水为界，湘水以东归东吴，湘水以西归刘备。

刘备终于免于顾东不顾西了，他腾出手来，率军到汉中，逼走了曹操。

汉中保住了，蜀中也太平无事了。于是，刘备在文武大臣的拥戴下，自立为汉中王。

◎东汉 彩绘陶击鼓说唱俑◎

◎关羽被捉◎

为了统一天下，北伐曹操，刘备命令镇守荆州的关羽北上攻打樊城。关羽接到命令，立即出发，将樊城团团围住。樊城守将曹仁见关羽来攻，早已吓破了胆，忙向曹操求救。

曹操得信，派大将于禁和庞德率领七军前去救援。曹仁让援军在樊城北面的平地上屯兵，和樊城形成犄角之势，互相策应，抵抗关羽。

这时，突然天降暴雨，汉水猛涨，平地一片汪洋。于禁和庞德在高地上避水，被关羽所擒。于禁投降，庞德不屈被杀。

曹操闻报，大惊失色，想要迁都躲避关羽。这时，司马懿献计说：“于禁被水所淹，不是打不胜，无损于国家大计。刘备和孙权因争夺荆州，面和心不和。为今之计，可遣人到江东劝孙权从背后偷袭荆州，答应他事成之后封他为吴王，并把江南割让给他。”曹操听了，马上派使者到江东去。

这时，鲁肃已经死了，继任者是吕蒙。吕蒙见关羽北上攻打樊城，早就劝孙权袭取荆州了。因此，曹操的使者一到，孙权立即答应袭取荆州。

为了麻痹关羽，吕蒙装起病来，让年轻的陆逊代理他驻扎在和荆州隔江相望的陆口。

陆逊是个书生，长得文质彬彬的。他上任之后，派出使者去拜见关羽，客客气气地一再表示友好之意。关羽见陆逊主动上门，心里很高兴，认为没有后顾之忧了。于是，他把荆州的守军都调到前线来，集中力量攻打樊城。

孙权得报后，立即让吕蒙袭取荆州。吕蒙把战船改装成商船，让摇橹的士兵都扮成商人，把精兵藏在船舱里。一切准备就绪后，他们悄悄地出发了。

这些伪装的商船到了对岸，守军不知是东吴的战船，便让他们靠岸了。夜里，藏在船舱里的精兵冲上江边的岗楼，将里面的蜀军将士全部活捉了。接着，他们轻而易举地占领了荆州。这时，曹操派出的大将徐晃已经率军来到樊城。他让人将孙权答应袭取荆州的回信抄了许多份，系在箭上，射进樊城和关羽大营。樊城守军见了这封信，士气大振，坚守待援，信心十足。关羽见信后，顿时慌了，怕的是有负刘备重托。他愤愤地骂道：“竟中了东吴小儿之计！”

正在关羽进退两难、犹豫不决之际，徐晃发起进攻，打败了关羽。关羽决定撤到麦城，好从那里退到蜀中。当他从麦城西去时，中了孙权的埋伏，被活捉了。孙权知道他不会投降，便把他杀了。

从此，刘备被封闭在蜀中，失掉了荆州这个重要的战略要地。这样，诸葛亮从汉中和荆州两路同时出兵北伐的计划落空了。

历代名家点评

毛泽东：关羽的弱点是自负凌人，以致发展到上当受骗，大意失荆州。

◎东汉 君宜高官凤纹镜◎

半圆钮，圆钮座。钮座外围弧边方框，方框委角内分铸铭文“君宜高官”四字，弧边外亦各有一字，合为“位至三公”。

◎湖北荆州古城◎

诸葛亮上出师表

◎ 魏纪 魏明帝太和元年
◎ 公元227年

阅读提示

蜀汉建兴五年（公元227年）诸葛亮第一次出师伐魏。当时蜀汉已从彝陵战役的惨败中逐步恢复过来，既与吴国通好，又稳定了自己的战略后方，伐魏时机臻于成熟。诸葛亮出师伐魏，临行前写给后主刘禅一份奏章，文中以恳切的言辞，劝说后主要继承先帝遗志，广开言路，严明赏罚，亲贤臣，远小人，完成兴复汉室的大业，表达了诸葛亮对先帝知遇之恩的真挚感情和北定中原的决心。

原文

亲贤臣，远小人，此先汉所以兴隆也；亲小人，远贤臣，此后汉所以倾颓也。先帝在时，每与臣论此事，未尝不叹息痛恨于桓、灵也。侍中、尚书、长史、参军，此悉端良、死节之臣，愿陛下亲之，信之，则汉室之隆，可计日而待也。

史纪风云

刘禅建兴三年(公元225年)，诸葛亮七擒孟获，平定了南中，消除了后顾之忧，开始准备北伐了。他要消灭曹魏，收复中原，统一天下。

建兴五年(公元227年)，诸葛亮率军进驻汉中。出兵前，他向蜀主刘禅上了一篇《出师表》。在这篇流传千古的表文中，诸葛亮指出“今天下三分，益州疲弊，此诚危急存亡之秋也”。在这种形势下，诸葛亮认为“当奖率三

◎三国 极品四围龙洗◎

军，北定中原”，要及时进取，不能坐以待毙。

建兴六年(公元228年)正月，诸葛亮声东击西，扬言要由斜谷攻取郿城，让赵云、邓芝驻兵箕谷迷惑敌人。而自己则亲率大军，以迅雷不及掩耳之势兵出祁山。天水、南安、安定三郡的魏兵来不及抵抗，投降了诸葛亮，关中为之震动。

◎诸葛亮北伐◎

曹操的孙子魏明帝曹叡一听吓坏了，急忙御驾亲征，到长安督战。他一面派大将军曹真屯兵郿城，一面派张郃迎击诸葛亮。

张郃身经百战，是员猛将。他率领五万大军，冲向蜀军。在这关键时刻，诸葛亮派马谡和王平占领战略要地街亭，迎击魏军。

马谡是个才子，兵书读了不少，说起兵法来头头是道，诸葛亮很欣赏他。诸葛亮平定南中时，七擒孟获，又七纵之，就是根据马谡的攻心战略。但马谡没有实战经验，谈战略还行，搞起战术来，就难免纸上谈兵了。

刘备也像刘邦一样，会用人。刘邦用了张良、萧何、韩信三人，自己虽然无能，却靠着他们三人夺了天下，做了皇帝。刘备也会用人，用了诸葛亮，占了西蜀，三分天下，也做了皇帝。

当初，刘备曾经对诸葛亮说：“马谡这个人，言过其实，不可大用！”诸葛亮听了，点了点头。但由于在南征孟获时，马谡献计立了功，这次北伐时，诸葛亮便让他当了先锋，去守街亭。

马谡到了街亭，有城不守，偏要在城外的一座山上屯兵。王平说：“在山上屯兵，万一魏兵切断水源，我们如何是好？”马谡说：“我们在山上屯兵，居高临下，魏兵来了，我们就冲下山去，杀他个措手不及。”于是，马谡屯兵于山上，王平率领一千人屯于山下。

果然，张郃兵到，将山团团围住，切断了水源，又放火烧山。蜀兵

◎武侯祠◎

又饥又渴，不战自乱。马谡只得放弃街亭，逃了回去。

王平见状，守住阵地，命令士兵不停地擂鼓。张郃以为那里必有伏兵，不敢进逼，王平才得以从容撤退，还收容了不少马谡手下的溃兵。

由于战略要地街亭丢失，诸葛亮不得不进行战略退却，箕谷一线也败退了。赵云亲自断后，人和物资都没有损失。

第一次北伐失败了。诸葛亮按军法行事，将马谡斩首了。

这年五月，魏明帝派曹休、司马懿、贾逵三路攻吴。八月，曹休被孙权所败。魏兵东下，关中空虚，于是，诸葛亮再次上表要求北伐，《后出师表》就是这时写的。表中有“汉贼不两立，王业不偏安”和“鞠躬尽瘁，死而后已”的千古名句。

这年十二月，诸葛亮率领数万大军杀出散关，包围了陈仓。魏将郝昭率一千人坚守不降。诸葛亮围了二十多天，粮食吃光了，只得退兵。魏将王双领兵追击，被蜀兵所杀。

这是第二次北伐。

第二年春天，诸葛亮派蜀将陈式攻打魏国武都、阴平两郡。魏国雍州刺史郭淮引兵救援，诸葛亮亲率大军出击，郭淮退回雍州。诸葛亮攻克武都、阴平二郡，然后班师。

这是第三次北伐。

建兴八年(公元230年)，魏国大司马曹真上表，请求从斜谷攻打蜀国。魏明帝同意了，让司马懿溯汉水而上，与曹真在汉中相会。八月，诸葛亮闻讯，立即率大军进驻城固，严阵以待。这时，天降大雨，持续三十多天，栈道不通了。九月，魏军撤回去了。

这是诸葛亮第四次北伐。

建兴九年(公元231年)二月，诸葛亮率军北伐，攻打祁山。魏国因大司马曹真病重，派司马懿和张郃率军赶赴祁山。司马懿到了祁山大营，只是坚守，不肯出战。诸将向他请战，说他畏蜀如虎，司马懿无奈，只好出战，结果大败，被杀三千人。六月，蜀军粮尽，诸葛亮只好退兵。张郃率军追杀，在木门谷遇伏，中箭身亡。

这是诸葛亮第五次北伐。

蜀军十万大军，一切给养都得从剑南运到前线，千里迢迢，常常供应不上。为了解决这个问题，诸葛亮造了木牛、流马，将军粮运到斜谷口囤积起来。

建兴十二年(公元234年)，诸葛亮率十万大军冲出斜谷，进攻魏国。同时，他派出使者，联合东吴，夹击魏军，令其腹背受敌。

四月间，蜀军进抵郿城，屯于五丈原，与司马懿二十万大军隔水对峙。

诸葛亮志在必胜，打算久驻。为了确保军粮供应，诸葛亮分军屯田，让士兵种粮。屯田兵与渭水之滨的百姓杂居，军纪严明，从不扰民，百姓安然如故。

孙权接到诸葛亮的信，立即兵分两路，进攻魏国。魏明帝御驾亲征，一面抵挡东吴的进攻，一面派人通知司马懿："只许坚守，不许出战。待蜀军粮尽，自然退去。"

司马懿与诸葛亮对峙一百多天，从不出战。

孙权听说魏明帝亲征，便又退回东吴去了，诸葛亮只好单方面和魏军作战。为了速战速决，他多次亲自出马挑战，但司马懿按照魏明帝的指示，只是坚壁固守。

为了激怒司马懿，让他出战，诸葛亮派出使者，给司马懿送去一套妇女的服装。司马懿见了，知道这是激将法，并不生气。众将见了，怒不可遏，认为这是魏军的奇耻大辱，纷纷嚷着要和蜀军决战。司马懿见众怒难犯，只得装作认真的样子，给魏明帝写了一道奏章，要求出战。

使者回报，诸葛亮说："司马懿不肯出战，所以上奏章，这是给众将看的。自古将在外，君命有所不受，哪有千里迢迢去请战的道理？"

果然，过了好多天，魏明帝派来一个大臣，传下圣旨，不许出战。

由于积劳成疾，这年八月，诸葛亮病倒在军中。不多天，这位渴望中国统一的蜀汉丞相带着遗憾去世了。

蜀军按照诸葛亮临终前的安排，将他的尸体装在车里，全军有秩序地撤退了。司马懿见了，忙引大军追上去。姜维命令军士擂响战鼓，回军装出要冲锋的样子。司马懿见了，以为诸葛亮诈死，引他出战，便

◎汉 彩绘雁鱼铜灯◎
全灯整体作鸿雁回首衔鱼站立状，鱼腹、雁颈、雁体内部中空，且彼此相连。造型生动、设计精巧，而且装饰华丽。雁鱼通身施翠绿彩，又用墨线、红彩分别勾出翎羽、鳞片，雁额顶施红彩为冠。将实用功能、优美的造型与科学的环保原理有机地结合在一起.

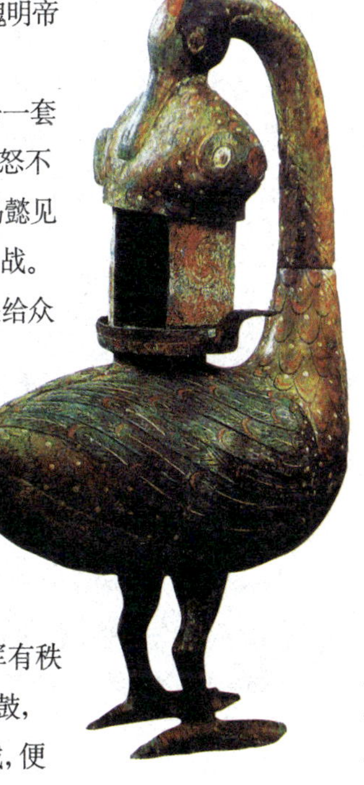

不敢追赶了。

蜀军平安地退回蜀中，没受一点损失，这都出自诸葛亮的安排。百姓们听了，都说："死诸葛走生仲达。"仲达是司马懿的字。全句是说死了的诸葛亮吓跑了活着的司马懿。

诸葛亮渴望统一，六次北伐，未能成功，含恨而死。这使很多文人志士为之惋惜。杜甫曾赋诗说："出师未捷身先死，常使英雄泪满襟！"

◎三国 青瓷飞鸟百戏堆塑罐◎

总体造型为一盘口鼓腹大罐，上设楼台百戏，飞禽走兽及小五连罐。整个器物集多种题材的装饰为一件，图案繁杂、造型奇特、寓意深刻。

历代名家点评

陈寿：诸葛亮之为相国也，抚百姓，示仪轨，约官职，从权制，开诚心，布公道；尽忠益时者，虽雠必赏，犯治怠慢者，虽亲必罚，服罪输情者，虽重必释，游辞巧饰者，虽轻必戮；善无微而不赏，恶无纤而不贬；庶事精练，物理其本，循名责实，虚伪不齿。终于邦域之内，咸畏而爱之，刑政虽峻而无怨者，以其用心平而劝戒明也。可谓识治之良才，管、萧之亚匹矣！

杜甫《八阵图》：功盖三分国，名成八阵图。江流石不转，遗恨失吞吴。

洪迈：诸葛孔明千载人，其用兵行师，皆本于仁义节制，自三代以降，未之有也。

文天祥《正气歌》：或为辽东帽，清操厉冰雪。或为《出师表》，鬼神泣壮烈。或为渡江楫，慷慨吞胡羯。或为击贼笏，逆竖头破裂。是气所磅礴，凛烈万古存……

成语典故

不求闻达

闻达：显达，官位高而有名声。不求居高位有名声。三国·蜀·诸葛亮《前出师表》："苟全性命于乱世，不求闻达于诸侯。"

鞠躬尽瘁，死而后已

意为不辞劳苦地贡献出自己的一切，到死为止。出自诸葛亮《后出师表》。

司马氏建立晋朝

◎ 魏纪 魏元帝景元元年
◎ 公元260年

阅读提示

魏国重臣司马懿，具有政治及军事才略。公元239年魏明帝去世，司马懿与曹爽共同辅政，但之后司马懿被曹爽架空。公元249年发生高平陵事变，司马懿重夺政权，至此司马氏开始专政。在司马懿去世后，其子司马师及司马昭逐渐巩固司马氏的势力。公元263年司马昭伐蜀，蜀汉灭亡。司马昭去世后，其子司马炎于公元266年篡位，曹魏灭亡。

原文

春，正月，黄龙二见宁陵井中。先是，顿丘、冠军、阳夏井中屡有龙见，群臣以为吉祥，帝曰："龙者，君德也，上不在天，下不在田，而数屈于井，非嘉兆也。"作潜龙诗以自讽，司马昭见而恶之。

史纪风云

汉献帝建安二十五年(公元220年)，曹操的儿子曹丕逼汉献帝退位，建立了魏国，史称魏文帝。

曹丕只做了六年皇帝，因患伤寒病死了。

曹丕死后，儿子曹叡即位，史称魏明帝。魏明帝十分荒淫，抢占民间美女，搜罗奇珍异宝，大兴土木，营造宫室苑囿，弄得国库空虚，百姓怨声载道。曹魏政权开始走向衰落了。

◎魏晋 玉双螭纹◎

魏明帝末年，国内政局混乱，朝廷上争权夺利的斗争日益激烈。那时，魏国的中央政权已经形成曹氏与司马氏两派势力。

司马懿的势力是在对蜀国作战的过程中培植和壮大起来的。司马懿出身于世世代代做官的士族地主家庭，他的远祖是被楚霸王项羽封为殷王的司马印，他的曾祖、祖父和父亲，在汉代都做过大官。

司马懿才智出众，能文能武。他在曹操当权的时候，曾经帮助曹操推行屯田制。曹操的儿子曹丕废掉汉献帝，自立为帝，司马懿也帮他出过主意，造过舆论，立过大功。因此，他深得曹丕信任，被任命为尚书、太尉，掌管了魏国的军政大权。

司马懿在执政期间，多次指挥伐蜀和对吴作战，还办了两件大事：一是广开漕渠，引黄河水进入汴河，扩大淮北地区的水利灌溉面积，开辟了许多稻田，发展了农业生产；二是带领四万人马进攻辽东，消灭了盘踞在那里几十年的公孙氏割据势力，解除了曹魏政权的一个隐患。因此，司马懿赢得了很高的声望。

曹氏的势力以曹爽为代表，曹爽是大将军曹真的儿子，曹操的侄孙。

曹氏和司马氏两派的党羽遍布朝野，明争暗斗。

魏明帝景初三年(公元239年)，魏明帝在临死前，将魏国政权托付给司马懿和曹爽二人，让他们共同辅佐年仅八岁的儿子齐王曹芳做皇帝。

大将军曹爽是皇帝的本家，也是曹魏政权里最有权威的人物，他特别妒忌司马懿的权势，认为司马懿对他们曹家的天下是个威胁。于是，他把司马懿由掌管军权的太尉调任为太傅，做了皇帝的老师。太傅职位在太尉、司徒、司空等三公之上，名义上是最尊贵的官，但位高权小，没有什么实际权力，等于是剥夺了司马懿的军政大权。

◎三国 青瓷扁壶◎
直颈、平口，扁圆腹，圈足扁圆外侈，两肩各有一飞鼠形钮。

接着，曹爽又任命自己的兄弟曹羲担任中领军，统率禁军，负责皇城禁卫；提拔自己的爪牙何晏、邓飏、李胜等分据要职，排挤司马氏一派的势力。

从此，曹爽专权擅政，骄奢无度，整日与何晏纵酒作乐。何晏是曹操女儿金乡公主的丈夫，他喜欢涂脂抹粉，走路时总要回头看看自己的影子，是个典型的贵公子。邓飏是东汉初年名将邓禹的后代。李胜的父亲李休历任上党、巨鹿两郡太守。他们都是官僚世家的子弟，当然不是足智多谋的司马懿的对手。

◎三国 铜弩机◎

司马懿老谋深算，表面退让，假装生病，躲在家里。他在暗中进行布置，让儿子司马师代替夏侯玄担任中护军，紧紧抓住一部分兵权。

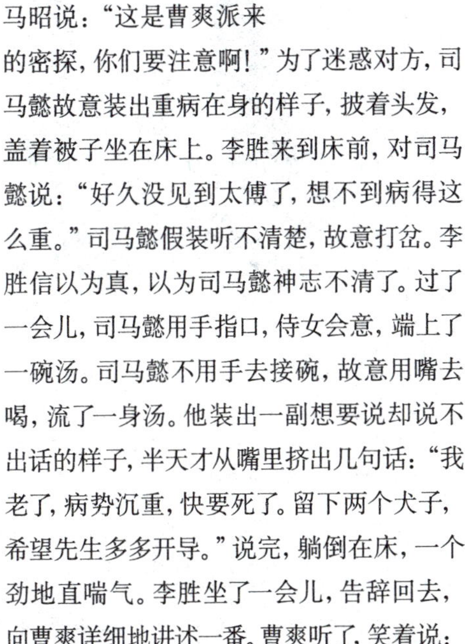

曹爽对司马懿在暗中的活动丝毫没有觉察，后来，有人提醒他，他才派李胜去探听司马懿的情况。司马懿听说李胜来访，忙对儿子司马师、司马昭说：“这是曹爽派来的密探，你们要注意啊！”为了迷惑对方，司马懿故意装出重病在身的样子，披着头发，盖着被子坐在床上。李胜来到床前，对司马懿说：“好久没见到太傅了，想不到病得这么重。”司马懿假装听不清楚，故意打岔。李胜信以为真，以为司马懿神志不清了。过了一会儿，司马懿用手指口，侍女会意，端上了一碗汤。司马懿不用手去接碗，故意用嘴去喝，流了一身汤。他装出一副想要说却说不出话的样子，半天才从嘴里挤出几句话：“我老了，病势沉重，快要死了。留下两个犬子，希望先生多多开导。”说完，躺倒在床，一个劲地直喘气。李胜坐了一会儿，告辞回去，向曹爽详细地讲述一番。曹爽听了，笑着说：“如果司马懿死了，我就高枕无忧了。”

司马懿在暗中加紧了夺权的步伐。齐王曹芳正始十年(公元249年)正月，曹爽陪同皇帝到皇陵去祭祀先帝曹叡，大小官员奉命跟随。

皇帝带队出城，由禁卫军护驾，浩浩荡荡地向洛阳南面的高平陵进发。

司马懿见有机可乘，迅雷不及掩耳地发动政变，调动军队控制了洛阳。他命令司徒高柔代行大将军职权，占据了曹爽的军营；又命令太仆王观接管中领军的军权，占据了曹羲的军营。接着，司马懿带着一批旧官吏，进宫告诉郭太后说：“曹爽违背先帝遗诏，专权乱国，应该除掉！”他以郭太后的名义关闭洛阳城门，占领武器库，屯兵洛水浮桥，阻止曹爽等人入城。

司马懿命令太尉蒋济写表，声讨曹爽的罪行，宣称要为国除害。

曹爽见司马懿控制了洛阳，知道大势已去，就答应把兵权交给司马懿。这样，曹爽才随皇帝曹芳回到洛阳。

不久，司马懿将曹爽灭族，他的党羽也全遭杀害。此后，曹氏政权逐渐转变成司马氏政权了。

司马懿在政变两年后就死了，他的儿子司马师、司马昭相继执政。

曹芳左右的人见司马氏专权，心中愤愤不平，劝曹芳趁司马昭入见时杀掉他，再用他的兵攻杀司马师。曹芳同意了，并写好了诏书，但又不敢发出。他正在犹豫时，走漏了消息。于是，司马师发动了第二次政变，说曹芳荒淫无度，没资格当皇帝，让他回到封国去当他的齐王去了。

曹芳走后，司马师改立东海王曹霖之子高贵乡公曹髦为帝。曹髦是曹丕的孙子，不愿意做傀儡，一再推辞。郭太后不答应，劝他说："我看你从小就有帝王之相，今日果然应验了。"曹髦见推辞不掉，只得答应，做了皇帝。

司马师死后，司马昭做了丞相，更加专横跋扈，一方面拉拢大批士族作党羽，一方面残杀曹氏一派的大臣。当时，人们都知道司马昭有篡位之心，因此流传着"司马昭之心，路人皆知"的说法。

由于司马昭大肆屠杀曹氏一派的人，朝中大臣几乎全是他的心腹了。司马昭权重势大，根本不把魏帝放在眼里。

不久，民间纷纷传说黄龙在宁陵县的井中出现了。曹髦对司马昭的篡权活动非常不满，他有感于井中出现黄龙的民间传说，就提笔写了一首《潜龙诗》，抒发心中的怨愤："伤哉龙受困，不能跃深渊。上不飞天汉，下不见于田。蟠居于井底，鳅鳝舞其前。藏牙伏爪甲，嗟我亦如然。"诗的大意是说："可怜的黄龙被困在井中，不能到深渊里自由翻腾，不能在天地间飞舞。泥鳅鳝鱼居然也敢来欺侮黄龙，在黄龙面前摇头摆尾乱蹦。可怜的黄龙呀，我的处境与你相同。"

高贵乡公甘露五年(公元260年)四月的一天，司马昭带剑上殿，曹髦站起来迎接。文武官员对曹髦说："司马大将军功德巍巍，应当封为晋公。"曹髦听了，低头不语。司马昭大嚷道："我父子兄弟三人，为魏国立

◎司马炎◎

司马炎（公元236—290年）即晋武帝，字安世，庙号世祖。河内温县（今河南温县西南）人。司马昭长子。晋朝建立者。公元265—290年在位。画像乃唐阎立本绘《历代帝王图卷》，藏于美国波士顿博物馆。

※知识链接※

竹林七贤："竹林七贤"是魏晋清流名士的代表。是指嵇康、阮籍、山涛、向秀、刘伶、王戎及阮咸。他们都是一代名士，崇尚《老子》、《庄子》，清逸脱俗。七人常集于竹林之下，谈天说地，饮酒作赋，愤世嫉俗，被人们称为"竹林七贤"。其实，他们之间的思想情操并非相同，经历也有区别。

了大功，难道做晋公还不行吗？”曹髦只得说：“行！行！”司马昭接着说：“你写的《潜龙诗》，把我们比做泥鳅鳝鱼，这是什么意思？”曹髦不回答，司马昭冷笑着走了。

曹髦回到后宫，把侍中王沈、尚书王经、散骑常侍王业三人找来商议对策。曹髦气愤地说：“司马昭之心，路人皆知。我与其坐着等死，还不如早下手跟他拚一场！”王经劝曹髦说；“干这样的大事，要十分慎重。要是走漏了消息，性命就难保了！”曹髦从胸前取出写在黄绸子上的诏书说：“是可忍，孰不可忍？我主意已定，死而无恨！”王沈、王业十分害怕，退下后，马上跑去报告司马昭。

曹髦带着宫中卫兵数百人冲出皇宫，要去进攻司马昭。王经跪在地上哭谏，曹髦不听。

这时，司马昭已经命令他的心腹贾充率三千铁甲军赶来。在混战中，贾充让司马昭的死党成济挥戈刺死曹髦。

曹髦死后，司马昭怕人咒骂，把弑君的责任全推在成济身上，灭了他的三族。

接着，司马昭立曹操的孙子曹奂为帝，史称元帝，改年号为景元元年(公元260年)。

司马昭的政治手腕比他父亲司马懿更厉害，他知道，要想把曹魏的皇帝赶下台. 必须先把蜀国和吴国灭掉。这样，既能提高自己的威望，又可以免得蜀，吴两国从外面乘机捣乱。

景元四年(公元263年)，蜀国后主刘禅出降，蜀国灭亡了。司马昭正在积极筹备称帝时，忽然中风而死。

魏元帝咸熙二年(公元265年)，司马昭的儿子司马炎逼迫元帝禅位，自己做了皇帝，建立了晋朝。

历代名家点评

《晋书·宣帝纪》：司马懿为人“内忌而外宽，猜忌多权变”。

鲁迅：晋朝已经是大重门第，重到过度了：华胄世业，子弟便易于得官；即使是一个酒囊饭袋，也还是不失为清品……庶民中纵有俊才，也不能和大姓比并。

毛泽东：司马懿是个了不起的人物，历来说他坏，我看有几手比曹操高明。

成语典故

司马昭之心，路人皆知

泛指人的阴谋显露无疑，尽人皆知。

祖逖北伐

◎ 晋纪 晋愍帝建兴元年
◎ 公元313年

★世界大事★

公元313年，基督教在罗马取得合法地位。

阅读提示

西晋末年，江南是各种社会矛盾交织的地方。阶级矛盾，地主阶级内部的各种矛盾，南北的民族矛盾，在这里错综复杂地交织在一起，形成非常复杂的政治局面。羯人石勒南犯，民族矛盾更加尖锐。公元313年，祖逖上书司马睿，要求领兵北伐，收复失地。

原文

初，范阳祖逖，少有大志，与刘琨俱为司州主簿。同寝，中夜闻鸡鸣，蹴琨觉曰："此非恶声也！"因起舞。及渡江，左丞相睿以为军谘祭酒。逖居京口，纠合骁健，言于睿曰："晋室之乱，非上无道而下怨叛也，由宗室争权，自相鱼肉，遂使戎狄乘隙，毒流中土。今遗民既遭残贼，人思自奋，大王诚能命将出师，使如逖者统之以复中原，郡国豪杰，必有望风响应者矣！"

史纪风云

◎魏晋 玉螭纹椭圆形杯◎

晋武帝司马炎泰始二年(公元266年)，祖逖生于范阳郡遒县。古代燕赵多慷慨悲歌之士，官宦家庭出身的祖逖，从小性格豪放，喜欢结交朋友，不受世俗礼法束缚。

祖逖年轻的时候，就怀有雄心壮志，喜欢和英雄好汉谈论天下大事。他们激昂满怀，互相鼓励，表示将来一定要为国家干一番大事业。

晋武帝太康十年(公元289年),二十四岁的祖逖和好友刘琨一起在司州做主簿。

有一天夜里,他们同睡在一张床上。半夜里鸡叫头遍时,祖逖就叫醒刘琨说:“你听听,这鸡叫的声音多么激越,那是在催促我们起来,叫我们发愤图强啊!”他们两人兴奋得再也睡不着,就披衣起床,拔剑起舞,觉得浑身有用不完的力量。从此,只要鸡叫头遍,他们就拔剑起舞,锻炼身体,准备为国出力。

在匈奴贵族刘渊攻下洛阳的时候,祖逖也和别人一样,带着家属、亲戚、朋友几百家,随着司马睿离开北方南下,到了江南。一路上,祖逖将自己的车马让给年老体弱的人乘坐,把粮食、衣服、药物拿出来和大家分享。

司马睿到了建业,见祖逖是个人才,派他做了军谘祭酒。这种官职只能提提建议,没有军事实权。祖逖为了收复中原,招集了许多勇敢而有胆识的壮士,练习武艺,学习军法。

◎西晋 青瓷扁壶◎
小口,直颈,扁圆腹,圈足呈扁圆状。肩与下腹装有对称的横系,用以穿绳提携。肩部和圈足环绕联珠纹和细斜方格纹。器腹贴塑铺兽和用联珠纹组成的两圈相连的图案。在圈内分别刻鸟和奔兔。

晋愍帝建兴元年(公元313年),祖逖向时任镇东大将军的司马睿建议说:“前朝大乱,是由于皇族内部争权夺利,互相残杀,这才使得胡人得以乘机兴兵,扰乱中原,给中原人民带来了深重的苦难。如今北方人民都在反抗胡人,假如大将军能下令出兵,派我北伐,定能得到天下人的响应。收复中原,国家的耻辱也就能够洗雪了。”

当时,司马睿正忙着巩固江南地盘,只求维持现状,并不打算出师北伐,收复中原。可是,统治集团中也有一些人不甘心忍受国家残破的局面,立志要驱走敌人,收复失地,祖逖就是其中的一个。司马睿虽然没有北伐的决心,但是祖逖这番义正词严的要求,是没有理由拒绝的。何况,为了巩固政权,争取人心,打出北伐的旗号也是好的。于是,他任命祖逖为奋威将军,兼任豫州牧,给了他一千人的给养和三千匹布,让他自己去招兵买马,制造武器,准备北伐。

条件虽然这样差,可祖逖并不灰心,他非常珍视这个机会。他带领亲信部属一百多人渡过长江,向北进发。

那天,人们听说祖逖渡江北伐,纷纷赶来送行,祝他早日收复中原。祖逖一身戎装,显得威武雄壮。壮士们满怀信心地乘船出发了。

船到江心时,祖逖敲着船桨,当众誓师说:“我如果不能肃清中原的敌人,决不再过这条大江!”祖逖这铿锵有力的誓言,在江面上久久回荡,深深鼓舞了大家。

祖逖渡江后，进驻淮阴。他们先在那里起炉炼铁，制造武器，又招募了两千多壮士，然后继续向北进发。江北百姓听说祖逖北伐，都热烈欢迎，他们给祖逖送粮送信，帮他打击敌人。在百姓的支持下，几年之间，祖逖就收复了长江以北黄河以南的大部分地区。

当时，北方是在后赵的统治之下，后赵是羯族人石勒建立的。祖逖领兵继续北进，跟石勒展开了激烈的战斗。

有一次，祖逖手下的将领韩潜和后赵将领桃豹争夺一个叫蓬陂的城堡。韩潜占了东城，住在东台；桃豹占了西城，住在西台。

晋军从东门进出，后赵军从南门进出。双方对峙了四十多天，粮食供应发生了困难，都感到难以坚持下去了。祖逖为了战胜对方，跟韩潜商量，定下了一条计策：

祖逖叫部下用许多麻袋装上土，假装是粮食，派一千多人运上了东台。又派几个人搬运一些真的米袋，故意装作疲劳的样子，在路上休息。桃豹的士兵早就饿坏了，见了运米的晋军，就追赶过来。祖逖的部下故意丢下米袋就跑，桃豹的士兵抢到了米，见祖逖军队粮食这样充足，军心开始动摇了。

这种情况很快反映到石勒那里，为了稳定军心，石勒火速派人赶着一千多头驴子，运送粮食去接济桃豹。祖逖得知这个消息，立刻派韩潜等带领一支人马去路上埋伏，在汴水岸边打败了后赵的运粮队，夺得了全部粮食。

桃豹听说粮食被抢，知道无法坚持，只得连夜率军逃跑了。

祖逖打了许多次胜仗，使石勒不敢南窥了。

※知识链接※

中流击楫，闻鸡起舞，北伐中原，收复失地，忧愤而死，祖逖给我们留下很多美好豪放的故事。殊不知那只是他的一面而已，他也留下任侠使气、纵兵劫掠的恶行，并且这不是江湖好汉的劫富济贫，而是满足一己私欲。

晋元帝太兴三年(公元320年)七月，晋元帝提升祖逖为镇西将军，但不给他实际帮助。祖逖虽然做了将军，生活却仍然很俭朴，他常常用节省下来的钱，帮助部下解决困难。他和将士们同甘共苦，认真训练部队，准备继续向黄河以北挺进。

为了安定后方，祖逖积极奖励农业生产，安排好从匈奴人和羯人统治地区逃出来

◎祖逖北伐◎

的官兵和百姓。他还认真做好争取人心的工作，对那些曾经为后赵做过事的人放手任用，不怀疑他们。那些人都很感激祖逖，遇到后赵的军队有什么动静，就赶快向祖逖报告，使祖逖能及早准备，迎头痛击敌人。

祖逖恢复中原的措施，得到了广大人民的真诚拥护。老年人在一块儿谈话的时候，个个竖起大拇指赞扬祖逖。他们说：“我们已经老了，现在又见到了祖逖这样的好官，死了也没有什么遗憾了。”有的人还编了歌，到处传唱。歌中说：“祖逖来了，暗淡的日月星辰再放光芒。我们这些幸存者，不再做俘虏了。让我们用葫芦盛上美酒，再带上一束干肉，唱着歌，跳着舞，去慰劳我们敬爱的祖将军！”

祖逖节节胜利，在中原不断发展壮大，引起了晋元帝的妒忌。他不再支持祖逖继续前进，还派人去监视他，要夺他的兵权。

太兴四年(公元371年)，晋元帝派尚书仆射戴渊做征西将军，掌管司、兖、豫、并、雍、冀六州的军事，坐镇合肥，来做祖逖的顶头上司。戴渊是南方人，徒有虚名而无远见卓识，不懂军机而妄自尊大，是个没有作为的人。祖逖受他节制，心中怏怏不快。

祖逖见朝廷不信任他，感到恢复中原没有希望了，他的内心痛苦到了极点。这年九月，祖逖含恨而死。

祖逖去世的消息传出后，百姓伤心得像死了爹娘一样，悲痛万分。人们在谯县为祖逖建造了一座祠堂，表示对他的永远怀念。

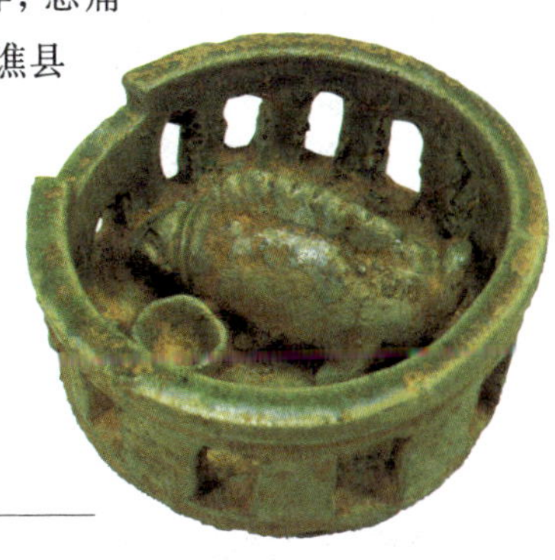
◎西晋 四不像圈◎

历代名家点评

《晋书》：祖逖散谷周贫，闻鸡暗舞，思中原之燎火，幸天步之多艰，原其素怀，抑为贪乱者矣。

成语典故

闻鸡起舞

祖逖和刘琨立志为国家效力，互相勉励，听到鸡叫就起来舞剑，刻苦练武。指有志为国家效力的人奋勉自励。

中流击楫

《晋书·祖逖传》：“中流击楫而誓曰：‘祖逖不能清中原而复济者，有如大江！’”比喻决心收复失地的壮烈气概。

东晋建立

◎ 晋纪 晋元帝建武元年
◎ 公元317年

阅读提示

西晋灭吴以后，江南的豪族士大夫被西晋统治者看做“亡国之余”，在朝廷中无所依托，得不到过去在江东拥有的政治特权。西晋大军在长江南北防守，又增加了他们的疑虑。所以他们曾屡次起兵反晋。西晋末年北方各族人民和汉族流民起义时，江南豪族徘徊观望，寻找自保的途径。不久，他们对司马睿的态度从观望转向支持。

原文

辛巳，宋哲至建康，称受愍帝诏，令丞相琅邪王睿统摄万机。三月，琅邪王素服出次，举哀三日。于是西阳王羕及官属等共上尊号，王不许。羕等固请不已，王慨然流涕曰：“孤，罪人也。诸贤见逼不已，当归琅邪耳！”呼私奴，命驾将归国。羕等乃请依魏、晋故事，称晋王；许之。辛卯，即晋王位，大赦，改元；始备百官，立宗庙，建社稷。

史纪风云

匈奴贵族刘渊建立的汉国崛起于北方，刘渊死后，他的儿子刘聪先后攻破洛阳、长安，俘虏了晋怀帝、晋愍帝，灭了晋朝。

第二年，晋元帝建武元年(公元317年)，晋朝皇族司马睿依靠王导的支持，在建康做了皇帝，重新建立了晋朝。历史上把这重建的晋朝称为东晋，司马睿史称晋元帝。

◎晋 点彩四系盖罐◎

司马睿是司马懿曾孙琅玡王司马觐的儿子，他额骨隆起，目光如电，人们都说他有帝王之相。

当初，司马睿曾与东海王司马越的参军王导结为至交。王导是世家子弟，极有远见。他见晋室诸王同室操戈，天下大乱，便常劝当时在洛阳担任左将军的司马睿回到封国去，坐观天下之变，以图大业。

不久，匈奴内侵，北方局势恶化。王导又劝司马睿向朝廷申请移镇江南。永嘉元年(公元307年)，朝廷迁司马睿为安东将军，移镇建业。司马睿称帝后，将建业改为录，因"业"与晋愍帝司马邺的"邺"字同音，字形相近。

◎西晋 陶马◎

司马睿到了江南，立即请他的密友王导担任安东司马，为他出谋划策。

司马睿移镇江南后，已经大半年了，南方的士族仍不理睬他，一直没有人来拜见他。他觉得很失望，心想：这是为什么呢?

王导看出了其中的秘密。原来，司马睿在皇族中是比较疏远的一支，向来缺少声望，势力单薄，所以得不到士族的拥护。王导家是中原有名的士族，他满腹经纶，足智多谋，他知道司马氏是依靠士族的支持才取得天下的，而士族又必须投靠皇帝才能保住自己的利益。晋元帝司马睿要是得不到士族的拥护，前途就很难说了。王导看清了这一点，决定利用自己的士族身份替晋元帝拉拢士族。他和堂兄王敦商议了一番，想出了一个好办法。

三月初三是郊游消灾求福的传统节日。这天，人们都要到水边去举行仪式。届时，不分贵贱，倾城出动。

司马睿依照王导的安排，坐着豪华的肩舆出游，前面有威武整齐的仪仗队开道，十分威风；后面有王导、王敦兄弟，以及从北方避乱南来的名士，骑着高头大马紧紧跟随，一个个毕恭毕敬。这长长的出游队伍，立刻惊动了许多人。南方士族首领顾荣、贺循听说司马睿出游，不停地张望着。他们看到司马睿这副排场，吃了一惊，不禁脱口叫道："江东有主了!江东有主了!"他们赶紧带了一些人，争先恐后地来到路旁，拜见司马睿。

王导的这一招奏了效，司马睿的威望骤然提高了。接着，王导又对司马睿说："顾

※知识链接※

东晋是由西晋皇室后裔在南方建立起来的小朝廷，虽然在今天我们将其作为一个朝代写进中国的古代历史，但事实上东晋的统治范围却仅限于秦岭淮河以南的土地，东晋时代，也曾经内部四分五裂。

◎东晋　顾恺之《女史箴图》(局部)◎

荣、贺循是南方士族的首领，如果把他们招来做官，就会有更多的人跟着来效力了。”司马睿觉得这话有道理，就派王导去登门拜访。顾荣、贺循正想巴结司马睿，好攀上高枝，经王导一说，就应命而来了。他们两个人做官后，江南的士族就像墙头草一样，全都倒向了司马睿。

司马睿有了这批南方士族的支持，在江南站稳了脚跟。司马邺被俘后，他在南方正式称帝。王导做了宰相，执掌朝政。因此江南有人说：“王与马，共天下。”

司马睿十分感激王导，让他到御座上和他同坐，王导不肯同坐说：“太阳高悬，才能光照天下。如果下同万物，百姓如何仰望？”司马睿听了，只得作罢。

王导在拉拢江南士族的同时，又积极开导北方南迁的士族。那时，北方南迁的士族对司马睿能否有所作为，还抱着怀疑观望的态度。

有个叫桓彝的北方士族首领，初到江南，见司马睿势力单薄，就摇着头对别人说：“中原动乱，我才到这里来，原想求个安全，却不料这里也是这么弱小，看来前途未卜啊！”后来，他见到王导，听王导谈论形势，他顿觉眼前一亮。回家后，他对别人说：“刚才见到了管夷吾，这回不用愁了。”管夷吾就是辅佐齐桓公称霸的管仲，桓彝认为王导之才不亚于管仲。

那些北方士大夫当初在洛阳时，经常到黄河边上聚会饮酒，现在避难来到江南，也常常到长江边上的新亭聚会饮酒。一天，他

◎西晋　灰陶武士◎

们在新亭饮了一会儿酒，微微有些醉意时，有个叫周𫖮的士大夫长叹一声，感慨地说：“这里的风景和中原一样，只是江山不同了！”经他这一说，在座的人思乡之情油然而生，不觉面对面失声痛哭起来。这时，王导严肃地劝解说：“如今正是齐心协力辅佐司马氏恢复中原的时候，各位为何这样相对而哭呢？”大家听了王导这番话，马上停止了哭泣，表示愿意跟着王导辅佐晋元帝。

这样，晋元帝终于得到了南北士族的支持。

东晋的天下是王导和司马睿共同掌握的，不是司马氏一家的。实际上，那时候司马氏的势力远远比不上王氏的势力。王导做宰相，控制了政治大权；他的堂兄王敦负责江、扬、荆、湘、交、广六州的军事，手握重兵，控制了军事大权。其他重要官职，大多数也被王家族人所占。司马睿仅仅因为姓司马，是西晋皇帝的本家，才被推为皇帝，但他是没有实权的。

司马睿在威望还没有建立起来的时候，需要依靠王导，对王导低声下气，敬如父母。可是当他的帝位坐稳之后，对“王马共天下”的局面就不满意了，他想削弱王氏的势力，由他自己来独掌大权。

于是，司马睿培植了善于逢迎拍马的刘隗和刁协作为心腹，暗中进行军事部署，对王导渐渐疏远了。

王导老谋深算，知道司马睿奈何不了他，所以不动声色。但王敦按捺不住了，他想：这不是过河拆桥吗？于是，他借口有人挑拨晋元帝和王导的关系，要进京“清君侧”。

晋元帝永昌元年（公元322年）年初，王敦从武昌起兵，打败了刘隗，进入建康，飞扬跋扈，专权擅政，对司马睿加以武力威胁。王导反对王敦这样做，劝王敦退回武昌，一场争斗总算平息。

司马睿见动摇不了王氏的势力，从此忧愤成疾，于这年十一月病死。

太子司马绍即位，史称晋明帝。第二年，王敦病重，晋明帝乘机发兵打败了王敦的军队，王敦气死了。

但晋明帝不敢触动王导，对王导仍很恭敬，因为他怕得罪士族。

◎东晋 越窑弦纹点彩四系盘口壶◎

盘口，长颈，溜肩，折腹，平底。口沿饰褐色点彩，肩部和腹部饰弦纹，肩部安有四横系对称分布。施青釉，釉水青中闪黄，釉面光洁莹润，打磨细致。器型规整，型制美观，是同时代的精美器物。

石勒建立后赵

◎ 晋纪 晋成帝咸和六年
◎ 公元331年

阅读提示

公元313年晋怀帝被杀，晋愍帝即位，刘聪派兵攻打。公元316年晋愍帝被杀，西晋灭亡，北方诸国纷纷成立。刘聪灭西晋后安逸豪奢，疏忽政事，当时曹嶷、石勒等将领分别占据山东及关东。公元318年刘粲继立，但遭靳准杀害夺权。刘曜与石勒得知后共同平乱，期间刘曜称帝，改国号为“赵”，史称前赵。石勒得知后也于襄国称赵王，史称后赵，双方决裂。

原文

夏，赵主勒如邺，将营新宫；廷尉上党续咸苦谏，勒怒，欲斩之。中书令徐光曰：“咸言不可用，亦当容之，奈何一旦以直言斩列卿乎！”勒叹曰：“为人君，不得自专如是乎！匹夫家赀满百匹，犹欲市宅，况富有四海乎！此宫终当营之，且敕停作，以成吾直臣之气。”因赐咸绢百匹，稻百斛。

◎东晋 青蛙莲花尊◎

史纪风云

汉国皇帝刘聪死后，他手下的大将刘曜和石勒各霸一方。刘曜建都长安，改汉国为赵国，他建国早一年，史称前赵。石勒建都襄国，自称赵王，他建国晚一年，史称后赵。前赵、后赵是十六国中兴起较早的国家。

晋武帝司马炎泰始十年(公元274年)，石勒生于上党武乡。他是羯族人，长得两眼洼洼的，鼻子高高的。父亲当过部落小帅，石勒在优越的家庭环境中一天天长大。

十四岁那年，石勒曾跟本地商人到洛阳去贩卖货物，见了世面，眼界大开。

石勒的父亲性格粗暴，动辄打骂部下，为了缓和上下关系，父亲让石勒代管部落。石勒管理有方，受到部下的信任和尊敬。

后来，并州一带闹饥荒，饿殍遍野，为了活命，石勒不得不到处流浪。

晋惠帝末年，并州刺史司马腾大量捕捉外族人，把捉来的外族人两个套在一个木枷里，卖到山东、河北的地主那里去做农奴。石勒也被捉住，卖到茌平的师懽家里当了农奴。那年，他二十岁。

石勒智勇双全，擅长骑射，胆量过人。师懽见他相貌奇伟，便没有让他干农活，反而把他释放了。

石勒离开师家后，没法生活，只好去做短工。不料，在做工的时候，被误认为是奸细，又被巡逻兵捉走了。这时，碰巧路旁有一群梅花鹿走过。巡逻兵拼命地去捉梅花鹿，石勒乘机逃走了。

◎西晋　人物俑◎

石勒觉得在乱世里做人太难，心想：这世道太不公平了。我是望族的后代，却这样受人摆布。看来，只有招兵买马，才能重振门庭。于是，他便邀集了王阳等八人，骑着马，到处流窜，靠抢劫度日。没过多久，又有郭敖等十人加入他们的行列，这个集团就增加到十八人了。石勒以这十八人为骨干，再招集一些逃亡在外的人，成立了一支武装队伍，他带着这支队伍到处烧杀抢劫。当时，人们都很怕他们，称他们为“胡蝗”。“胡”是汉族人对少数民族的通称，人们把石勒他们比作为害庄稼的蝗虫。

后来，石勒成了众矢之的，遭到晋军重创，混不下去，只得投靠刘渊，成了刘渊手下的一员大将。

刘渊死后，石勒跟刘聪东征西讨，攻克洛阳，为汉国立下了汗马功劳。

刘聪死后，石勒称王，采用汉族士人张宾的建议，改变作风，注意政治、经济、文化各方面的建设工作。他在后赵都城襄国设立太学，请士人做教师，选官员的子弟三百人入太学读书，培养治国人才。他还规定了租赋，精简了法令，并且提倡佛教，进行思想上的统治。

张宾为石勒出谋划策，自比张良，把石勒当作汉高祖来辅佐。后赵国的许多政策和制度都是张宾帮助拟定的。石勒认为张宾的功劳很大，封他为“右侯”。

为了更多地招揽士族，石勒规定：“凡是捉到读书人，不许杀害，必须送到襄国，由我处理。”石勒的侄子石虎，是个杀人成性、经常屠城的大将。有一次，他出兵作战，俘获了做过西晋官吏的低级士族三百家，但是也不敢杀害，而是根据石勒的命令，把这些士族送到了都城。石勒马上派出专人去管理这些人，特地成立了一个君子营，把愿意投降他的人都提拔做了官。

石勒还命令部下和州郡官吏，每年向他推荐有文才和会武艺的人做官。

有一次，廷尉续咸听说石勒要在邺城大兴土木，建筑宫殿，就连忙上书，恳切地说明这样做的危害，要求不要动工兴建。石勒听了，火冒三丈，大发脾气说：“不杀死这个老贼，我的宫殿是建不成的。”他马上下令，把续咸抓起来。中书令徐光劝阻说：“陛下是一个聪明人，平日常说要效法尧舜，如果不接受忠臣的意见，岂不成了桀纣一样的暴君了？续咸的话，能听则听，不能听就算了，怎么能因为人家说了几句话，就把人杀了呢！”石勒听了这番话，叹了口气说：“做君王的也不能独断专行啊！”他看了大家一眼，微笑着说：“我难道不知道续咸的话是忠言？说要杀他，只是跟他开个玩笑，吓唬吓唬他罢了！说实在的，稍有点闲钱的人，都要买别墅，何况我这个得了天下的人，把宫殿修理一番又有什么不可以呢？现在我听了续咸的话，明白了更多的道理。我接受他的意见，不动工了。”石勒奖给续咸一百匹绢，五十担稻谷。这样，大小官员就都敢直言进谏了。

石勒有了这群士族做参谋，再加上他勇敢善战，因此他的军队成了当时一支无敌的力量。晋成帝咸和五年(公元330年)，石勒终于消灭前赵，基本上统一了黄河中下游的大部分地区，做了皇帝。

第二年，石勒和东晋商定以淮水为界，各不相犯，初次形成了南北方和平相处的局面。

◎晋 青瓷骑俑◎

历代名家点评

司空图：石勒童年有战机，洛阳长啸倚门时。晋朝不是王夷甫，大智何由得预知。

淝水之战

◎ 晋纪 晋孝武帝太元八年
◎ 公元383年

阅读提示

西晋末年的腐败政治，引发了社会大动乱，中国历史进入了分裂割据的南北朝时期。在南方，晋琅邪王司马睿称帝，建立东晋。在北方，各少数民族政权纷争迭起。由氐族人建立的前秦国先后灭掉前燕、前凉等割据政权，统一了黄河流域。以后又将势力扩展到长江和汉水上游。前秦皇帝苻坚因此踌躇满志，欲图以“疾风之扫秋叶”之势，一举荡平偏安江南的东晋，统一南北。

原文

秦兵大败，自相蹈藉而死者，蔽野塞川。其走者闻风声鹤唳，皆以为晋兵且至，昼夜不敢息，草行露宿，重以饥冻，死者什七八。

史纪风云

◎东晋 黑釉执壶◎

前秦皇帝苻坚统一北方后，雄心勃勃，总想消灭东晋，统一天下。

他在几次小规模的战争中打败晋军后，竟骄傲起来，自以为天下无敌，忘记了王猛临终时的忠告，决定向东晋发起大规模的进攻，统一中国。

出兵之前，苻坚召开军事会议，宣布了御驾亲征、进攻东晋的决定。

秘书监朱肜说：“陛下亲征，上合天意，下合民心。不用打仗，东晋皇帝不是乖乖投降，就是逃到江海里死掉。这可是千载难逢的好机会。”

左仆射权翼表示反对，他严肃地指出：“东晋虽说偏安江南，力量薄弱，可他们内外齐心，君臣和睦，还有谢安、桓冲这些大臣，智勇双全，善于用兵。依我看，目前去攻打东晋，恐怕时机还不成熟。”

太子左卫率石越说：“东晋仗着有长江天险为屏障，不肯向陛下称臣，太可恶了。但根据星象来看，对东晋有利，因此我们不可小看它。陛下应该养兵积谷，等待时机，再出兵伐晋。”

苻坚一听，不由得火冒三丈，怒气冲冲地说；“长江有什么了不起？我有百万大军，只要我一声令下，每个人把马鞭扔进江里，就能把江水截断。那时候他们还拿什么作屏障？”苻坚不听权翼、石越等人的劝告，一意孤行，要进攻东晋。他下令国内，十丁抽一，征发各族百姓补充兵力，还征集了大量的军用物资。

东晋孝武帝太元八年(公元383年)八月，苻坚亲自统率步兵六十万、骑兵二十七万，号称百万大军，浩浩荡荡向东南地区进发了。他把军队分作三路，一路由他的弟弟苻融和鲜卑人慕容垂率领，共二十五万人，作为前锋，从长安出发东进；一路由羌人姚苌率领，沿长江顺流而下；另一路从幽州出发南下。

这时，东晋由谢安担任宰相，掌握军政大权。谢安是文武全才，还有贤臣桓冲与他通力合作，一起出谋划策。在强敌压境、生死存亡的关头，东晋统治集团在谢安的领导下空前地团结起来了，他们决定抵抗前秦的进攻，紧张地进行军事部署。谢安自任征讨大都督，命令谢石指挥全军，谢玄担任先锋，带领八万兵马迎击秦军。谢安派大将胡彬率领水兵五千，赶去增援淝水之滨的寿阳城。

布置停当之后，谢安冷静地观察战局变化，准备随时采取相应的对策。但他表面上装作若无其事的样子，或跟别人下棋，或游山玩水，用来安定人心。但他外松内紧，时时注意战局的发展，保持高度的警惕。

前秦军队由于兵马太多，战线拉得很长。苻融率领的先锋部队经过一个多月的日夜行军，

◎东晋 青釉龙柄鐎斗◎

到达淮河北岸的颍口。苻坚亲自率领的主力军，随后也赶到项城。这时，凉州的军队才到咸阳，幽州的军队才到彭城。

苻坚求胜心切，不等其他各路人马到齐，就命令苻融攻下了寿阳。寿阳是军事重镇，它的得失对于整个战局具有举足轻重的作用。增援寿阳的胡彬在半路上接到寿阳失守的消息，只好退守硖石。

苻融攻下寿阳后，一面继续攻打硖石，一面派部将梁成带领五万人马向西推进，占领军事要地洛涧。梁成在那里扎下了许多水寨，把谢玄带领的八万晋军挡在洛涧东边。

苻坚听说已经攻下寿阳，高兴极了，当夜就带了八千轻骑兵到了寿阳，然后派尚书朱序到晋军大营去劝谢石投降。

◎淝水之战◎

朱序本来是东晋的将领，四年以前，他在襄阳和前秦军队作战时，兵败被俘，受到苻坚的器重，但他念念不忘东晋。现在，他认为自己为东晋出力的机会到了。他到了东晋大营，不但没有劝降，反而向谢石提出了破秦的建议，他说："秦兵百万，势不可当。现在应当趁他们各路兵马还未到齐之机，先打败他们的先锋，挫伤他们的锐气。你们进攻时，我可以作内应，协助你们破敌。"谢石等人经过反复研究，决定首先袭击洛涧的秦军，让朱序在晋军进攻秦军主力时再配合行动。

谢石派战斗力很强的北府兵将领刘牢之带领一支兵马，在夜间神不知鬼不觉地摸到洛涧，向秦军阵地发起突然袭击。

正在睡梦中的秦将梁成听到喊杀声，吓出一身冷汗，慌慌张张地从床上爬起来上马迎战，结果被刘牢之一刀砍于马下。秦军失去主将，无心再战，大败而逃。

晋军乘胜追击，谢石带领晋军主力渡过

※知识链接※

在历史上，淝水之战是临危不乱创造战机，以弱胜强的著名战例，它启发后人骄兵必败，哀兵必胜。

洛涧，在离寿阳城只有四里地的八公山扎下营寨。在寿阳城里的苻坚接到洛涧方面失利的消息，忙和苻融一起登上寿阳城楼，瞭望晋军动静。只见晋军阵势森严，旌旗如林，八公山上的晋军密密麻麻的。看到这种情景，苻坚吃了一惊，对苻融说："你看，这满山遍野全是晋兵，没想到他们有这么多人！"他连忙下令，要各处秦军严密防守，没有他的命令，不许出击。

其实，八公山上并没有晋军。苻坚因为秦军在洛涧吃了败仗，挫伤了锐气，心里发慌，眼花缭乱，才把八公山上的草木看成是晋兵了。"草木皆兵"的成语就是从这里来的。

过了几天，谢石派了一个使者来到寿阳城里，向苻融下战书，要求定期决战，条件是秦军把阵地向后移动一些，腾出一块空地作为战场，让晋军渡过淝水和秦军决战。

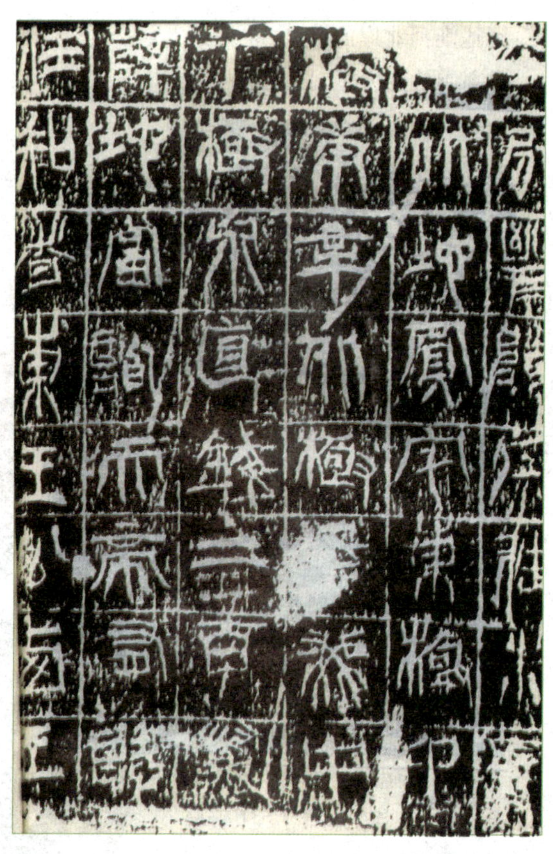

◎晋 买地券◎

苻融立即去报告苻坚，两人一商量，同意后撤，以便趁晋军渡河时突然袭击，把晋军消灭在淝水里。

到了约定的日子，苻坚传下号令，叫秦军拔营后退，好让晋军渡河。秦军中的各族士兵大多数是被强迫赶来打仗的，他们本来就不愿意替苻坚卖命，现在一听说要拔营后退，就像决了堤的洪水，转头拼命向后跑。

这时，晋军按预定计划，由谢玄、谢石等将领带着八千骑兵冒着严寒抢渡淝水，冲向秦军阵地。

朱序看见秦军后撤，晋军渡河，就在秦军阵后大声喊道："秦军败了！秦军败了！"正在向后退的秦军听到喊声，以为真的打了败仗，便争先恐后地只顾逃命了。苻融飞身上马，跑过去阻止队伍后退，结果连人带马被挤倒在地。他还没有来得及从地上爬起来，就被晋军一刀砍死了。

秦军见苻融被杀，吓得个个如惊弓之鸟，抱头鼠窜。他们听见随风飘来的八公山上鹤鸣声，也以为是晋军追上来了。他们自相践踏，死亡无数，尸横遍野，血流成河。

晋军乘胜追击，一口气追了三十多里才收兵。谢石、谢玄连夜派人回去报捷，当报捷的使者赶到建康时，谢安正在同客人下棋哩。接到捷报后，他装作若无其事的样子，继续下棋。等送走客人后，他再也抑制不住内心的喜悦了。由于过分激动，迈过门槛的时候，他把木屐上的木齿碰断了。

苻坚退回长安，清点一下人马，原来的几十万人只剩下十分之二三了。

淝水之战后，东晋的安全得到了保障。前秦吃了败仗，力量大大削弱，鲜卑人、羌人、匈奴人和汉人纷纷反秦自立，建立了许多政权，北方广大地区重新陷入分裂状态。

苻坚回国不久，被他的部将——羌族人姚苌缢死在佛寺中。

晋孝武帝太元九年(公元384年)，姚苌自称皇帝，国号大秦，史称后秦。

◎东晋 点彩六系盘口瓶◎
盘口，溜肩，圆鼓腹，平底。肩部两侧塑两双复系，另两侧塑两单系，均匀分布。施青釉，底部不施釉，釉面莹润。器型规整稳重。

历代名家点评

范文澜：苻坚在皇帝群中是个优秀的皇帝，他最亲信的辅佐王猛，在将相群中也是第一流的将相……苻坚统治下的秦国，镇压豪强，休息民力，出现了汉魏以来少见的清明政治，这是和王猛的政治才干分不开的。

范文澜：淝水大战是十六国时期最大的一次战争，也是决定南北朝对立局面的一次战争。东晋自桓温死后，谢安执政，内部比较统一，晋军人数少得多，可是上下一心，敢于作战。秦军将帅自苻融以下，都缺乏灭晋的信心，兵士多是汉族人，根本不愿灭晋。苻融下令小退，兵士乘机大退，朱序假说战败，兵士信为真败，这都说明违反民心的战争虽然兵多，却更容易溃败。

成语典故

风声鹤唳

风吹的响声和仙鹤叫的声音。形容惊慌失措，或自相惊扰。

草木皆兵

野草和树木都像是士兵。形容人极度紧张时，容易产生错觉。

刘裕登基

◎ 宋纪 宋武帝永初元年
◎ 公元420年

★世界大事★

公元410年，西哥特人一度占领罗马。

阅读提示

在南北民族矛盾尖锐的东晋时期，门阀士族中曾出现过一些体现汉族人民民族利益的人物，得到人民不同程度的支持。但民族矛盾一旦缓和，苟安局面一经稳定，士族奋励的意气也就消失殆尽。士族名士精神腐朽，躯体脆弱，由他们组成的统治集团，经过农民起义的沉重打击后，被迫把统治权力拱手让给了以刘裕为代表的低层次的士族地主。

原文

刘裕还东府，大治水军，遣建威将军会稽孙处、振武将军沈田子帅众三千自海道袭番禺。田子，林子之兄也。众皆以为“海道艰远，必至为难，且分撤见力，非目前之急。”裕不从，敕处曰：“大军十二月之交必破妖虏，卿至时，先倾其巢窟，使彼走无所归也。”

史纪风云

刘裕生于晋哀帝隆和二年(公元363年)。他是汉高祖刘邦弟弟楚元王刘交的后代。

刘裕原籍彭城，曾祖父于西晋末年率家渡江，侨居京口。曾祖父曾任县令，祖父曾任太守，父亲做过郡功曹。

刘裕刚生下来，母亲就死了。没过几年，父亲也去世了。因此，刘裕早年备尝艰辛，种过田，打过柴，捕过鱼。

◎东晋 青瓷点褐彩双系尊◎

器型较小，侈口，鼓腹，平底。口外侧各附一半环形耳。自口沿至腹部共有三周褐色点彩。

刘裕虽然很穷，但喜欢结交朋友，常跟朋友在一起舞刀弄枪，骑马射箭，练就了一身好武艺。有一天，他听说北府兵正在募兵，就去报名了。

北府兵是东晋大将谢玄在京口招募的军队，京口在东晋都城建康的东北，所以又叫北府。在京口招募的这支军队，就叫北府兵。北府兵将领刘牢之见刘裕身材魁梧，相貌堂堂，就把他留在自己手下当了一名军官。

◎北朝 陶俑◎

刘裕擅长带兵，能约束部下，他的队伍纪律严明，常打胜仗。不久，刘裕便成了北府兵的有名将领。

这时，正赶上孙恩起义，刘裕被派去镇压义军。

刘裕利用义军战略上的错误，出奇制胜，打败义军，名气越来越大了。

晋安帝元兴元年(公元402年)，桓玄在荆州起兵谋反。桓玄是桓温的儿子，东晋末年担任荆州刺史，他想篡位，乘建康一带闹饥荒，封锁长江，不准上游的粮食下运。军队只好吃麸皮和橡子面。

东晋派北府兵将领刘牢之率军讨伐桓玄，桓玄收买了刘牢之，打进建康，强迫晋安帝退位，他自己做了皇帝，改国号为楚。

桓玄过河拆桥，逼死刘牢之，还杀了他手下的大将。因刘裕是中下级将领，不但未被杀，反被作为拉拢对象加以重用。

刘裕背地里联合北府兵的中下级军官，密谋推翻桓玄。当一切都准备停当之后，他们从京口向建康进军，桓玄派兵阻击，被刘裕打败。桓玄撤出建康，把晋安帝也带走了。

刘裕乘胜追击，桓玄在江陵聚集了大批人马反击，又被刘裕打败了。

桓玄逃到益州，被益州的地方官杀死了。

刘裕打败桓玄后，把晋安帝接回建康，重登皇帝宝座。

这一来，刘裕成了重建东晋王朝的功臣。晋安帝把指挥军队的大权都交给他，还要他坐镇京口，管理徐、青二州。

后来，晋安帝又让刘裕做扬州刺史，兼任代理尚书。也就是说，把政治大权也交给了他。

权位的增长，使刘裕产生了政治野心，他也想像刘邦那样做皇帝了。但是他知道，时机还不成熟，于是他又出兵讨伐北方的南燕和后秦。他知道北伐是百姓的愿望，打胜了会提高自己的威望，有利于夺取东晋的天下。

南燕是鲜卑人慕容德在后燕被北魏灭亡之后在山东建立的政权。慕容德死后，侄儿慕容超即位。他常常派兵骚扰东晋北部边境，掳走百姓当奴婢，甚至拿掳去的人当礼物，送给后秦等国家的统治者。因此，百姓早就盼望南军北伐。

晋安帝义熙五年(公元409年)，刘裕亲自带兵从建康出发，渡过淮河，拿下琅玡。

慕容超派人向后秦求救，后秦皇帝姚兴派使臣到刘裕那里恫吓说："我们已经派出十万铁骑，马上就要到洛阳了。你们如果不退兵，我们就将直捣建康！"刘裕对使者说："你回去告诉姚兴，我本想在消灭南燕之后休息三年，再来消灭你们。如今，你们自己送上门来，那就快点来吧！"

姚兴原想吓唬一下刘裕，想不到刘裕口气更硬，反倒被吓住了，他不敢来救南燕了。次年六月，刘裕攻下了南燕的都城广固。这天出兵时，有人对刘裕说："今日不利出兵，出兵必败。"刘裕不信占卜，说："我出兵，南燕亡，有何不利？"出兵后，果然攻下广固，生擒慕容超，灭了南燕。

孙恩兵败自杀后，所余数千人共推他的妹夫卢循为首领，继续与官军为敌。在与卢循决战时，刘裕所执的指挥旗杆突然折了，旗子掉在水中。大家都认为这是败兆，必将不利。刘裕从不迷信，笑道："往年征讨桓谦时，旗杆也曾折断，却打了胜仗。今日旗杆又断了，必胜无疑。"刘裕进军后，果然大胜而归。卢循逃往交州，毒死妻子，投水而死。

义熙十二年(公元416年)，刘裕乘后秦皇帝姚兴刚死，太子姚泓即位不久之时，亲自统率五路大军攻打后秦。晋军要经过北魏管辖的地区，北魏在黄河北岸集结了十万大军，又派出几千骑兵渡过黄河，骚扰西进的晋军。刘裕派出得力部队，排除了魏军的骚扰，占领了洛阳。晋军在洛阳会师以后，刘裕重新部署了作战计划，分兵两路进攻关中。姚泓亲自率领大军迎击，大败而归。

◎东晋 青瓷点褐彩双系鸡首壶◎

浅盘口，细颈，弧腹，平底。肩部前侧有一昂首高鸣的鸡首，后侧为柄，左右两侧各附一个桥形耳。肩部饰一周圆形点彩，腹部以褐色点彩组成网纹，网纹内又填以圆形点彩，使器物显得绚丽多彩。

◎南北朝 花纹砖(局部)◎

晋安帝义熙十一年(公元417年),晋军攻入长安,姚泓被迫投降,后秦灭亡了。

刘裕在长安住了两个月,深受关中百姓的拥戴。但他怕离开朝廷太久,大权旁落,决定回师建康。

在刘裕离开长安那天,关中百姓流着眼泪挽留他,希望他继续留在北方抗击鲜卑、羌族的骚扰。可是,他为了达到夺取帝位的目的,不顾关中人民的愿望返回江南。

刘裕回到建康,晋安帝拜他为相国,封他为宋公。

宋武帝永初元年(公元420年),刘裕见夺取帝位的时机已经成熟,就把晋恭帝废掉,自己做了皇帝,改国号为宋,史称宋武帝。

刘裕即位后,公布说:"百姓拖欠的债务,不再收取;逃避租税和兵役的,限期还家,免租税二年。"这些措施深受百姓欢迎。

刘裕不相信预兆和符瑞,史官向他谈历代预兆和符瑞应验之事,他笑而不答。宋武帝永初三年(公元422年),刘裕病死。

历代名家点评

司马光:晋自济江以来,威灵不竞,戎狄横骛,虎噬中原。刘裕始以王师翦平东夏,不于此际旌礼贤俊,慰抚疲民,宣恺悌之风,涤残秽之政,使群士向风,遗黎企踵,而更恣行屠戮以快忿心;迹其施设,曾苻、姚之不如,宜其不能荡壹四海,成美大之业,岂非虽有智勇而无仁义使之然哉!

陆游:寄奴谈笑取秦燕,愚智皆知晋鼎迁。独为桃源人作传,固应不仕义熙年。

错斩崔浩

◎ 宋纪 宋文帝元嘉二十七年
◎ 公元450年

★世界大事★

公元476年，西罗马帝国灭亡，西欧奴隶制度崩溃。

阅读提示

在拓跋焘镇压起义的过程中，崔浩曾亲见寺僧藏匿武器。崔浩笃通道教，主张废佛。北魏太武帝由此下令关闭长安沙门，焚烧寺院，捣毁佛像，史称“三武之祸”。有人以杀僧过多，曾苦求崔浩，崔浩不但没有听从，反而极力劝告拓跋焘要加大打击佛教的力度。当时“一境之内，无复沙门”，朝野间怨声载道。崔浩企图按照汉族的世家大族的传统思想，整理、分别和规定氏族的高下，从而得罪了众多的鲜卑贵族。

原文

魏主既诛崔浩而悔之，会北部尚书李孝伯病笃，或传已卒。魏主悼之曰：“李宣城可惜！”既而曰：“朕失言；崔司徒可惜，李宣城可哀！”孝伯，顺之从父弟也，自浩之诛，军国谋议皆出孝伯，宠眷亚于浩。

史纪风云

崔浩出身于清河名门大族，西晋末年，他家没有南渡，留在了北方，他和父亲崔玄伯一起投靠了北魏。

北魏是鲜卑贵族建立的国家。北魏的统治者知道，没有汉族士族地主的支持，他们的政权想在中原得到巩固是不可能的。而北方的汉族士族也懂得，想要保持自己的地位，非投靠鲜卑贵族不可。一个需要支持，一个要找靠山，两方面就这样结合起来了。许

◎南朝 越窑唾盂◎

多汉族士族在北魏朝廷里做了大官，崔玄伯投靠北魏后，成了北魏的开国功臣，被封为白马公。

崔浩从小喜欢文学，对于经学、历史、天文以及诸子百家的学说，样样精通，当时没有人能比得上他。魏道武帝拓跋珪在位时，崔浩当了帮助皇帝起草文书的官。魏明元帝拓跋嗣在位时，崔浩因为教他念过书，有师生之谊，更受到重用。魏太武帝拓跋焘即位后，有人妒忌崔浩，在背后说他的坏话，他一度被罢了官。可是因为朝廷上有许多疑难问题解决不了，太武帝又把他请了回去。太武帝每次出征，都把他带在身边，让他出谋划策。崔浩在北魏开头的三个皇帝面前都是很吃香的，被人称为三朝元老，官至司徒。在他的推荐下，拓跋焘曾一次请清河崔、卢、高、李大族士人数百人到平城做官。

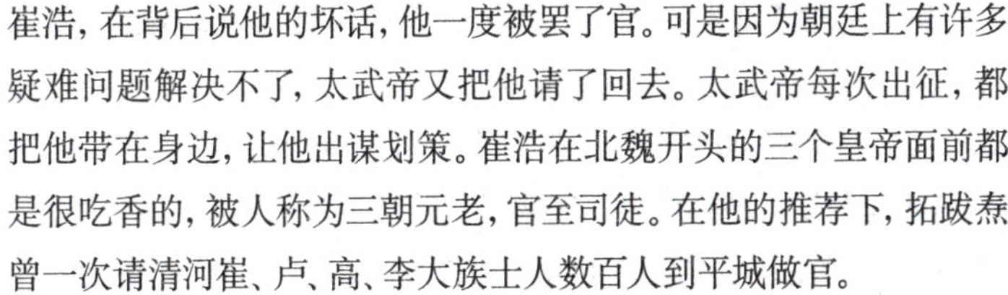

◎东晋 陶牛车◎

由于出身门第高，学问又渊博，崔浩自命不凡，言谈话语之中常常流露出骄傲情绪。崔浩博学而又自视甚高，许多人注意他，特别是鲜卑贵族更妒忌他，巴不得他摔个斤斗，好看他的笑话，崔浩自己是知道这一点的。他知道鲜卑人跟汉人之间有着民族隔阂，如果触犯了鲜卑贵族的民族感情，后果将不堪设想。所以他对鲜卑贵族相当小心，特别是在皇帝面前，说话做事都很谨慎。

由于崔浩总想提高汉人的社会地位和政治地位，引起了鲜卑贵族的不满。

崔浩学问大，地位高，经常帮别人写墓志铭。有一次，有个叫冯汉彊的人死了，他的家属请崔浩写墓志铭。崔浩一听死者的名字，就警觉起来，“彊”是“强”的古写，“汉彊”连在一起，就是“汉族强大”的意思，这在鲜卑人那里是犯忌讳的，万万不能这样写。崔浩想了个主意，他把“汉”字写成了“代”字。这样，“冯汉彊”就变成“冯代彊”。这个“代”字含意双关，既表示“汉”字不能和“彊”字连在一起，必须用代替的字，又巧妙地点出了北魏原先的国名——代国，“代强”就是“代国强盛”的意思，鲜卑人看了自然很高兴。可是，智者千虑，必有一失。崔浩虽然小心谨慎，有时也难免出差错，犯忌讳。有一次，著名士族王慧龙从江南来到北方，王、谢是晋朝士族中最高贵的门第，崔浩的弟弟崔恬因为羡慕王氏门第高贵，把女儿许配给王慧龙，但当时有人说："王慧龙不是真正的王门子弟。"崔浩根据自己研究族谱所得到的知识，知道王氏门中世世代代都长酒糟鼻子。王慧龙的鼻子很大，有酒糟，凭这一点就可断定王慧龙一定是真正的王门子弟。于是他高兴地说："王慧龙是真正的王门子弟，是个地地道道的贵种！"没想到这句话却惹恼了鲜卑贵族。在鲜卑人当权的国家里，只有鲜卑贵族才配得上称贵种，崔浩说王慧龙是贵种，他们认为这是有意贬低鲜卑贵族。于是，有人告了崔浩一状。太武帝一听也火了，他立即召见崔浩，大加训斥。崔浩自知失言，只得承认错误。太武帝强迫他免冠谢罪才算了事。

◎北魏 鹿王本生故事◎

又有一次，明元帝拓跋嗣亲自带兵去打南朝，崔浩被任命为随军谋士，跟着南征。在回师途中，崔浩跟明元帝一起来到西河，他们登上高山，俯视滔滔流去的黄河，崔浩见景生情，大发感慨，跟周围的人谈论起历史来。他说："秦始皇、汉武帝犯有同样的错误，他们废封建、立郡县都是不对的。"崔浩的这一番议论，引起了鲜卑贵族的疑心。秦始皇、汉武帝都和北魏一样，统一了黄河流域，这怎么说是错误的呢？废封建、立郡县是为了保障国家的统一，这又怎么会不对呢？难道在鲜卑人做皇帝的时候，还应当分封汉族人做诸侯吗？鲜卑贵族认为崔浩用秦始皇、汉武帝影射北魏皇帝，是鼓动汉族人搞割据，不听北魏皇帝的指挥。

崔浩晚年时，奉命和高允等人编修北魏国史——《国纪》。他主张写历史应该秉笔直书，根据事实直截了当地写，有一说一，有二说二。他把鲜卑族过去的历史原原本本地写了出来，这部历史刻在石碑上，竖立在平城郊外的大路边。鲜卑贵族一看，都气坏了。因为崔浩把鲜卑族当初怎么落后，鲜卑贵族之间怎么争权夺利全都写上去了。鲜卑贵族认为这是揭他们的老底，骂他们的祖宗，便添油加醋地到太武帝那里去告状。甚至有人造谣说："崔浩想趁陛下南征时造反。"太武帝听说，怒火再也压不住了。

这时，北魏的政权已经巩固。像崔浩这样的汉族谋士用处不太大了。因此，太武帝就不管崔浩是不是三朝元老，下令把他处死。

宋文帝元嘉二十七年(公元450年)夏天，崔浩被装在一辆囚车里，由几十名卫士押往刑场。

到了刑场，几十名卫士轮流向囚车撒尿，淋得崔浩满脸又臊又臭。等到凌辱够了，监斩官才下令打开囚车，叫刽子手杀了崔浩。

和崔浩同时被杀的，还有他的全家和清河崔氏的人，以及跟崔家有亲戚关系的范阳卢氏、太原郭氏、河东柳氏等几个著名大族的人。

只有高允因太子拓跋晃多次求情，才免于一死。

不久，太武帝想起崔浩的智慧和功劳，叹道："崔浩太可惜了，悔之晚矣！"

历代名家点评

《魏书·崔浩列传》：少好文学，博览经史。玄象阴阳，百家之言，无不关综，研精义理，时人莫及。

《魏书·崔浩列传》：崔浩才艺通博，究览天人，政事筹策，时莫之二，此其所以自比于子房也。

魏孝文帝改革

◎ 齐纪 齐武帝永明十一年
◎ 公元493年

阅读提示

经过长期的民族征服战争后，太武帝统一了北方，随后又率师南征，使南北力量趋于平衡。这一系列的战争固然巩固了北魏政权，同时也使北魏国力大为消耗。出现了一个民怨沸腾的局面。文成帝之后，由于过度的剥削，出现了此起彼伏的农民暴动。这样的形势，使北魏统治者无法照旧统治下去，他们不得不改弦更张，另求维持统治的办法。

原文

魏主以平城地寒，六月雨雪，风沙常起，将迁都洛阳；恐群臣不从，乃议大举伐齐，欲以胁众。斋于明堂左个，使太常卿王谌筮之，遇革，帝曰："'汤、武革命，应乎天而顺乎人。'吉孰大焉！"群臣莫敢言。尚书任城王澄曰："陛下奕叶重光，帝有中土；今出师以征未服，而得汤、武革命之象，未为全吉也。"帝厉声曰："繇云：'大人虎变'，何言不吉！"澄曰："陛下龙兴已久，何得今乃虎变！"帝作色曰："社稷我之社稷，任城欲沮众邪！"澄曰："社稷虽为陛下之有，臣为社稷之臣，安可知危而不言！"帝久之乃解，曰："各言其志，夫亦何伤！"

◎南北朝 牛陶◎

史纪风云

北魏冯太后死后，孝文帝拓跋宏亲自执掌朝政，继续推行改革。

孝文帝于宋明帝泰始三年(公元467年)生于平城，三岁时被立为皇太子。按照北魏的旧例，谁被立为皇太子，生母就要被赐死，他的母亲李夫人也不能例外。他母亲死后，由祖母冯太后抚养他。孝文帝自幼聪明，念了不少书，对汉族文化有深刻的了解。他知道要想使北魏富强，必须抛弃民族偏见，接受汉族的先进文化。

为了加强同黄河流域汉族的联系，便于进攻南朝，统一中国，他决定迁都洛阳。迁都是件大事，关系到鲜卑贵族的切身利益。守旧派贵族留恋旧都平城的田产和奢侈生活，强烈反对迁都。孝文帝为了迁都，定下了一条妙计。

齐武帝永明十一年(公元493年)，孝文帝亲自率军三十万人南征。途经洛阳时，孝文帝带领大臣参观西晋宫殿遗址。他指着宫殿旧址对大臣说："西晋皇帝不好好管理国家，致使国家灭亡，宫殿荒废，看了真令人伤感。"他触景生情，朗诵起《诗经》中的怀古名篇《黍离》来。孝文帝朗诵完毕，还掉了几滴泪。

那时，洛阳正是秋雨连绵的季节，随征的文武大臣对当年太武帝拓跋焘南征刘宋，战败逃回北方的情景记忆犹新，他们担心这次南征也会劳民伤财，毫无收获。当大臣们正在忧心忡忡的时候，孝文帝突然下令继续向南进发。他全副武装，骑着战马来到军前。文武大臣见孝文帝继续南进，忙一齐跪下，俯首在地，恳请皇上停止南征。安定王拓跋休代表众大臣向孝文帝诉说了南征的利害。孝文帝说："我们这次南征，兴师动众，成功或失败，影响甚大，这一点我是清楚的。你们既然不愿意南下，那就得听我的话，把我们的都城从平城迁到洛阳来。等将来有机会时再消灭南朝，统一全国。"大臣们听了，好像遇到大赦一样。他们觉得南征要打仗，生死难料；而对比之下，迁都就好多了，没有性命之忧。南安王拓跋桢赶忙说："只要陛下停止南征，我们都赞成迁都。"一时间，停止南征的消息传遍全军，大家都兴奋得高呼"万岁"。于是，迁都洛阳的事就这样定下来了。

孝文帝怕留在平城的大臣反对迁都，就派任城王拓跋澄回去做说服工作。拓跋澄风尘仆仆回到平城，宣布了迁都洛阳的圣旨，鲜卑

◎北朝 彩绘陶牛车◎

牛车车盖呈圆拱形，前后伸出长檐。车厢两侧各刻一假窗，车厢前镂空成棂格，厢后开门。开辕驾于牛颈之上。牛呈站立状，体态浑劲有力，当为一犍牛。牛头辔饰革带交结处共有六枚圆泡饰。牛身络以横三竖四的革带，其交结处亦附有圆泡十二枚，竖带一端有流苏下垂。陶牛及牛车车轮辐条、双辕和车身均饰朱彩，以显示其富有豪华。

贵族纷纷表示反对。许多人痛哭流涕，有的甚至表示死也不离开平城。拓跋澄再三说明迁都的好处，仍有不少人反对。第二年，孝文帝亲自回平城去说服他们，才使得多数人服从了迁都的决定。

迁都后，孝文帝着手改革鲜卑旧俗，从各方面推行汉化政策。约一百万鲜卑人迁到洛阳附近地区，开辟牧场和耕地，采用汉族的先进生产技术，发展农牧业生产。

孝文帝还下令废除鲜卑姓氏，采用汉姓，并且带头把拓跋改为元，把自己的姓名改为元宏。一些鲜卑贵族的姓被改为长孙、穆、奚、陆、贺等。穆、陆等姓被定为北魏的国姓，跟汉族大姓崔、卢、郑、王享受同样的待遇。

◎北魏 五百强盗成佛（局部）◎

孝文帝还鼓励鲜卑贵族同汉族大地主通婚，他自己带头选了汉族大姓的女子作妃子，把汉族大地主卢敏、崔宗伯、郑羲、王谅四大姓的女儿纳入后宫，并以李冲的女儿为皇后。他给五个弟弟娶了汉族大姓的女子作王妃，公主也下嫁给汉族的大姓。

孝文帝又叫鲜卑人改穿汉人的服装，学习汉语。他派使者向南方的齐朝借来经书，派人抄写后，供鲜卑贵族子弟学习。他规定所有迁到洛阳的鲜卑贵族都算洛阳人，死后就葬在洛阳的北邙山上，不许送回平城埋葬。

孝文帝为了推行汉化政策，进行改革，需要一批支持他的有才干的人。他很注意人才的选用，有一次，他曾让大臣讨论人才和门第出身的问题。李冲说：“要想使国家富强，不能只重视出身的高低贵贱，应该有选拔人才的规定。”孝文帝同意这个建议，他认为只要是出类拔萃的人，可以不受门第等级的限制。他还提出了许多具体方法，制订了许多规定。

对这些改革，守旧的鲜卑贵族十分不满。他们暗中煽动皇太子元恂发动叛乱。齐明帝建武三年(公元496年)，孝文帝到嵩山去巡视。元恂打算乘孝文帝出巡之机，偷偷逃回平城，依靠守旧派占据平城称帝。

孝文帝在去嵩山的路上得知这个消息后，立即返回洛阳，派人把元恂逮捕，亲自用鞭子毒打了一顿。有些大臣替元恂求情，孝文帝说：“古语说：‘大义灭亲。’我为了维护国家，决不能徇私。”他将太子废为平民，

※知识链接※

“五胡”内迁促进了民族大融合，而北魏孝文帝改革则大大加快了民族融合的历史进程。

囚禁起来。过了些日子，又派人用药酒把元恂毒死了。

这年冬天，贵族穆泰秘密联络许多将领在平城起兵，要立阳平王拓跋颐为帝。孝文帝派任城王拓跋澄平定了这场叛乱。

孝文帝十分重视文化，北魏的文化达到了很高的水平，其中书法尤为著名。北魏时，刻在墓碑上的字刚劲有力，气势雄浑，别具风格，被称为魏碑体。

孝文帝念念不忘统一中国，几乎每年都要南征。孝文帝在一次南征中曾写下这样的诗句：“白日光天无不曜，江左一隅独未照。”意思是中国的广大地区都归我管辖了，只有江南一小块还没能由我统治。因此，自从他亲政以后，几乎年年兴师南下。

齐东昏侯永元元年(公元499年)，孝文帝最后一次南征，齐军大败。孝文帝因操劳过度，死于途中，年仅三十三岁。

历代名家点评

司马光：人主之于其国，譬犹一身，视远如视迩，在境如在庭。举贤才以任百官，修政事以利百姓，则封域之内无不得其所矣……

梁启超：北魏孝文帝、北周孝文帝是五胡同化于中国的促成者。

◎北朝 宾阳中洞◎

北魏分裂

◎ 梁纪 梁武帝大通四年
◎ 公元532年

★世界大事★
公元6世纪初，法兰克王国建立。

阅读提示

孝文帝的改革，并没有也不可能使阶级关系获得多大的调整。孝文帝一面进行改革，一面还向臣下询问“止盗”的方法，可见农民暴动对北魏统治者仍旧是很大的威胁。孝武帝死后，继起的北魏统治者由于获得财富更为容易，贪欲也就越来越大，这种无止境的贪欲，直接破坏社会生产，北魏统治者已经走到了穷途末路。

原文

预帝谋者皆惧，帝患之。城阳王徽曰：“以生太子为辞，荣必入朝，因此毙之。”帝曰：“后怀孕始九月，可乎？”徽曰：“妇人不及期而产者多矣，彼必不疑。”帝从之。戊戌，帝伏兵于明光殿东序，声言皇子生，遣徽驰骑至荣第告之。荣方与上党王天穆博，徽脱荣帽，欢舞盘旋，兼殿内文武声趣之，荣遂信之，与天穆俱入朝。

◎北魏 墓碑◎

史纪风云

西晋灭亡后，北方分裂了一百多年，最后由拓跋氏建立的北魏结束了五胡十六国的混战局面，统一了北方。

孝文帝死后，他的儿子元恪即位，史称宣武帝。按照北魏的祖训，新皇帝的母亲是要赐死的，怕的是太后和太后的亲属干政。元恪是孝文帝的皇后冯氏所生，当按照孝文帝的遗诏赐死时，冯氏不肯喝毒药。她边跑边喊："皇上决不会这样做，都是你们这些亲王要害我！"派去的人将她捉住，硬将毒药灌了下去。

冯氏被活活毒死了，但她的儿媳妇胡太后在儿子当皇帝时，却侥幸地活了下来。

宣武帝只做了几年皇帝就死了，年仅六岁的儿子孝明帝即位。宣武帝临死时，皇后高氏要毒死孝明帝生母胡贵嫔。宦官刘腾急告善烹调的尚食典御侯刚，侯刚又告诉侍中于忠，于忠同崔光商量，崔光派人严护胡贵嫔。因此，胡贵嫔得以不死。孝明帝即位后，尊生母胡贵嫔为太后，贬高太后为尼姑，徙居金镛城瑶光寺。

◎南北朝 比丘头像◎

由于孝明帝年纪小，北魏的大权落入胡太后的手中。胡太后聪明能干，喜欢读书作文章，能够临朝听政，但她为人极其专横。

刘腾目不识丁，胡太后为报救命之恩，提拔他做了侍中、光禄大夫。从此，刘腾开始干预朝政，并卖官鬻爵。后来，天象有变，胡太后硬说与高太后有关，将她逼死。

孝明帝十九岁时，胡太后仍然把持朝政，宠信郑俨、徐纥二人。孝明帝想除掉这两个小人，但又无能为力，便写下密诏，让六州讨虏大都督尔朱荣勒兵进京，威逼太后。

胡太后崇信佛教，在京城洛阳建了一座永宁寺。寺中的佛像有的是纯金的，有的是美玉的，价值连城。胡太后还在寺旁建起了一座九十九丈高的九层宝塔，金碧辉煌，风吹铃响，声传十里之外。这佛寺和佛塔都是用百姓的血汗堆起来的，缺衣少食的百姓对此极为不满。

在胡太后的影响下，文臣武将贪污成风，弄得民不聊生，不得不铤而走险。

那时，北魏在北疆设了六个军事重镇，用以防御柔然族的侵略。由于沃野镇的镇将克扣军饷，守军发动了起义，其他五镇也起来响应了。军民起义虽然被镇压下去了，但北魏已处于风雨飘摇之中。

尔朱荣是镇压军民起义的刽子手，尔朱荣家族原是匈奴的一个部落，后来投靠北魏，在秀容川一带经营畜牧业，势力渐渐大起来。到尔朱荣当部落酋长时，已拥有八千多户人口，还积累了大量的财富。尔朱荣是个有野心的人，他见朝中太后掌权，皇帝懦弱，朝外动荡，烽烟四起，便招兵买马，结交天下豪杰，想趁机建立霸业。他靠镇压秀荣川一带的农民起义起家，爬到了车骑将军的位置。

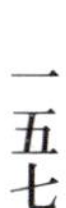

尔朱荣接到密诏后，心中大喜，认为投机的时候终于到了。他立即让谋士高欢为先锋，率领一万大军向洛阳进发。

郑俨、徐纥听说尔朱荣率军前来，恐祸及己身，急与太后合谋，将孝明帝毒死。这年正月，后宫潘嫔生了一个女儿。二月二十五日，孝明帝驾崩。二十六日，胡太后谎称潘嫔之女是男儿，将她立为皇帝，大赦天下。不久，又降诏说："潘嫔所生本是一女，故临洮王宝晖之子钊，乃高祖之孙，宜膺大宝。"于是，三岁的元钊做了皇帝。胡太后因他年幼，自己可以久专朝政，所以立他为帝。

尔朱荣听说此事，心中大怒，问谋士元天穆道："皇上驾崩，年已十九，尚称为幼君。现在立幼儿为帝，海内岂能太平？我打算进京为皇帝举哀，除掉朝中奸佞，另立年纪大的做皇帝，你看如何？"元天穆回答说："将军能够如此，真是伊尹、霍光再生啊！"于是，尔朱荣上表说："大行皇帝驾崩，人人都说是鸩毒所致。如今又立小儿为帝，使奸佞专权，岂非掩耳盗铃？请命微臣进京，问明皇上驾崩之因，将郑、徐之徒明正典刑，然后选择贤嗣即位。"

胡太后见了表文，十分恐惧，忙派尔朱荣的堂弟尔朱世隆前去劝慰尔朱荣。尔朱荣想让尔朱世隆留下，尔朱世隆说："这样不妥，太后让我来劝你回去，如果我留下了，太后必然设防。"尔朱荣一听，深觉有理，便放尔朱世隆回洛阳，让他在城中做内应。

尔朱荣与元天穆商议，认为彭城王元勰之子长乐王元子攸乃众望所归，决定立他为帝。于是，派侄儿尔朱天光潜入洛阳，与尔朱世隆找到元子攸，说明来意，元子攸同意了。四月九日，元子攸偷偷出城，渡过黄河，来到尔朱荣军中。将士见了元子攸，齐声高呼："万岁！"于是，元子攸便在军中即位，史称敬宗孝庄帝。孝庄帝封尔朱荣为太原王。

胡太后听说大势已去，怕自己和先帝嫔妃受辱，急令她们出家做了尼姑，自己也削发为尼了。

尔朱荣是个杀人不眨眼的人，岂能放过胡太后。他派人将胡太后和幼帝元钊捕来，将他们在洛阳东北的河阴双双沉入黄河之中。

这时，谋士费穆献计道："将军兵马不过万人，如今长驱入洛，并无战功，恐怕群臣不服。若不杀光朝臣，等将军北归之时，朝臣必然群起而反对将军了。"尔朱荣听了，深以为然，便诈称皇帝祭天，将朝臣引到黄河之滨，用骑兵包围，然后宣布说："你们这些朝臣，只知贪财，不知辅佐皇上，致使皇上暴崩，留你们何用？"说罢，骑兵齐出，刀剑并下，将朝臣杀光，共死了二千多人，真可谓血流成河了。

孝庄帝见尔朱荣如此心狠，吓得心惊胆

◎永宁寺塔基泥塑◎

战，忙对尔朱荣说："帝王迭兴，盛衰无常。我投将军，不过是为了全生而已。若天命有归，这皇帝还是由你做吧！若不忘大魏，就请另选贤王吧！"高欢听了这话，便劝尔朱荣称帝。尔朱荣是个粗人，只想做个霸王而已，并不敢称帝。于是，最后还是由元子攸做皇帝，尔朱荣让女儿做了皇后，夺取了朝中大权。

◎南北朝 说唱俑◎

孝庄帝知道尔朱荣是自己枕边的一只猛虎，见他把持朝政，总想除掉他。但又无计可施，不禁忧心如焚。孝庄帝度日如年地过了两年半，一天，城阳王元徽献计说："陛下，何不诈称皇后生了儿子？尔朱荣听说后，必然入朝贺喜，到那时就可以借机杀掉他了。"孝庄帝说："皇后怀孕才九个月，说生儿子了，能行吗？"元徽说："女人不满十个月生孩子的多得很，有什么不行？"于是，孝庄帝在明光殿东设下伏兵，声称皇后生了儿子。

元徽到太原王府去报喜，尔朱荣听说自己的女儿生了太子，乐得忘乎所以，忙和元天穆匆匆入朝。

孝庄帝听说尔朱荣来了，吓得脸都白了。中书舍人温子升说："陛下脸色变了。"孝庄帝听了，连忙要酒喝，让脸色变红了。尔朱荣刚一入座，伏兵齐出。尔朱荣见状，奔向孝庄帝。孝庄帝将藏在膝下的宝刀取出，刺向尔朱荣。这时，伏兵也挥刀乱砍，尔朱荣和元天穆同时被杀。

尔朱荣死后，他的族人纷纷起兵报仇。三个月后，他的侄儿尔朱兆攻入洛阳，将孝庄帝带回晋阳缢杀。

孝武帝元年(公元532年)，高欢拥立孝文帝的孙子元修当皇帝，史称孝武帝。孝武帝不甘心当傀儡，高欢率军进京问罪，孝武帝只好逃到长安投奔宇文泰。高欢便立孝文帝的曾孙元善见为帝，史称东魏孝敬帝，将都城由洛阳迁到邺城。

宇文泰曾参加边镇守军的暴动，十八岁时在暴动首领葛荣手下当大将，失败后投降尔朱荣，被派往关中镇压关陇起义军。不久，他的势力一天天大起来，成为与高欢齐名的将领。孝武帝由洛阳逃到关中后，被宇文泰所杀。宇文泰立元宝炬做皇帝，史称西魏文帝，首都建在长安。

从此，北魏分裂为东魏和西魏了。

侯景之乱

◎ 梁纪 梁武帝太清二年
◎ 公元548年

阅读提示

梁武帝萧衍信奉佛教，不事朝政，皇室招降纳叛成风。梁武帝一贯执行宽纵皇族，优容士族的政策。他取消了监视和限制皇族权力的典签制，给皇族以实权，出任方镇，对他们的横征暴敛均予宽容。出任方镇的诸王无不拥兵自重，以至窥测皇位。长期优容士族的结果，大大加速了士族的腐朽过程，使统治集团中贪残、侈靡、轻视武备之风日益严重，吏治极端黑暗，阶级矛盾空前尖锐。

原文

戊戌，景反于寿阳，以诛中领军朱异、少府卿徐驎、太子右卫率陆验、制局监周石珍为名。异等皆以奸佞骄贪，蔽主弄权，为时人所疾，故景托以兴兵。

◎南北朝 陶俑◎

史纪风云

梁武帝中大同二年(公元547年)正月的一天夜里，梁武帝做了一个梦。在梦中，中原官吏纷纷献出土地，向他投降，他坐在张灯结彩的宫殿里，接受降书和文武百官的朝贺。

梁武帝高兴得哈哈大笑，对大臣说：“我平生很少做梦，有梦必准，这是好兆头。”

这年三月，东魏大将侯景派人来接洽投降，梁武帝高兴地说：“我的梦真的应验了。”

侯景是被鲜卑人同化了的羯族人，他原是东魏高欢的爱将，人极聪明，足智多谋，屡建奇功。他为人残暴，但治军极严。战争中所得，一律分给将士，因而部下愿意为他卖命。高欢手下猛将高敖曹、彭乐都是勇冠一时的名将，侯景却不把他们放在眼里，常说："他们有勇无谋，像猪一样胡冲乱闯，根本不知道自己要干什么。"因为高欢多智，他只服高欢一人，但瞧不起高欢的儿子高澄。他常说："高欢在世时我不敢有异心，高欢死后，我不能跟高澄这鲜卑小儿共事。"

侯景雄心极大，曾对高欢说："给我三万兵，定能横行天下，过江捉住萧衍老儿，叫他到郧城太平寺去当寺主。"

高欢死后，高澄掌握了东魏大权，总想收回侯景的兵权。因为跟高澄不和，侯景便去投降西魏。西魏封他为太傅、上谷公，让他入朝，好收取他占领的河南十三州之地。

侯景见状，只好上表投降梁朝。

梁武帝召集文武官员商量此事，宰相谢举表示反对说："我们刚刚同东魏和好，边境上太平无事。现在接受他们的叛臣，恐怕不妥吧？"梁武帝早就想得到北方的大片土地，又坚信自己做的梦是个好兆头，认为机不可失，便不听劝告，接受了侯景的投降，并且任命侯景为大将军，封他为河南王，让他管理黄河南北的军政事务。

◎南北朝　女仆俑◎

梁武帝派侄子萧渊明率兵北上接应侯景，萧渊明不懂军事，和东魏军队在彭城相遇，被东魏军打败，全军覆没，他自己做了俘虏。

接着，东魏军又打败了侯景。侯景带着残兵败将八百多人逃往梁朝的寿阳城。高澄为了挑起侯景和梁朝的矛盾，让萧渊明写信给梁武帝，表示愿意和梁朝重新和好，只要交还侯景，就立即送萧渊明回梁朝。梁武帝不顾大臣反对，同意讲和。

侯景在寿阳听到这个消息，大怒道："我侯景取中原不成，取江南是轻而易举的。"于是，他率领军队南下，进攻梁朝。

梁朝守军抵挡不住侯景的进攻，纷纷败退。侯景很快攻下了谯州、历阳，进逼长江。

梁武帝听说侯景南下，赶快派侄子萧正德防守长江，保卫京都建康，又派第六个儿子萧纶带兵迎击侯景。

萧正德过去曾过继给梁武帝做儿子，被立为太子。后来，梁武帝有了亲生的儿子，就取消了萧正德的太子称号。萧正德失去了继承帝位的机会，怀恨在心，总想反叛。侯景派人诱使萧正德作内应，答应事成之后立他做皇帝。

萧正德认为这是自己做皇帝的大好机会，等侯景的军队到了长江北岸，萧正德便派船把他们接过江来。建康城里一片恐慌，梁武帝命令太子萧纲负责防御，萧纲又命令萧正德守宣阳门。

梁武帝太清二年(公元548年)，侯景率兵八千，进攻建康城，萧正德打开城门迎接侯景入城。

建康城分三部分：中间是台城，梁武帝住在里面；西边是石头城，驻扎禁卫军；东边叫东府城，住的是宰相和扬州刺史等大官。

◎南北朝 《职贡图》(局部)◎

此图又名《番客入朝图》、《王会图》，展现南北朝时期国家间友好往来的繁盛场面。

侯景先把台城团团围住，隔断了梁武帝和东、西两城的联系。接着，向台城猛攻，纵火焚烧东华门、西华门。霎时间火光冲天，战鼓雷鸣，喊杀声震天动地。台城守将羊侃见侯景纵火，急派士兵担水灭火。侯景见火被扑灭，便命令士兵用长柄斧头猛劈城门，企图劈开城门，冲入城中。羊侃提起长矛，领兵冲出城外，把攻城的侯军一连刺死好几个，其余的侯军见势不妙，赶快逃走了。侯景不甘失败，又组织力量，猛冲猛杀，占领了城外的公车府和东宫。

当天夜里，侯景在东宫摆上酒席，饮酒作乐。萧纲乘侯景不备，派人纵火焚烧东宫。藏在宫中的历代图书文物几乎全部被烧，作为政治经济文化中心的建康，遭到了一次空前的浩劫。

过了几天，侯景做了数百匹木驴攻城。木驴的肚子里是空的，每头可以藏六个人。羊侃叫士兵制作雉尾火炬，火炬内装有油和蜡，点着后对准木驴掷去，烧掉了木驴。

侯景又让士兵造了十多丈高的登城楼，想从楼上向城里射箭。羊侃说：“登城楼太高，上面站了人，头重脚轻，一定过不了护城河。”果然不出所料，登城楼刚运到护城河边就都栽倒了。

这年十一月，萧正德不等台城攻破，就急忙称帝了。他还把女儿嫁给侯景，拿出家中所有财宝作为军资，想早日攻下台城。

侯景见台城屡攻不下，就强迫居民在台城的东西两边筑土山，用以攻城。居民忍饥挨饿，被迫日夜不停地担土挑泥，很多人都累死了。侯景命令士兵把疲乏不堪的居民杀死，堆在土山上。

次年三月，羊侃见城外堆筑土山，也在城内筑起土山来应战。双方在土山上用弓箭互射，昼夜交战。不料天降大雨，城内土山倒塌，侯景乘机指挥士兵猛攻，要杀进城去。

羊侃临危不惧，命令士兵用火断路，阻止侯景进城。但是，连日来的激烈战斗已经使建康城受到严重破坏。城内粮食已经吃光，很多人都饿死了，能作战的士兵只有四千多人，坚守了一百三十多天的台城终于陷落了。

侯景进城后，命令将士到处烧杀抢掠。他说：“入城要杀个干净，好让天下人知道我侯景的厉害。”他手下的将士杀人犹如割草一般，还互相比赛谁杀的人多。自东吴以来经营了二百多年的古城建康，化成了一片废墟。

◎南朝 青釉五盅盘◎

八十六岁的梁武帝在城破时无可奈何地说：“从我手里得到的，又从我手里失掉，也没有什么可以悔恨的！”

侯景攻入台城，自封为大丞相，降萧正德为侍中。

侯景见了八十六岁的梁武帝，顿时汗流满面。退下后对人说：“我连年征战，矢刃交前，从未怯心，今日见了皇上，不知为何竟有惧意，莫非是天威难犯吗？”

为他做内应的萧正德没有做成皇帝，心中怨恨，写信给鄱阳王，请他进京讨伐侯景。信被侯景士兵截去。侯景见信后，将萧正德缢杀。

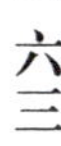

侯景派他的士兵入值宫中，他们有时牵着马，佩刀带剑，出入宫中。梁武帝见了，怪问道：“这是些什么人？”左右的人回答道：“这是侯丞相的兵。”梁武帝说：“不就是侯景吗，怎么说是丞相？”

这话传到侯景耳中，不禁大怒，便派出他的私党日夜监视梁武帝的一言一行。对武帝的日常饮食也加以克扣，武帝想吃什么，多不能满足，不久他忧愤成疾，勉强活到这年五月，终于病饿而死。

梁武帝死后，侯景拥立太子萧纲做皇帝，史称简文帝。侯景自封为宇宙大将军，仍做丞相，掌管军政大权。他恢复了秦始皇实行过的禁人私语的法律，违犯的要株连三族。不久，侯景派出三路兵马，攻占了吴郡、会稽等富庶地区。接着，又向江陵进军。

侯景本想灭了梁朝，再北伐中原，统一天下，然后称帝。大宝二年(公元551年)，侯景派出的西征军在巴陵大败，猛将大多战死。侯景见统一无望，便急于称帝了。这年八月，他废了简文帝，另立豫章王萧栋为帝。十月，派人用土袋将简文帝压死。十一月，逼萧栋禅位，自立为帝，改国号为汉。

◎南北朝 陶俑◎

在江陵的萧绎，是梁武帝的第七子，他跟大将王僧辩、陈霸先率领的军队联合作战，打败了侯景。梁元帝承圣二年(公元552年)，陈霸先、王僧辩的军队收复了建康。

侯景匆忙逃走，在路上被部下杀死。他的尸体运回建康，王僧辩命人将他的首级送往江陵，砍下他的手送给北齐，然后抛尸街头。建康百姓纷纷赶来咬他的尸体解恨，不到一天工夫，尸体上的肉都被咬光了。

在侯景之乱的破坏下，南朝开始衰落了。

历代名家点评

《南史·侯景传》：太清三年（公元549年）三月，侯景攻陷台城。城破之时，城中只剩下二三千人，尸骸堆积，血汁漂流，惨不忍睹。侯景又东略三吴，使富庶的长江下游地区“千里绝烟，人迹罕见，白骨成聚，如丘陇焉”。

陈霸先建国

◎ 陈纪　陈武帝永定元年
◎ 公元557年

阅读提示

陈霸先并不是在四方平定、八面颂歌的时候改朝称帝的，当时整个南方政权都身处危难之中。梁朝几代皇帝都无善终。王朝的兴废、政局的动荡让曾经富庶的江南生灵涂炭。而这个时候，如果没有一个强势的皇帝，那自东晋以来的南方汉族文化就会遭到严重的破坏。于是，历史选择了陈霸先，他受命于危难之际，攘臂于无望之时。

原文

时四方壅隔，粮运不至，建康户口流散，征求无所。甲寅，少霁，霸先将战，调市人得麦饭，分给军士，士皆饥疲。会陈蒨馈米三千斛、鸭千头，霸先命炊米煮鸭，人人以荷叶裹饭，婸以鸭肉数脔。乙卯，未明，蓐食，比晓，霸先帅麾下出莫府山。

史纪风云

梁武帝天监二年(公元503年)，陈霸先生于长城县。他出身寒微，但胸怀大志。为了济世救贫，他读了大量的史书和兵书。他身材高大，练就了一身好武艺，又长于谋略，因此深受当时人佩服。

陈霸先和王僧辩平定侯景之乱后，萧绎在江陵做了皇帝，史称梁元帝。他拜陈霸先为大司空，掌管监察和法律，兼任扬州刺史，镇守京口；拜王僧辩为太尉，执掌全国军事，镇守建康石头城。

萧绎做了皇帝，他的兄弟萧纶、萧纪，还有他的侄子萧詧都来争夺帝位，互相攻打，还借了西魏的兵力来消灭对方。

※知识链接※

陈霸先在抵御落后势力摧残，维护社会稳定，保护中国传统文化等方面，为中华民族立下了不可磨灭的功勋，是中国古代杰出的政治家和军事家。

西魏早就想灭掉梁国，扩张自己的领土，现在正好乘机打到了长江中游地区。梁元帝承圣三年(公元554年)，西魏派柱国于谨、中山公宇文护、大将军杨忠率军帮助萧詧攻下江陵，萧绎出降。在萧詧的怂恿下，于谨派人用土袋将萧绎压死，封萧詧为梁王。

西魏军大肆抢劫，把江陵府库中所藏珍宝全部抢走，又掠走十余万人作魏军的奴仆，弱小者全被杀死。然后，于谨把江陵这座空城交给萧詧管理。第二年，萧詧自称皇帝，历史上称他所建立的国家为后梁。

江陵被西魏攻下后，平定侯景之乱的陈霸先、王僧辩不承认西魏支持的萧詧为帝，在建康拥立萧绎的儿子萧方智做了皇帝，史称梁敬帝。

这时，北齐又派兵送回被东魏俘虏的萧渊明到梁朝做皇帝。王僧辩是个反复无常的人，他从个人利益出发，答应了北齐的要求，接回萧渊明，立他为皇帝，废掉了梁敬帝。

陈霸先不同意这样做，三番五次劝说王僧辩，可王僧辩就是不听。于是，陈霸先和部将侯安都等起兵进攻建康，决心除掉王僧辩这个出卖国家利益的人。

◎南北朝 陶镇墓兽◎

该镇墓兽为人首兽身，呈蹲坐状。怒目圆睁，面部狰狞恐怖，头生独角，背生长刺，前肢上部两侧长毛拳曲呈翼状，上施朱彩。其形怪诞不稽，表现了陶塑艺匠丰富的想像力。

侯安都率军到了建康，打败了王僧辩的部队，冲进城去。王僧辩听说城外有人杀来，不觉大吃一惊。这时，侯安都的人马已经冲到他面前了。他手下的人死命保护着他，冲向南门逃走。不料，陈霸先率领的军队已从南门杀了进来。王僧辩走投无路，束手就擒。当天晚上，被陈霸先杀了。接着，陈霸先又杀了萧渊明，仍旧立萧方智做皇帝。

王僧辩死后，他的党羽继续跟北齐勾结。他们乘陈霸先率兵到义兴去平叛之机，偷袭建康，占领了石头城。这时，北齐也派兵五千，从采石渡江，占领了姑孰，控制了建康的西南门户。

陈霸先闻讯，立即赶回建康。他派兵夜袭长江北岸的齐军，烧了北齐的运粮船。然后包围石头城，切断了城中的水源。齐军为了摆脱困境，被迫求和。

陈霸先虽然知道这是北齐的缓兵之计，但由于建康守军力量薄弱，粮食供应困难，就同意讲和了。他对部下说："齐人这次求和是被迫的。他们反复无常，不讲信用，一定会背弃和约，卷土重来的。我们必须做好准备，随时迎敌。"

和约达成后，陈霸先一面清除王僧辩的残余势力，巩固后方；一面派遣军队驻扎在淮河沿岸的方山一带，防御北齐入侵。

不久，北齐果然撕毁和约，南下袭击梁国，占领了江南的一些地方。由于陈霸先早有准备，指挥部队英勇作战，齐军始终不能逼近建康。

◎南朝 青瓷虎子◎
虎头上仰，虎子前身大而耸峙，腰部收小，前后腿部微鼓，四足呈俯伏状，显得娇健有力，背有绹索形提梁。

建康百姓积极支持陈霸先卫国抗齐，他们用荷叶包饭，夹上鸭肉，争相送到前线去慰劳将士。北齐军到处受到江南百姓的抵抗，没有房子住，军粮接济不上，只好住在泥泞的野地里，靠抢劫来填饱肚子。最后，陈霸先终于打败北齐军，保卫了家园。

陈霸先的功绩使他的威望大大提高，梁敬帝封他为陈国公，叫他总揽朝政，掌握大权。

陈武帝永定元年(公元557年)，陈霸先废掉梁敬帝，自己做了皇帝，建立陈国，史称陈武帝。

历代名家点评

魏征：高祖拔起垄亩，有雄桀之姿。

姚思廉：高祖智以绥物，武以宁乱，英谋独运，人皆莫及，故能征伐四克，静难夷凶。

李延寿：帝雄武多英略，性甚仁爱。及居阿衡，恒崇宽简。雅尚俭素，常膳不过数品。私飨曲宴，皆瓦器蚌盘，肴核庶羞，裁令充足，不为虚费。初平侯景及立敬帝，子女玉帛皆班将士，其充闱房者，衣不重彩，饰无金翠，声乐不列于前。践阼之后，弥厉恭俭。故隆功茂德，光于江左云。

暴君隋炀帝

◎ 隋纪 隋炀帝大业元年
◎ 公元605年

阅读提示

公元589年，杨广统领大军南下向的陈朝发动进攻，并完成统一。结束了上百年来中国分裂的局面，也结束了中国三四百年的战乱时代。从此中国进入了和平、强盛的时代。文帝死后，杨广即位。他大兴土木，为自己建造奢侈豪华的宫殿，开凿大运河。为了扩大其统治，他还不断向外扩张，三征高丽。连年征战与暴政致使隋朝的国力大大削弱，人民的生活几乎得不到保障。全国各地人民纷纷揭竿而起，隋朝大势已去。

原文

壬午，诏左十二军出镂方，长岑、溟海、盖马、建安、南苏、辽东、玄菟、扶馀、朝鲜、沃沮、乐浪等道，右十二军出黏蝉、含资、浑弥、临屯、候城、提奚、蹋顿、肃慎、碣石、东暆、带方、襄平等道，骆驿引途，总集平壤，凡一百一十三万三千八百人，号二百万，其馈运者倍之。宜社于南桑干水上，类上帝于临朔宫南，祭马祖于蓟城北。帝亲授节度：每军大将、亚将各一人；骑兵四十队，队百人，十队为团，步卒八十队，分为四团，团各有偏将一人；其铠胄、缨拂、旗幡，每团异色；受降使者一人，承诏慰抚，不受大将节制；其辎重散兵等亦为四团，使步卒挟之而行；进止立营，皆有次叙仪法。癸未，第一军发；日遣一军，相去四十里，连营渐进；终四十日，发乃尽，首尾相继，鼓角相闻，旌旗亘九百六十里。御营内合十二卫、三台、五省、九寺，分隶内、外、前、后、左、右六军，次后发，又亘八十里。近古出师之盛，未之有也。

史纪风云

隋炀帝即杨广，是隋文帝的次子。隋文帝和独孤后生了五个儿子，立长子杨勇为太子，封次子杨广为晋王，三子杨俊为秦王，四子杨秀为越王，后又封为蜀王，五子杨谅为汉王。在这五个儿子中，独孤后最喜欢晋王杨广。

杨广姿容壮美，天性敏慧，胸有城府。他很像母亲，十分好学，善于诗文。对朝中大臣，礼极谦恭。凡是执掌实权的，他都倾心和他们相交。皇上和皇后每次派人到他府中时，无论贵贱，他和王妃萧氏都到门外迎接，还为他们准备美馔，送上厚礼。来人走后，无不夸他仁孝。因此，杨广名声大振，为诸王之冠。

太子杨勇天性忠厚，率意任情，不会矫饰。一年冬至，百官到太子东宫贺节，太子高兴，特地设乐受贺。文帝听说后，心中不悦。

◎隋 青铜镜◎

杨勇宠爱云氏，而太子妃元氏失宠。一日，元氏偶患心疾，过两天就死了。独孤后以为另有原因，对太子很不满。

杨广听说后，一心想夺取杨勇的太子地位。他装作只和王妃萧氏在一起，后庭其他女人如果怀孕了，他都不许她们哺养。独孤后不知实情，多次夸他贤德。皇上和皇后到他府中时，他让美女都藏到别的房中，只留下又老又丑的在左右服侍。屏帐改用缣素，还故意折断琴弦，上面的尘埃也不擦拭。文帝见状，以为他不爱声色。回宫后，对杨广赞不绝口。从此，爱杨广超过其他儿子。

杨广担任扬州总管时，每次入朝后回镇时，都要到母后面前辞行。一次，他在辞行时，跪在地上痛哭流涕，母后也哭了。杨广趁机进谗说："我本来很笨，只知兄弟间要相爱，不料哥哥总想害我。我心里真害怕，不知哪天会被他害死。"皇后听了，愤然作色道："太子越来越不像话了，我为他娶了王妃元氏，他竟不以夫妻之礼对待她。他专宠阿云，生了一群猪狗。王妃被他害死了，如今为何又想害你？我还活着，他竟敢如此。我死之后，他一定会对你下毒手的。"杨广伏在地上，呜咽不止，母后也悲不自胜。

※知识链接※

隋文帝是历史上为数不多的有作为的君主之一，但缺少儒家"齐家"的功夫。他的励精图治，到头来徒为唐王朝的基础添砖加瓦，为他人做嫁衣。

从此，她决意要废掉杨勇，改立杨广为太子。

杨广与安州总管宇文述关系一向很好，想让他到近处做官，便奏请让他做了寿州刺史。杨广极其信任手下的司马张衡，张衡为他筹划夺嫡之策。一天，杨广向宇文述问计，宇文述说："太子失宠已久，美德又不闻于天下。大王仁孝，才能盖世，四海皆知，天下归心，帝后钟爱。然而废立是国家大事，实在是不好办的。但如果让杨素出面，一定能改变皇上的主意。杨素凡事都和弟弟杨约商量。我和杨约很熟。我可以进京找杨约想办法。"杨广一听大喜，送给宇文述重金，让他进京去办。

◎隋 镶金边白玉杯◎

杨约在京中担任大理寺卿，宇文述到了京城，请杨约赴宴，盛陈珍宝器玩。酒酣之后，宇文述邀杨约赌博，故意将珍宝器玩都输给了他。杨约见赢得太多了，不禁向宇文述道谢。宇文述说："这都是晋王赐给你的，不过让你我先赌博为乐而已。"杨约大吃一惊，问道："这是为什么？"宇文述说明来意，并劝道："你哥哥功名盖世，掌权多年，得罪的朝臣一定不少。皇帝百年之后，你兄弟处境必危。现在太子失宠，皇上钟爱晋王，何不趁此机会扶晋王为太子，晋王必感激不尽。这样，皇帝百年之后，你兄弟俩就不会有危险了。"杨约听了，认为说得在理。于是，他将此意告诉杨素，杨素大喜，拍手道："说得好！我怎么没想到呢？"杨约又说："皇上就听皇后的，这事应该抓紧办！办成了，可以长保富贵，否则太子一旦即位，我们就完了。"杨素点头称是。

数日后，杨素进宫陪宴，趁机试探着对独孤后说："晋王仁孝恭俭，很像皇上。"皇后听了，流泪说："你说得对！我这二皇子大仁大孝，每当我和皇上派内使到扬州去，他都到境上迎接。一谈到天各一方，他未尝不哭泣。他的王妃也十分可爱，我让婢子去看她，她总是和婢子同寝共食。哪像太子和阿云整日对坐酣宴，亲近小人，猜疑骨肉，我真怕他害了我的二皇子啊。"杨素听了，也顺水推舟，说太子的不是。于是皇后拿出金子给杨素，让他帮忙废掉太子，另立杨广。

文帝开皇二十年(公元600年)十月，文帝废掉太子杨勇。十一月，立杨广为太子。

当初，隋朝灭陈时，人们都认为天下即将太平了。监察御史房彦谦却说："皇上为人忌刻，太子卑弱，诸王擅权，天下虽安，甚为可忧。"他的儿子房玄龄对他说："皇上本无功德，以诈术夺取天下，诸子又骄奢不仁，势必自相残杀。现在虽然太平了，亡国可翘足而待。"

文帝死后，杨广即位，史称隋炀帝。这

◎建于隋朝的赵州桥◎

时，正好杨约来朝见皇帝，炀帝派他假传文帝之诏，将杨勇缢杀。

炀帝大业元年(公元605年)三月，立萧妃为皇后，任命杨素为尚书令。

炀帝感到长安地处关中，交通不便，粮食转运十分困难。东西漕运枢纽三门峡附近的黄河河道特别狭窄，水流湍急，又有许多暗礁，船只经常在那里出事，因此，炀帝决定迁都洛阳。他觉得洛阳地理位置适中，便于控制全国局势，漕运问题也可迎刃而解。只是洛阳旧城狭小，建筑破旧，不像都城的样子。于是，他把建城的任务交给了杨素。

杨素和宇文恺在炀帝的授意下，征发了几十万民工，在洛阳外围挖掘一条长堑，作为保护洛阳的关防。接着，又在全国各地征发了二百余万民工，在洛阳旧城以西十八里以外的地方大兴土木，并把长江以南、五岭以北的奇材异石、珍禽怪兽、名贵花草运往洛阳。

◎隋 越窑多角罐◎

从大业元年(公元605年)三月开始，到第二年正月为止，不到一年的工夫，工程基本结束。洛阳新城规模巨大，城周长五十四里，略呈正方形，雄踞邙山南麓，洛河横贯城中。宫城内宫殿林立，有乾元殿、大业殿、文成殿、武安殿等，一个个建得极其华丽。皇城内有百官衙门，皇城的东西两面是东都的街坊，有一百三十二坊，还有通远、大同等市场。

洛阳新城竣工后，宇文恺感到太奢华了，担心地对尚书令杨素说：“我们将东都建得如此华丽，皇上怪罪下来如何是好?”杨素听了，笑了笑说：“这有何妨?一切都包在我身上了。别听皇上说节俭，哪个人不愿奢华?何况现在这个皇上，我最了解他了，绝对不会怪罪我们的。”

果然不出杨素所料，当宇文恺陪着炀帝参观时，炀帝赞不绝口。

炀帝立刻给宇文恺加官晋爵。从此，洛阳便成了隋朝的新

都了。

自魏晋以来，江南的经济得到了发展。那里土地肥沃，物产丰富，盛产稻米、木材、鱼盐和丝绵布帛。隋朝统一后，政治中心设在北方，需要把江南的物资运到两京一带。但陆路运输只有牛车和平推的小车，既慢又笨重；水路虽然可行，但河流都是从西向东流的，缺少一条南北贯通的水道。如能利用旧有的河道开凿一条南北大运河，确是一件既经济又简便的办法。

大业元年(公元605年)三月，在营建东都洛阳的同时，隋炀帝下令开掘一条贯通南北的大运河。以东都为中心，南到余杭，北达涿郡，全长四千余里的大运河最后竣工了。

为了开凿运河，炀帝先后从全国各地征发了数百万民工，许多人由于饥饿和劳累活活被折磨死。通济渠修成后，炀帝发现有的地方深度不够，竟活埋了五万余人。

这年八月，秋高气爽，从洛阳到江都的运河刚刚完工，隋炀帝就带领二十万人坐上龙舟，到江都游玩去了。炀帝的龙舟最显眼，整个船身足有二百尺长，高四十五尺，宽五十尺，上下四层，最上一层设有正殿、内殿和东西朝堂，中间二层有一百余个房间，都装饰着金玉。这三层都是供皇帝使用的。房内用珍珠宝石装饰得金碧辉煌，十分豪华。最下面一层是供侍候皇帝的人和水手们居住的。此外，还有供萧皇后乘坐的华舟及妃子、公主、百官、和尚、道士们乘坐的船只，随行的船只多达几千艘，岸上拉船的纤夫足有八万人，船队绵延二百多里，骑兵在两岸护行。所过州县，只要在五百里内的都要献食。献的都是山珍海味，每县最多有献一百车的。这些食物根本吃不了，剩下的都扔掉或埋掉了。

从大业七年(公元611年)开始，隋炀帝三征高丽。征发江淮民夫数十万向河北运送军粮，日夜不息，死者相枕，臭气薰天。

大业十一年(公元615年)，隋炀帝下令让江都再造数千艘，规模要比以前更大。

第二年七月，龙舟造好了，送到洛阳。宇文述劝炀帝巡幸江都，炀帝同意了。大将军赵才劝道：“陛下，如今百姓疲惫，府库空虚，各地盗贼防不胜防，朝廷的诏令已不听用了。陛下如若不听劝阻，一定要去江都，那么万一遇上盗贼，不仅东都难保，恐怕天下不知是何人所有了！”炀帝闻听大怒，立刻将他关押起来。过了十多天，才把他放了。大臣们都不愿意去江都，但

◎隋唐 象首流长颈瓶◎

◎浙江杭州，京杭大运河及沿岸的农田◎

也不敢进谏了。

炀帝留下越王杨侗和几个大臣镇守东都，然后率百官和后宫出发。奉信郎崔民象认为遍地盗贼，皇上不宜远行，在建国门上表进谏。炀帝大怒，先割下他的两颊，然后斩首。

炀帝乘上龙舟离开洛阳，扬帆起航，行驶在千里大运河上。

来到江都行宫，隋炀帝询问各地进献的情况，接着又问哪个礼品最好。太监答道："最好的是江都郡丞王世充进献的铜镜和屏风，皇后很喜欢。其次是历阳郡丞赵元楷备的酒食，美味可口，受到嫔妃们的赞扬。"

次日，隋炀帝下诏，提升王世充为江都通守，赵元楷调任江都郡丞。凡是送礼的都加官晋爵了；没有送礼，或者送礼少的，都被罢官或降职了。

此次出游，仍是铺张浪费，任意挥霍。运河两岸的百姓受尽了苦难。炀帝经常与萧皇后一起，带着一千余宫女，不分昼夜饮酒作乐，杯不离口，常喝得酩酊大醉。有时，炀帝换上便服出巡，天不黑不肯回宫。炀帝身边姬妾成群，嫔妃无数，仍然派人到民间去选美女，纳入后宫。王世充秘密在江淮间选美，献给炀帝。因此，炀帝十分宠信他。

这年十月，随驾的宇文述死了，他的两个儿子宇文化及和宇文智及都不学好。炀帝在东宫当太子时，宇文化及曾服侍过他，很得宠。宇文述死后，宇文化及做了右屯卫将军，宇文智及做了将作少监。

转眼到了大业十三年，江都的米渐渐吃光了。

果然不出大臣所料，农民起义风起云涌，把江都通往洛阳的道路切断了。炀帝无心北归，想在丹阳建都。

春天的江都格外美丽，可是炀帝却愁眉不展。东都告急说："李密的瓦岗军有一百余万，占领了兴洛仓，围逼东都。城内粮食已尽，十万火急！"隋炀已预感到末日将要来临，他挥手示意大臣们退下，用吴语对萧皇后说："外间大有人图侬，然侬不失为长城公，卿不失为沈后。且不管这些，还是在一起饮酒作乐吧！"

这里的"长城公"指的是陈后主。陈后主降隋后，被封为长城公。沈后是陈后主的妻子。"侬"是吴语"我"的意思。隋炀帝知道自己的日子不长了，希望能落个陈后主的下场。

一天，隋炀帝对着镜子照了照，回过头来对萧皇后说："好头颅，可不知道由谁来砍呢！"萧皇后听了，吃惊地问："陛下为何口出此言？"炀帝强颜笑道："贵贱苦乐都没有一定，砍头也没有什么可悲的。"

这次随驾的卫兵大多是北方人，久客思归，见炀帝毫无归心，都想逃回去。郎将窦贤率军西走，被炀帝派出的骑兵追上斩首了，但每天仍有逃亡的，炀帝为此很忧心。虎贲郎将司马德戡一向受宠，炀帝让他屯兵于东城。一天，司马德戡对虎贲郎将元礼、直阁裴虔通说："士兵人人都想逃回家乡去，我想上奏，又怕被杀；不上奏吧，又怕事发被杀。怎么办好呢？"两人听了，问道："这可怎么办啊！"司马德戡说："士兵逃跑时，我们也跟着一起逃跑吧。"于是，他们在城中串连，都想一起跑回老家去。他们日夜策划，也不避人。一个宫女听到了，向萧皇后报告

※知识链接※

隋炀帝与短命的王朝已成为尘封的历史，但他留下的贯穿南北的大运河却千年流淌，成为南北经济文化交流的大动脉。

说："外面人人都要造反了。"萧皇后说："你去上奏吧。"宫人真的去向炀帝报告了。炀帝大怒道："这事岂是你该说的！"命人将那个宫人斩了。后来，又有宫人向萧皇后报告，萧皇后无可奈何地叹口气说："唉！天下事已经到了如此地步，无可挽回。再在皇上面前说三道四，只会给皇上增加烦恼。一切已成定局了！"从此，再也没人报告了。

想要逃跑的人里有个赵行枢，是虎牙郎将。他和宇文智及一向友好。还有个杨士鉴，是个勋士，他是宇文智及的外甥。这两个人把他们的逃跑计划告诉了宇文智及，说是要在三月十五那天夜里逃走。宇文智及说："皇上虽然无道，但还有权力。你们如果逃走，只能像窦贤那样死去。如今天下大乱，我们不如趁此机会干大事，建立帝王之业。"大家听了，都表示同意。他们找到宇文化及，要推他为首领。他听说要造反，吓得汗流满面。后来，他还是同意了。当他们冲进

◎隋 越窑系青釉钵◎

宫中，捉住炀帝时，炀帝问道：“我有什么罪？”马文举回答说：“陛下抛弃宗庙，巡游不息，穷兵黩武，荒淫无耻，陛下使男儿死于战场，妇女儿童死于沟壑。百姓失业，盗贼蜂起，崇信奸臣，不听忠谏，怎能说无罪！”炀帝面对反叛的士卒，叹道：“朕是有对不起天下百姓的事，可是，朕对你们这些人并无亏心。朕让你们个个高官厚禄，享尽了荣华富贵，你们却要造朕的反，天理何在呀？今日之事是何人带头的？”司马德戡说：“普天同怨，何止一人！”炀帝刚要开口，站在他身旁的小儿子赵王杨杲，此时只有十二岁，吓得大哭不止。裴虔通走上前去，一刀杀了杨杲，鲜血溅到炀帝身上。炀帝说：“天子自有死法，不用锋刃，拿鸩酒来！”其实，炀帝早已预料到自己总会有这么一天的，所以早已准备好了毒药，以防不测，只是今日在慌乱中没有找到。马文举等人不许他饮鸩酒，让他解下白色头巾，交给令狐行达，由令狐行达将炀帝勒死。炀帝死时五十岁。

◎四系莲花盘口花瓶◎

器型饱满、规则，器身刻有倒垂莲叶纹。肩部饰有四个方桥型系。上口外撇，成盘口状。釉水晶莹润泽。

历代名家点评

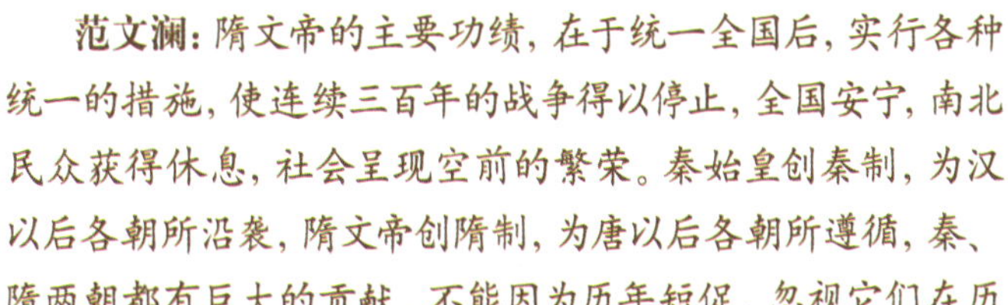

范文澜：隋文帝的主要功绩，在于统一全国后，实行各种统一的措施，使连续三百年的战争得以停止，全国安宁，南北民众获得休息，社会呈现空前的繁荣。秦始皇创秦制，为汉以后各朝所沿袭，隋文帝创隋制，为唐以后各朝所遵循，秦、隋两朝都有巨大的贡献，不能因为历年短促，忽视它们在历史上的作用。

范文澜：隋炀帝开运河，给当时的人民带来了严重的死亡和痛苦，开成以后北至涿郡，南达余杭，在经济文化的发展上起着重大的作用。隋炀帝以前和以后，历史上有不少开运河的人，他之所以著名，在于他使用民力太急暴，为以前以后的人所未有。

范文澜：他是一个极骄极贪的人，以为自己所做的事情都是对的，自己所做的物都是不够的，因之予智予雄，任性妄为，剥削不顾民众的死活，浪费只求本人快意；对内杀人唯恐太少，对外用兵唯恐不多，自604年即位到618年被杀死，所有残暴丑恶的事也都做了。《隋书》描写这个民贼独夫的情况说：“普天之下，莫非仇雠；左右之人，皆为敌国。”

◎隋　青釉龙柄四系环状壶◎

盘形口，长颈，圆形管状壶身，肩部直立龙形柄与盘口相连，另侧肩部有一假流。已残失，两肩上还有对称双系，下为喇叭实足，颈、腹。

◎唐　《十六罗汉图》（局部）◎

图中罗汉手执拂尘坐于槐树根上，项挂念珠，双眉垂至颊下，一手执麈尾，一手做着手势，似正在和人辩论。身后古槐杂藤相绕，画中线条舒缓流畅，人物刻画细致传神。

李渊建唐

◎ 唐纪 唐高祖武德元年
◎ 公元618年

★世界大事★

公元622年，穆罕默德从麦加出走麦地那，伊斯兰教纪元。

阅读提示

隋朝末年，农民起义遍布全国。李渊自知无力镇压风起云涌的农民起义，又深知隋炀帝的猜忌和残暴，政局的动荡，难于自保，便与次子李世民在大业十三年五月起事，召募军队，率师南下，进取关中。直至建立唐朝政权，李渊建立了初唐的制度和政治格局，为唐王朝打下了坚实的行政、经济和军事基础。也为他儿子李世民的辉煌统治奠定了必不可少的基础。

原文

刘文静劝李渊与突厥相结，资其士马以益兵势。渊从之，自为手启，卑辞厚礼，遗始毕可汗云："欲大举义兵，远迎主上，复与突厥和亲，如开皇之时。若能与我俱南，愿勿侵暴百姓；若但和亲，坐受宝货，亦唯可汗所择。"

史纪风云

李渊的祖父李虎担任西魏左仆射，封陇西郡公，因佐助宇文泰建立西魏有功，官至太尉，成为著名的八柱国之一，位极荣贵，死后追封唐国公。父亲李昞，袭封唐公，北周时任安州总管、柱国大将军。北周天和元年(公元566年)，李渊出生于长安，七岁袭唐国公。

◎唐 龙纹三彩陶兽足炉◎

李渊的妻子窦氏是隋朝贵族神武公窦毅的女

儿，隋文帝独孤皇后又是李渊的姨母。因此，李渊在朝廷上十分受宠。

大业十三年(公元617年)，李渊被任命为太原留守。太原是北方重镇，不仅兵源多，而且粮饷足，储粮可供十年之用。因此，李渊在太原发展自己的势力，以图大举。

李渊首先打败了太原最有盛名的“历山飞”农民起义军，获得当地官僚、地主、豪强的拥护，如晋阳县令刘文静，鹰扬府司马许也绪以及崔善为、唐俭等都投靠了李渊。隋炀帝远在江都，沉湎声色，鞭长莫及。

这时，马邑人刘武周起兵，杀了太守王仁恭，自称天子，国号定阳。李渊立即以讨伐刘武周为名，自行募兵。在李渊的安排下，李世民、刘文静等人四处活动，收罗人才。由于李渊以维护朝廷的面目出现，所以远近的地主武装纷纷前来，才过几日就有近万人了。

李渊引起了太原副留守王威和高君雅的怀疑，他们决定在晋祠祈雨，诱骗李渊参加，要伏兵杀害他。晋阳乡长刘世龙得知此信，告诉了李渊。李渊决定先发制人，除掉王威和高君雅。五月的一天夜里，李渊派长孙顺德、赵文恪带领新招募的士兵五百人，与李世民的军队埋伏于晋阳宫城东门旁，以备急用。第二天清晨，李渊与王威、高君雅同坐视事时，刘文静按李渊的安排派开阳府司马刘正会到庭中，告发高君雅和王威与突厥勾结，引兵入寇。李渊立刻命令诸将逮捕王、高二人。

不久，恰逢突厥入侵，大家都以为是王、高二人勾引来的，李渊乘机将二人杀掉，宣布起兵说：“今日大举义兵，是为了安定天下，维护朝廷。”李渊一方面以扶助朝廷为幌子，掩人耳目，另一方面则听从刘文静的建议，决定联合突厥，扩充势力。

李渊派刘文静出使突厥，去见始毕可汗，请他率兵相应。始毕可汗送良马一千匹，到太原和李渊进行贸易，还答应李渊，要派兵护送他去长安。

李渊决定进军关中，直取长安，图谋大业。西河郡丞高德儒不服从李渊，李渊就命令长子李建成和次子李世民率军攻取。临行前，李渊对两个儿子说：“你们虽然年富力强，但处理事情缺乏经验，先让你们二人攻取西河，以此看看你们的能力。”二人受命，率领所部直奔西河。行军途中，二人与士兵同甘共苦，所过之处秋毫无犯。沿途百姓送蔬菜水果，他们都如数付钱。有些东西推辞不掉的，

◎唐 彩绘镇墓兽◎

就和士兵共享。士兵非常感动，都愿为兄弟二人卖命。所以他们所率领的这支队伍十分勇猛，所向无敌。没几天，就攻下了西河，活捉了高德儒，将他斩首。然后开仓放粮，让百姓安居乐业，百姓们奔走相告。李渊知道后，高兴地说："我儿如此用兵，争夺天下就不难了!"

西河大捷后，李渊设置了大将军府，自称大将军。以长子李建成为陇西公、左领军大都督，统率左三军；以次子李世民为敦煌公、右领军大都督，统率右三军。以裴寂、刘文静为大将军府长史、司马；殷开山、刘正会、温大雅、唐俭、权弘寿等为掾属、记室参佐等官；以鹰扬王长阶、姜宝谊、杨毛、京兆长孙顺德、窦琮、刘弘基等分别为左右统军、副统军。初步建立了军政机构。

大业十三年秋七月，李渊命三子李元吉为镇北将军、太原留守。他亲率大军三万，从太原出发，进军灵石县，在贾胡堡安营扎寨。当时隋朝武牙郎将宋老生屯兵霍邑，挡住了李渊的去路。这时，正值阴雨连绵，粮饷供应不足，又听说突厥与刘武周合兵攻打太原。裴寂劝道："太原是军事重镇，义军的家属都住在那里，应该先回师太原，等待时机再举大事也不迟。"李渊闻听，觉得很有道理，准备班师回太原。李世民反对回师，他说："突厥并未构成对太原的严重威胁，应先入咸阳，以号令天下。若遇到一点小小挫折就班师，不仅有挫士气，而且难成大事。"李建成也反对班师回太原。经过兄弟二人再三劝说，李渊才如梦方醒，命令世民和建成追回已经后撤的部分军队。

待到八月，霪雨停了，军粮也运到了。李渊带领军队直趋霍邑，派遣建成和世民各率

◎唐 蓝彩罐◎

数十名将士直逼城下叫阵。李渊将所率部队分为十数队，从城东南向西南，做安营攻城的架势。宋老生率兵三万出城交战。李渊命小队士兵假装后退，宋老生以为李渊惧怕，就率士兵前进，背城而战，李渊先命令殷开山率骑兵出击宋老生。此时，李世民等以轻骑插入敌后，控制了城门。前后夹击，宋老生兵败，死于城下。

平定霍邑后，李渊又连取临汾和绛郡。绛郡通守陈叔达很有才学，他听说李渊率兵而来，闭门拒守。李渊一面攻城，一面派人前去劝降。叔达隋朝大势已去，便迎李渊入城，并向李渊请罪，李渊以礼相待。

八月，李渊率人马至龙门县。突厥康鞘利等率骑兵五百人，马匹二千，会同刘文静从北而来。李渊设宴热情款待。

九月，李渊率军直逼河东。隋朝骁骑大将军屈突通撤掉桥梁，给李渊进军带来困难。李渊写信给当地的农民起义军首领孙华。孙华所率义军兵强马壮，泺水以北无人敢挡。当他收到李渊的书信后，十分高兴，率领他的心腹数十人前来见李渊。李渊拜孙华为左光禄大夫，封武乡县公，加冯翊郡守。

在孙华的引导下，李渊所部得以渡河，围攻河东。屈突通坚守不出。裴寂主张派重兵攻城，歼灭屈突通，以绝后患。李世民认为，此时兵贵神速，应避实就虚，直入关中。李渊听了儿子的建议，决定分兵两路，由李世民率部渡河入关，直取长安，同时以相当的兵力对付屈突通。

十一月，长安被李渊攻陷了。李渊进入长安后，下令封府库，收图籍，禁止掳掠，派建成和世民所部守城。城内百姓夹道欢迎，秩序井然。大街上人来人往，相顾欣然，似乎没有发生任何事情。

李渊立隋代王杨侑为皇帝，即隋恭帝，改元义宁，遥尊炀帝为太上皇。李渊为大丞相，进封唐王，位在王公之上。以武德殿为丞相府，设官理事，独揽军国大权，总理万机。又以陇西公李建成为唐国世子，敦煌公李世民为京兆尹，改封秦王，姑臧公李元吉为齐公。又以裴寂为丞相府长史，刘文静为司马。礼乐征伐，兵马粮仗，事无巨细，都归丞相府负责。李渊通过丞相府牢牢地控制着长安的局势，隋恭帝实际上是李渊的傀儡。

李渊为了进一步巩固自己的势力，大封功臣。义宁二年（公元618年）正月，封丞相府长史裴寂为魏国公，司马刘文静为鲁国公，其余诸将都有加封。晋阳旧吏都得到了一官半职。这些人盼望李渊早日做皇帝，大家好都能捞到更大的好处。

大业十四年（公元618年）隋炀帝被杀，李渊再也不需要隋恭帝了，便逼恭帝退位，然后在太极殿即位，国号唐，改元武德，大赦天下，建都长安。六月，册封李世民为尚书令，裴寂为尚书仆射，刘文静为纳言。不久，又立李建成为皇太子，李世民为秦王，李元吉为齐王。

从此，唐王朝登上了历史舞台。

历代名家点评

范文澜： 唐高祖爱好酒色，昏庸无能，只是凭借周、隋贵族的身份，616年得为太远留守。他起兵取关中，建立唐朝，主要依靠唐太宗的谋略和战功，他本人并无创业的才干，连做个守成的中等君主也是不成的。

毛泽东： 倜傥豁达，任性直率，宽仁荣众。

◎唐　特大贯耳瓶◎

玄武门之变与贞观之治

◎ 唐纪 唐高祖武德九年
◎ 公元626年

阅读提示

李渊建立唐朝，并立世子李建成为太子。但李世民功名日盛，李渊却犹豫不决。李建成随即联合李元吉，排挤李世民。李渊的优柔寡断，也使朝中政令相互冲突，加速了诸子的兵戎相见。

隋炀帝暴政、奢侈腐化、奴役百姓、穷兵黩武，破坏社会生产，激化社会矛盾，导致农民起义。李世民认识到了广大农民对封建统治稳定的重要性，吸取隋亡教训，调整统治政策，以缓和阶级矛盾，稳定社会秩序，恢复经济。

原文

庚申，世民帅长孙无忌等入，伏兵于玄武门。张婕妤窃知世民表意，驰语建成。建成召元吉谋之，元吉曰："宜勒宫府兵，托疾不朝，以观形势。"建成曰："兵备已严，当与弟入参，自问消息。"乃俱入，趣玄武门。上时已召裴寂、萧瑀、陈叔达等，欲按其事。

史纪风云

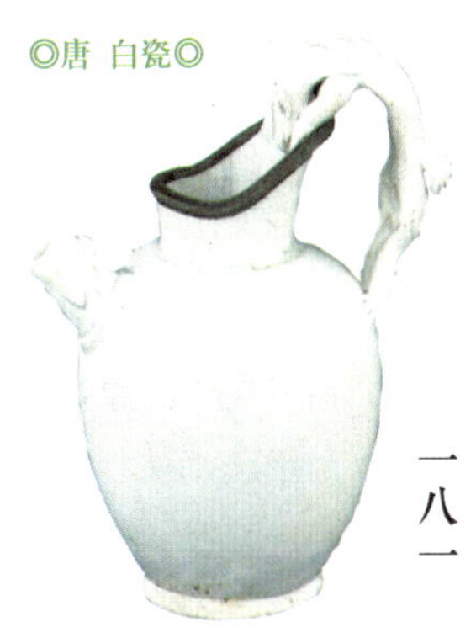
◎唐 白瓷◎

李渊夫人窦氏生了四个儿子，除幼子元霸夭折外，建成、世民、元吉三人部是晋阳起兵的核心人物，特别是建成和世民，被李渊倚为左右手。唐朝建立后，太子建成常居长安，辅佐父皇处理军国大事。随着秦王世民勋业日著，势位日隆，两人之间衅端渐起。

武德七年(公元624年)，战火渐息，皇室内部矛盾日见尖锐。围绕由谁继位这一核心问题，朝廷里发生了激烈的争斗，逐渐分裂为太子派和秦王派。

李世民身为次子，原无继位之望，但他对李唐立国的贡献巨大，不仅位极人臣，也有极高的威望。他手下文士荟萃，猛将如云。这些人的命运同李世民息息相关，已达到只知秦王不知有皇上的地步，更不用说太子了。他们深恐太子建成即位，失去今后的荣华富贵。

太子见秦王咄咄逼人，也在做积极的准备。李建成位居东宫，名正言顺，朝中既有多人拥戴，后宫也不乏奥援。特别是父皇李渊见诸子不和，在极力调停未能奏效之后，也日渐心向太子了。在军事力量上，李建成更得到了齐王李元吉的全力支持。因此，太子、秦王之争不仅是力量的角逐，更是智慧的较量。

武德九年(公元626年)，最后摊牌的时刻来到了。从年初开始，建成、元吉就积极活动，除大造舆论之外，先是收买秦府骁将，收买不成，又继之以迫害。接着，又赶走李世民身边的智囊人物。这年夏天，发生了突厥骑兵入塞侵扰之事。以往朝廷每有战事，多委李世民出征。这次却由李建成提议，遣齐王挂帅。得到李渊同意后，李元吉乘机请调秦府将领尉迟敬德等四人，并检阅李世民锐卒以充实齐府兵力。秦府上下也日夜聚谋，商量对策。这时，李建成定计，乘秦王为元吉饯行之机，席上杀掉李世民，以除心腹之患。不料，阴谋被李世民收买的东宫僚属侦知。李世民经过周密策划，决定先发制人，在玄武门设伏杀掉建成、元吉。玄武门是宫城北门，其守将表面上是太子亲信，暗中却早已为李世民所收买。

◎唐 龙雕◎

六月四日，李世民亲率死党十人，领兵埋伏于玄武门，等待建成、元吉。不久，建成、元吉两人入朝，行至临湖殿，发觉事态异常，正要退回，秦府伏兵冲出，李世民亲手射死建成，元吉被尉迟敬德所杀。接着，东宫、齐府精兵赶到，双方在玄武门展开恶战。尉迟敬德砍下建成、元吉的首级示众，东宫、齐府之兵才溃散。这就是历史上有名的“玄武门之变”。

事变发生后，身为皇帝的李渊也无可奈何，只得下诏立李世民为太子。两个月后，李渊便把皇位传给了李世民，史称唐太宗。

从武德九年(公元626年)八月即位，到贞观二十三年(公元649年)五月去世，唐太宗共做了二十三年皇帝。贞观时期，社会安定，政治清明，史称“贞观之治”。

隋末大乱之后，社会满目疮痍。生产破坏，粮食匮乏。在军事上，国内战火虽熄，但边境上仍狼烟不绝，突厥铁骑屡次南侵，不时威胁着新生的李唐政权。

对此，唐太宗采取了一系列对策。

在经济上，唐太宗注意农业生产的恢复和发展，强调民以食为天，粮食布帛重于珠宝玉璧。每次有使者回朝，他都要首先了解农作物生长情况和民间疾苦。贞观二年(公元628年)，京城地区发生旱蝗大灾，唐太宗吞食蝗虫，祈祝上天勿害百姓。这种不怕牺牲的精神，大大地鼓舞了百姓战胜天灾的信心。

为了发展农业，唐太宗力倡增加人口。他多次下诏，召回没入边外的西北汉人，有时还用金帛向突厥赎取。唐太宗奖励及时嫁娶和生育，并提倡鳏寡婚配。由于措施得力，贞观年间人口增长近一半，对经济发展起了重要作用。

唐太宗极其重视均田制的实行。一次，他到壶口村巡行，听说每丁只有三十亩田，十分不安，到深夜还不能入睡。此后，他采取很多措施，解决百姓耕地不足的问题，并严令禁止逾制占田。

唐太宗减少国家开支，大力提倡节俭。即位之初，他就散放禁苑鹰犬，罢免四方贡献，以后也注意克制己欲，力戒奢侈。在他的推动下，贞观年间侈靡之风得到了抑制。

百姓有了比较安定的生产环境，创造力得以发挥。二十多年间，基本上治愈了战争创伤，为唐朝的繁荣奠定了基础。

隋末政纲紊乱，唐太宗即位以后，立即着手整顿朝政，旨在加强内部团结，巩固统治基础。他首先把秦府的智囊人物，如房玄龄、杜如晦、长孙无忌等人提拔到中书省、吏部、兵部等要害部门，控制中枢。对父亲留下的旧班子也不一概排斥。

◎李世民◎

在政治体制上，唐太宗改革了宰相制度。自隋朝创立三省六部制以来，中书、门下、尚书三省长官组成宰相班子。但三省长官

※知识链接※

一代圣主李世民，他的光辉掩盖了玄武门后的血腥与阴谋。

人数少，位高望重，使用颇不灵便。贞观元年(公元627年)，太宗让御史大夫杜淹参预朝政，首开他官参知政事之门。以后，又陆续有中书门下平章事、同中书门下三品、参知机务等职，均为宰相，使品位较低的官员，有此头衔，也就跻身宰相之列了。这样，宰相人数增多，便于集思广益，充分发挥中枢核心的作用，而皇帝也能在更大的范围里挑选人才，保证了君权的独尊。

◎唐　越窑葫芦执壶◎

唐太宗还对武德年间草创的《唐律》作了重大修订，完善了封建法制。《唐律》是我国现存的最早的一部重要法典，对后世产生了深远的影响。

唐太宗重视文化教育，即位后，增建学舍，扩大国子学、太学、四门学的名额，并吸收少数民族和外国的学生，贞观年间国学之盛为世所罕见。隋时创立的科举制在贞观期间有了很大的发展，特别是进士科考试，到这时才被真正重视起来。有一次，唐太宗看见新考取的进士鱼贯而过，高兴地说："天下英才，都到我的门下了。"通过科举考试，人才集中到中央，又分配到地方去做官。

贞观年间，唐朝的外患是突厥。太宗即位刚几天，突厥骑兵就长驱直入，逼近长安。这时唐朝国力尚弱，唐太宗便先运用外交手段，使敌酋自相猜忌，又继之以金帛贿赂，使突厥退归塞外。唐太宗君臣经过周密准备，在条件成熟之后，发大军进攻东突厥。贞观四年(公元630年)，唐军取得了决定性的胜利，北方的严重边患基本上解决了。此后，唐军又征服了吐谷浑，平定了高昌、焉耆和龟兹，击败了西突厥，在西域取得了一系列重大的胜利。贞观二十年(公元638年)，唐军又平定了继东突厥之后的北方强族薛延陀，北方边境终于安定下来了。对于地处西藏的吐蕃政权，唐太宗以宗女文成公主嫁给吐蕃首领松赞干布，加强了西藏和内地之间的友好关系。

随着一系列的军事胜利，西北边境少数民族大量入居中原。这样，唐太宗不但受到各族的拥戴，而且声威远播域外，为世界各国所尊重，被各族酋长尊为天可汗，长安也成了国际性的大都市。

唐太宗认为，君臣应共同对治国负责。君主要虚心纳谏，臣下也必须知无不言。他认为一个人见识有限，处事难免不周。他指出以铜为镜，可以正衣冠；以古为镜，可以知兴替；以人为镜，可以明得失。唐太宗广开言路，鼓励臣下进言。贞观一朝，谏臣众多，讽谏成风。谏臣之中，特别以魏征最为著名。魏征一生中向太宗进谏二百余事，两人有时争得面红耳赤，但最后唐太宗多能接受魏征的进言。对于这样的臣属，唐太宗能备加爱护，不但屡加褒赏，并能保护他们不受谗言的中伤。魏征提出的“兼听则明，偏听则暗”的著名警言，成了唐太宗的座右铭。

在用人方面，唐太宗很有知人之明。他反对任人唯亲，注意广泛收罗人才。玄武门之变后不久，有人建议对秦府旧部普授武职，太宗当即反对，指出帝王以天下为家，不可私于一己，用人只能根据才德，怎可以亲疏为别。魏征本是太子旧人，早在武德五年(公元622年)，就曾提醒李建成防范秦王。但唐太宗赞赏魏征忠贞的品质，认为彼时各为其主，如委之以重任，也会忠于我的，因而对他深信不疑。马周本是一介布衣，到长安后住在旅店里，连店主都冷眼待他。一次偶然的机会，唐太宗看到马周代人写的奏章，立即召见他。马周未到之前，唐太宗还四次派人催促。后来，马周做了宰相，成了唐太宗信赖的股肱之臣。为了感激和表彰功臣，贞观十七年(公元643年)，唐太宗把帮助他治国平天下的二十四个功臣的画像悬于凌烟阁。

在广召英才的同时，唐太宗也严于吏治。有功必赏，有罪必罚，进贤者，退庸才。唐太宗很重视地方官的人选，把他们的名字记在屏风上考察政绩，对于犯法的官员一定严肃处理。杨师道是唐太宗的姐夫，一次失职获罪。事后，唐太宗对姐姐说：“赏不避仇，罚不阿亲，这是天下至公之道，我不敢违抗，因此很对不住姐姐。”唐太宗执法颇严，自己也能按法行事。

唐太宗性格豪放，善驭骏马，年轻时喜欢冲锋陷阵，于重围之中能左右开弓，从无惧色。即位以后，骑射围猎仍是他一大爱好。同时，他十分注意提高自己的文化素养，他博览经史，能诗善书。他是一位文武双全、多才多艺的人。

唐太宗励精图治，不敢稍息。中年以后，国势日升，他的功业也超迈古人，达到了巅峰。但他在魏征等人的督谏下，仍能居安思危。

唐太宗共有十四个儿子，其中皇后生的是长子李承乾、四子李泰和九子李治。唐太宗即位才两个月，就立八岁的李承乾为太子了。

承乾生于深宫，养尊处优，不谙世事，对于父辈创业的艰难不了解。他追逐声色犬马，交结群小，品行越来越坏，引起了唐太宗的不满。但是，废掉太子是一件大事，谁也不敢轻举妄动。

李承乾失德，引起胞弟魏王李泰对太子地位的觊觎。李泰聪敏过人，善作诗文，喜好读书，礼贤下士，颇得唐太宗的宠爱。唐太宗见太子不成器，言语之间，常露出废立

◎唐 青铜双变葵花镜◎

之意，同时明显对李泰表示宠爱。唐太宗想逐步争取朝臣对废立大事的同意，但是，元老重臣坚持立嫡以长，不断进谏，要唐太宗打消废立之意，不要宠爱魏王，轻视太子。唐太宗不得不放弃原意，在贞观十六年（公元642年）九月，委任直言敢谏、素孚众望的魏征为太子太师，辅佐承乾，以绝天下之疑。次年正月，又重申了承乾的太子地位。

不料，李承乾和同党鉴于处境险恶，竟迫不及待地举行宫廷政变，企图以武力逼迫太宗退位，夺取政权。政变很快流产，承乾被废，被流放到西南边陲。

李泰乘承乾被废之机积极活动，但元老重臣认为他的夺嫡行为触犯了礼法，坚决反对他入主东宫。太子、魏王两败俱伤，懦弱的晋王李治被抬上了太子位置。

这时，朝鲜半岛上的高丽、百济两国对新罗展开了进攻。新罗一向同唐廷友好，急派使者求援。唐太宗于贞观十九年(公元645年)发动了大规模的东征高丽之战。

这次出征，唐太宗亲任统帅。开始时，战事进展较为顺利，但在安市城下，却受到了高丽军队的全力抵抗。安市城险兵精，高丽又倾国来援。唐军连攻六十天，太宗亲到城下督战，仍未能攻下。唐军粮草不继，士兵冻馁，死伤很多。唐太宗见胜利无望，只得下令撤兵。

回长安后，太宗开始服食丹药，以求长生。然而，金丹非但无补于身，反而加速了死期的到来。

贞观二十三年(公元649年)五月，唐太宗因病逝世，终年五十三岁。

历代名家点评

司马光：唐太宗不以天下大器私其所爱，以杜祸乱之原，可谓能远谋矣！

司马光：立嫡以长，礼之正也。然高祖所以有天下，皆太宗之功；隐太子以庸劣居其右，地嫌势逼，必不相容。

毛泽东：自古能君无出李世民之右者。

毛泽东：自古以来最能打仗的人。

成语典故

兼听则明，偏信则暗

听取多方面的意见，就能明辨是非，正确地认识事物，但听信一方面的话就糊涂，会犯片面性的错误。《资治通鉴·卷一百九十二》："上（唐太宗）问魏征曰：'人主何为而明，何为而暗？'对曰：'兼听则明，偏信则暗。'"

武则天称帝

◎ 唐纪 则天皇后天授元年
◎ 公元690年

阅读提示

唐初，农村贫富分化日益发展，大批普通地主涌现出来。他们是新兴阶层，对贵族子弟深为不满。他们要求有更多的机会参与政权，要求取得一定的社会地位。武则天满足了这部分人的要求，得到了他们的支持，武则天的势力也越来越大。

原文

九月丙子，侍御史汲人傅游艺帅关中百姓九百馀人诣阙上表，请改国号曰周，赐皇帝姓武氏。太后不许，擢游艺为给事中。于是百官及帝室宗戚、远近百姓、四夷酋长、沙门、道士合六万馀人，俱上表如游艺所请，皇帝亦上表自请赐姓武氏。戊寅，群臣上言：有凤皇自明堂飞入上阳宫，还集左台梧桐之上，久之，飞东南去，及赤雀数万集朝堂。

庚辰，太后可皇帝及群臣之请。壬午，御则天楼，赦天下，以唐为周，改元。乙酉，上尊号曰圣神皇帝，以皇帝为皇嗣，赐姓武氏，以皇太子为皇孙。

◎唐 巩县窑白釉双系执壶◎

史纪风云

唐高祖武德七年(公元624年)正月二十三日，武则天生于四川广元城中一个官宦之家。父亲武士彟，祖籍并州文水。武士彟原是做木材生意的商人，隋炀帝大业年间，大兴土木，武士彟借机发了财，因此获得与上层人物结交的机会，并取得了鹰扬府队正(下等军官)的职衔。大业十三年(公元617年),李渊在晋阳起兵,武士彟担任军需官,随军进入长安,因功拜光禄大夫,封太原郡公,跻身于十四名开国功臣之列。

武德三年(公元620年),武士彟原配夫人去世,由唐高祖为媒,武士彟迎娶了隋朝宗室宰相杨达之女。杨氏生下三女,武则天排行第二。

贞观九年(公元635年),武士彟死在荆州都督任上。前妻生下的两个儿子武元庆、武元爽和他们的堂兄弟武惟良、武怀运等经常为难杨氏,武则天孤女寡母四人在长安提心吊胆地过日子。

武则天十四岁时,出落得如花似玉,十分惹人喜爱。这时,唐太宗的长孙皇后去世了,太宗听说武则天美艳绝伦,便将她召入宫中,立为才人。临别时,杨氏伤心地哭了,深为女儿的未来担忧。武则天坦然地说:"见天子说不定是福气哩,何必悲伤啊?"入宫后,太宗赐号武媚,人称武媚娘。从此,武则天跟随太宗整整生活了十二年。唐太宗是中国历史上极有作为的皇帝,他励精图治,创造了贞观之治,唐太宗的一言一行对武则天产生了很深的影响。

贞观十七年(公元643年),太宗封李治为太子。

贞观二十三年(公元649年),太宗病重,李治进宫侍疾,看到武则天的美貌,顿时产生了爱恋之心。这年五月,唐太宗去世,武则天被削发为尼,送进感业寺。

次年,太宗周年忌日那天,高宗李治到感业寺进香,见到武则天,毅然把她接入宫中,结为夫妻。

※知识链接※

在中国封建王朝历史上,第一个掌权的女人是吕雉(刘邦的皇后),但未称帝。最后一个掌权的女人是叶赫那拉氏(慈禧太后),亦未曾称帝。

武则天与高宗共生下四男二女,唐高宗共有子女十二人,后面六个都是武则天所生。

不久,高宗下诏废掉王皇后,立武则天为皇后,并让她参政了。

武则天在参预朝政期间,逐步增强了权势欲,享受到了最高统治者的乐趣。她要取李氏而代之,当女皇帝了。

许敬宗、李义府等人支持武则天当皇后,为武则天出谋划策,并劝说高宗立武氏为后。因此,武则天当上皇后之后,对他们

◎唐 张宣《捣练图》(局部)◎

此图描绘了唐代城市妇女在捣练、络线、熨平、缝制劳动操作时的情景。画中人物动作凝神自然、细节刻画生动,使人看出扯绢时用力的微微后退后仰,表现出作者的观察入微。其线条工细遒劲,设色富丽,其"丰肥体"的人物造型,表现出唐代仕女画的典型风格。

倍加信任和重用。在武则天的唆使下，许敬宗、李义府等人制造谗言，诬陷长孙无忌、褚遂良、韩瑗、于志宁等老臣，因为他们都是反对武则天当皇后的。对长孙无忌，许敬宗费尽心机诬陷他谋反。最后，高宗含着眼泪说："舅父即使真有谋反之罪，我也不忍心把他杀掉。杀了他，天下人将怎样议论我，后世人将怎样看待我呢?"许敬宗便举出汉文帝杀死舅父薄昭的例子，强词夺理地说："无忌受两朝大恩，尚且谋反，比薄昭的罪还大，陛下为什么要犹豫呢?俗话说：'当断不断，反受其乱。'若不尽快杀掉无忌这个奸雄，陛下将会后悔莫及的。"最后，高宗终于把长孙无忌杀死，而且株连许多人。武则天在当上皇后以后的四五年内，把长孙无忌等主要政敌杀的杀，贬的贬，流放的流放，从此，朝中大臣站在武则天一边的越来越多，政权逐渐落到了武则天的手中。

◎唐三彩 陶骆驼载乐俑◎

显庆五年(公元660年)冬天，高宗得了风眩病。病发作时，头晕眼花，看不见东西。于是，朝中政事都由武则天处理了。武则天本来就很聪明，读过许多书，这些年，她又积累了不少从政经验。因此，她处理起政务来既快又好，很合高宗的心意，得到了高宗的赞赏。

武则天在朝中笼络了一批大臣，安插了许多耳目，势力一天天膨胀，地位一天天巩固。她开始抖威风，有野心了。

高宗看出苗头，忙与宰相上官仪商量对策。上官仪原是太子李忠的亲信，是反对武则天干预朝政的。听了高宗的话，他建议说："皇后专权，天所不容。陛下应该降诏废掉她。"于是，高宗便让上官仪拟写了一份废掉皇后的诏书。武则天早已在高宗身旁安插了耳目，这件事她立即就知道了。她赶来责问高宗说："我到底犯了什么罪，为什么一定要废掉我呢?"高宗一时张口结舌，推卸责任说："我本来没有这个意思，是上官仪给我出主意，让我这样做的。"于是，武则天指使许敬宗诬告上官仪，说他与前太子李忠合谋造反，不久便把上官仪和李忠都杀了。从此，高宗对武则天俯首帖耳，言听计从，不敢再作他想了。

不久，武则天提出"建言十二事"，包括劝桑、薄赋徭、息兵、广言路等十二项内容，涉及国家政治、经济、军事、社会等各方面。

上元二年(公元675年)，高宗因风眩病加重，打算让武则天公开出来主持朝政。宰相郝处俊首先反对说："天子处理天下大事，皇后管理宫内事务，这是古今不变之理。魏文帝曹丕就曾告诫子孙，不许皇后临朝听政，这是为了防止祸乱发生。如今唐朝的天下是高祖、太宗打下的，陛下怎么能不传给子孙，却偏要传给皇后呢?”一个叫李义琰的大臣也附和着说：“处俊之言有理，他若不是忠臣，是不会说出这样的话的。陛下如能听从他的话，就是国家之幸、百姓之福啊!”这使武则天认识到，要想掌握天下的权力，实现自己的抱负，就必须不断削弱这些宰相和大臣的权势，而且首先要严防太子或其他皇子起来夺取政权。于是，她开始了对太子和诸皇子的斗争。武则天生有四个儿子：长子李弘、次子李贤、三子李显、四子李旦。

显庆元年(公元656年)，高宗废掉太子李忠，立李弘为皇太子。李弘性情仁厚，深得父亲和大臣们的喜爱。在高宗与武则天的矛盾中，他也总是站在父亲一边，不赞成母后掌权，武则天早就对他不满了。

一天，李弘路过一个庭院，看见肖淑妃所生的两个公主满面愁容，十分憔悴。她们已经三十多岁了，因为母亲的缘故，还没有出嫁。李弘心里十分难过，跑到高宗面前，请求高宗让她们出嫁。高宗答应了，武则天却震怒了。当天，她下令将两个公主嫁给了宫廷卫士，这是对两个公主的极大侮辱。没过几天，武则天又毒死了李弘。李弘一死，太子的宝座自然轮到二儿子李贤了。

李贤自幼喜爱读书，兄弟四人中，李贤天分最高，又聪明又好学，过目不忘，深受父亲钟爱。李贤被立为太子之后，便召集一些有学问的人，注释范晔著的《后汉书》。李贤为什么要注《后汉书》呢?因为后汉时皇后临朝听政的很多，李贤的用意是借古喻今，反对皇后掌政。他和哥哥李弘一样，对父亲特别亲近，而和母亲比较疏远。当时，有个深得武则天信任的方士名字叫明崇严，他经常在武则天面前说太子李贤的坏话。他对武则天说：“李贤不如英王李显，李显的相貌很像太宗。相王李旦也长得不凡，有大富大贵之相。”李贤听了这话，自然对明崇严怀恨在心。

不久，明崇严被人刺杀，凶手始终没有捉到，武则天怀疑是太子干的。太子喜欢美女，常赏赐她们。于是，武则天便借口太子行为不端，派人到东宫搜查。在搜查中发现东宫里有黑色的铠甲数百领，武则天便说：“这是太子要造反的证据，要给他定罪。”高宗说：“尚武之家，有些铠甲算什么?罪过不大，可以宽大

◎武则天◎

处理。”武则天则说：“当儿子的背叛老子，这是天地不容的事。现在，应该大义灭亲，怎么能赦免呢？”高宗无可奈何，只得将太子李贤废为庶人，流放到巴州，另立李显为太子。

弘道元年(公元683年)十二月，高宗去世，李显即位，史称唐中宗。中宗很昏庸，他听皇后韦氏的话，要提升皇后的父亲韦玄贞做侍中。宰相裴炎不同意，中宗发怒道：“我就是把天下给了韦玄贞，又有什么不可以的呢？”武则天听说后，立即召集文武官员商议，废中宗为庐陵王，立李旦为皇帝，史称唐睿宗。

从此，所有政事都由武则天裁决，睿宗不能过问，事实上等于被幽禁在宫中了。武则天对被废的太子李贤很不放心，第二年，她派人前往巴州将李贤杀死。

武则天将朝中大权掌握在自己手中后，即开始了改朝换代、做女皇的准备工作。她首先将洛阳改为神都，接着又更改百官的名称、宫殿的名称、旗帜的形式以及朝中官员的服饰颜色等等。不久，她着手为祖宗七代建立祠庙，对前一代祖宗进行追封。当时，只有当皇帝的才有资格给自己的祖宗建立七庙。武则天这样做，是明白告诉天下人，她要当女皇了。因此，引起了忠于李氏王朝的一些人的反对。

文明元年(公元684年)九月，柳州司马徐敬业等人以恢复庐陵王李显的皇位为名，发动了反对武则天的政变。徐敬业还在扬州找来一个和李贤生得十分相似的人，让他出来冒充李贤，并扬言说：“原太子李贤没有死，他现在就在扬州城里，我们就是得到他的命令才起兵的。”这样，仅十几天就召集了十几万人马，并任命唐之奇、杜求仁为左右长史，李示臣、薛促璋为左右司马，魏思温为军师，骆宾王为记室，向朝廷发起了进攻。

为了说明起兵的原因，争取各地官兵和百姓的响应，骆宾王起草了一篇讨伐武则天的檄文，号召全国各地的臣民起兵讨伐武氏。

徐敬业起兵的消息和这篇檄文，很快传到神都洛阳。武则天拿到檄文，仔细阅读，对于其中一些辱骂她的话并不恼怒，只是笑笑而已。当最后读到“一抔之土未干，六尺之孤何托”及“试看今日之域中，竟是谁家之天下”几句话时，不禁开口问侍臣说：“这篇檄文是谁写的？”侍臣回答说：“是骆宾王。”武则天说：“文章写的着实不错，这样会写

※知识链接※

武则天首创“武举”，使科举制度比隋唐时更加完善。

◎唐　菱花形琴棋图金花银盘◎

文章的人，为什么不加以重用呢？这是宰相的过错啊！”在这紧要关头，宰相裴炎不但没有积极组织平叛，反而乘机要挟武则天还政于睿宗，他说：“如果太后把权力交给李旦，叛乱就会不讨自灭的。”武则天便将其逮捕入狱。不久，将裴炎斩首。

武则天调动三十万大军，任命李孝逸为扬州大总管，率军从洛阳出发，沿运河、汴水南下平叛。又任命左鹰扬大将军黑齿常之为江南道大总管，协同作战。徐敬业、骆宾王接连败退，最后企图出海逃往高丽，因海风阻挡不能启航，为部将所杀。叛乱平息了。

武则天掌政的五十余年间，未曾发生过大规模的农民起义，社会秩序比较安定，百姓生活有所好转。唐高宗永徽三年(公元652年)，即唐太宗死后的第三年，全国只有三百八十万户，到了武后神龙元年(公元705年)，已经发展到六百一十万户，差不多增加了一倍。

武则天于天授元年(公元690年)称帝，国号周，史称武周。她改革了科举制度，初行殿试，首创武举。她知人善任，选拔了一批优秀人才。她勤劝农桑，减轻赋税，使社会经济出现了繁荣景象。

神龙元年(公元705年)，八十二岁的武则天在洛阳病逝。

历代名家点评

郭沫若：武则天自然不是什么十全十美的完人，历史上从来没有过这样的完人，但她基本上是一位杰出的历史人物。

吴晗：武则天不止继承了唐太宗而且还为开元时代打好了基础，是个承先启后的人物，是个历史上关键性的人物。她一方面反对保守派，一方面引用全国各方面（包括各族）人才，在她统治的年代里，人才辈出，培养了很多政治家，在这以前，这些人是达不到这样政治地位的。

成语典故

请君入瓮

比喻用某人整治别人的办法来整治他自己。《资治通鉴·唐纪·则天皇后天授二年》："或告文昌右丞周兴与丘神勣通谋，太后（武则天）命来俊臣鞫之。俊臣与兴方推事对食，谓兴曰：'囚多不承，当为何法？'兴曰：'此甚易耳！取大瓮，以炭四周炙之，令囚入中，何事不承？'俊臣乃索大瓮，火围如兴法，因起谓兴曰：'有内状推兄，请君入此瓮。'兴惶恐，叩头伏罪。"

开元盛世

◎ 唐纪 唐玄宗开元元年
◎ 公元713年

阅读提示

从神龙元年武则天被推翻起，到开元元年，前后不到八年的时间，政变发生了七次，皇帝更换了四次，政局极为动荡不安。唐玄宗就是在这种情况下即位的。

原文

王琚言于上曰："事迫矣，不可不速发。"左丞张说自东都遣人遗上佩刀，意欲上断割。荆州长史崔日用入奏事，言于上曰："太平谋逆有日，陛下往在东宫，犹为臣子，若欲讨之，须用谋力。今既光临大宝，但下一制书，谁敢不从？万一奸宄得志，悔之何及！"上曰："诚如卿言，直恐惊动上皇。"日用曰："天子之孝在于安四海。若奸人得志，则社稷为墟，安在其为孝乎！请先定北军，后收逆党，则不惊动上皇矣。"上以为然。以日用为吏部侍郎。

史纪风云

李隆基是武则天的亲孙子，唐睿宗李旦的第三个儿子。

李隆基从小胸怀大志，以"阿瞒"自诩。阿瞒是曹操的小名。

七岁那年，李隆基到朝堂参加祭祀时，金吾将军武懿宗对他的随从大声呵斥，李隆基声色俱厉地斥问道："我家朝堂，干你何事？你怎敢欺辱我的随从？"祖母武则天听说此事后，不禁对李隆

◎唐 四系花边罂瓶◎

基另眼相看了。第二年，李隆基被封为临淄郡王。

唐中宗神龙元年(公元705年)，张柬之逼迫武则天退位，拥中宗李显复位。中宗昏庸懦弱，大权操在韦皇后和女儿安乐公主手中。张柬之等功臣被贬逐，太子李崇俊等人被杀。

韦皇后任用堂兄韦温等人掌握大权，纵容安乐公主卖官鬻爵，大肆建筑寺院道观，劳民伤财，致使朝政日下。

唐中宗景龙四年(公元710年)，唐中宗被韦后鸩死。韦后要效法武则天做女皇。

这时，武则天的第四个儿子李旦还有相当的势力，作为李旦的第三子，李隆基也在悄悄积蓄力量，在身边会聚了一批有才能的文臣武将，成为韦后专权的主要障碍。因此，韦后要将李隆基置于死地。李隆基先发制人，没等韦后动手，便与姑母太平公主合谋发动政变，率羽林军万骑抢先攻入皇宫，将韦后及其党羽一网打尽。接着，由太平公主出面，恢复了唐睿宗李旦的帝位，李隆基也因功被立为皇太子。

◎唐 白瓷双龙尊◎

平底足；小盘口，长脖颈；颈部由环状螺纹做装饰。浑圆腹，下部渐收敛，半釉。尊颈两侧提把为两条龙，龙尾与腹肩连接；龙身立起，龙头探向尊口，龙嘴与盘口连接，呈贪婪吸水状；龙身弯曲，弓背部有乳钉装饰；双龙曲线对称，整体和谐，器形优美，犹如一尊奖杯，具有典型的波斯风格。

唐睿宗也是一个昏懦的帝王，甘心听任太平公主的摆布。太平公主借拥戴之功，大树私人势力，左右朝政。在宰相七人之中，有四人是她的亲信。文臣武将大半都归附了她。开始时，她认为李隆基年轻，不以为意。后来，她见李隆基十分英武，对自己专权不利，便把进攻的目标对准了李隆基。她造舆论说："现在的太子不是长子，不应当立为太子，立了必有后患。"因此，李隆基的皇储地位并不稳固。

唐睿宗太极元年(公元712年)，唐睿宗让位给李隆基。李隆基即位，史称唐玄宗。

唐玄宗即位后，三品以上官员的任免及军国大事仍由唐睿宗决定。这期间，唐玄宗与太平公主的关系极为紧张，双方的决斗已势不可免。

唐玄宗开元元年(公元713年)，唐玄宗获悉太平公主及宰相窦怀贞等将率羽林军发动政变，便抢先下手，率兵杀掉太平公主及其党羽数十人，依附太平公主的官吏全被驱逐。至此，动荡的局势终于稳定下来，唐玄宗获得了全部政权。

长期的宫廷政变削弱了中央政权的力量，吏治腐败，官吏冗滥。唐玄宗在开元三年(公元715年)宣布说："官不滥升，才不虚受，唯名与器，不可以假人。"

在开元年间，唐玄宗任人唯贤。他所任用的宰相，姚崇尚通，宋璟尚法，张嘉贞尚吏，张说尚文，李元纮、杜暹尚俭，韩休、张九龄尚直，各有所长，多有政绩。

姚崇是著名的贤相，曾向玄宗提出十项建议，大意是勿贪边功，广开言路，奖擢诤臣，租税之外不得接受馈赠，勿使皇亲国戚专权，勿使宦官专权等。唐玄宗都接受了，从而奠定了开元年间的施政方针。

◎唐三彩 镇墓兽◎

与姚崇同时担任宰相的还有卢怀慎。一次，姚崇请假十多天，政务积压，卢怀慎不能处理。待姚崇回朝后，很快就处理妥帖了。因此，人称姚崇为“救时宰相”，而呼卢怀慎为“伴食宰相”。

但卢怀慎为官廉洁，两袖清风，从来不戴金银饰物，不穿锦绣衣裳。家中一贫如洗，住房不蔽风雨。唐玄宗用他为相，是为了给百官树立一个廉洁的榜样。

开元初年，黄河南北连年发生蝗灾。蝗虫遮天蔽日，所落之处苗草立尽。由于捕杀不利，中州一带赤地千里，饿殍遍野，物价飞涨，民心不稳，政局动荡。姚崇对此十分关注，请唐玄宗降诏郡县及时捕杀蝗虫。

山东地方蝗灾严重，地方官倪若水上书拒绝捕杀说：“蝗虫乃是天灾，人力怎能捕杀？朝廷如行德政，蝗灾自然消止。”姚崇立即回信说：“依你所说，若地方官实行德政，飞蝗也就不会入境了。你那里蝗虫为害，那不就说明你无德吗？”倪若水被质问得十分尴尬，再也不敢抗命了。

官府为奖励治蝗，规定捕蝗一斗，奖粮一斗，捕蝗一石，奖粮一石。蝗灾被有效地制止了。因而尽管蝗灾连年，灾区也未发生大的饥荒。

姚崇曾兼任兵部尚书，边疆上屯兵的地点和兵马器械的数字，他都了如指掌，把公事办得井井有条。

玄宗任命宋璟继姚崇为相。宋璟注意选用人才，使官吏都能称职。一次，吏部选人，他的远方叔父宋元超说明自己与宋璟的关系，想得到好的差使。宋璟知道后，特地关照吏部，不给宋元超官职。

张九龄是广东人，当时，岭南是荒远的地方，那边的人不易做大官。由于张九龄才能出众，玄宗才任命他做宰相。他执政时，已到了开元后期。每见唐玄宗有什么过失，他总是极力劝谏。

玄宗有一天照镜子，默默不乐。他身边的太监说：“自从韩休任相，陛下比以前瘦多了。为什么不罢了他的官呢？”玄宗说：“我虽瘦了，天下必肥。选相是为了社稷，岂能为我一人啊！”

玄宗不仅任用贤相，还刷新吏治，整顿官僚队伍。在这方面他采取了许多措施。

◎唐 梁令瓒《五星二十八宿神形图》（局部）◎

一是裁汰冗员，精简机构，一举裁汰了员外官、试官、检校官数千人，大大精简了官僚机构，提高了办事效率，也节约了财政开支。

二是恢复谏官、史官参加宰相议事的制度。唐太宗时，皇帝与宰相议事，允许谏官与史官参加，这可以减少朝政的弊端。武则天参与朝政后，许敬宗、李义府担任宰相，徇私舞弊，不敢把朝政公开，取消了谏官和史官参加宰相议事的制度。这样一来，谏官无法直接了解皇帝与宰相的活动内幕，只能听宰相一面之辞，很难及时提出中肯的意见。开元五年(公元717年)，玄宗下令恢复贞观年间的议事制度，除了朝内特殊机密外，允许谏官、史官参加皇帝与宰相的议事会议。

三是重视县令的选择。玄宗说：“郡县是国之根本，郡守县令是政之先导，朕常注意于此。”玄宗有时对县官亲自出题考试，了解应考者是否通晓治国之道，凡是考试成绩优秀者即被任用，拙劣者即被罢免。唐玄宗刚即位时，把新上任的二百名县令重新召到大殿上，亲自出题考试，结果只有一人合格。唐玄宗大怒，将不合格者全部革职，让他们重新学习。主考官则受到降职的处分。开元四年(公元716年)，在县令考试中，有四十五人不合格。这些人立即被淘汰了。不仅如此，当县令上任之前，玄宗总是亲自召见，面授机宜。

四是实行严格的考核制度。通过严格的考核制度检查地方官的政绩，作为黜陟的依据。为此，玄宗专门颁布了《整饬吏治诏》，规定每年十月，委派各道按察使到各地巡视风俗，观察得失，将地方官的政绩按五等划分，然后上报吏部长官。上等为最，下等为殿，中间三等依次定出优劣。改转任为升降，刺史第一等授与京官。又选京官有才识者出任都督、刺史。开元十六年(公元728 年)，玄宗亲自选廷臣出任刺史。玄宗推行的考核制度，减少了地方官贪赃枉法的现象，对改善地方吏治起了积极作用。

五是严明赏罚。玄宗有善必赏，用以劝能；有罪必诛，用以惩恶。开元年间，玄宗贯彻了这一精神。同州刺史姜师度极其重视农业生产。在任期间，他组织农民开凿朝邑、河西二县的通灵陂，并引雒水及黄河灌溉土地达二十万亩。玄宗了解到这个情况后，大为赞赏，专门颁布了《褒姜师度诏》，赐帛三百疋，加封金紫光禄大夫。营州都督宋庆礼组织兵民屯田八十余所，数年之间，仓廪丰实，居民渐富。玄宗提拔宋庆礼到朝廷担任御史中丞。对那些贪赃枉法之徒，不论其职位多高，都依法制裁。如刺史裴景先非法聚敛五千匹绢，玄宗亲自下令将其处死。

※知识链接※

开元之治是唐玄宗（李隆基）统治前期所出现的盛世。唐玄宗治国初期，以开元作为年号，那时玄宗励精图治，并且任用贤能，发展经济，提倡文教，使得天下大治，史称“开元盛世”。

玄宗在位的前半期，不仅文治取得了很大成就，而且武功也赫然可观。

玄宗即位时，西域的碎叶和庭州、北方的云州以北地区以及辽西十二州都已被突厥、契丹奴隶主贵族占领，陇右及河北人民经常惨遭劫掠和屠杀。唐朝的统一被破坏，丝绸之路也断了。

玄宗即位后，为彻底解决边境问题，巩固唐政权，维护统一，采取了一系列措施。他颁布《练兵诏》，令西北军镇增加兵员，加强军事训练，不得供其他役使。唐军很快打败了入侵之敌，不仅维护了国家的统一，也有利于对外经济文化的交流。

玄宗深知民以食为天，他重视农业生产，于开元年间在全国兴修了很多水利工程。蓟州三河开了孤山陂，灌田二十万亩。蔡州新息县修了玉梁渠，灌田三十万亩。晋阳文水县开了甘泉渠和灵长渠，灌田数万亩。玄宗在位期间，全国共建五十项重大水利工程，超过了高宗、武周两朝所建水利工程之和，相当于唐朝水利工程的百分之二十以上。

开元二年，他果断地将乘舆服御和金银器玩移供军国之用，又将珠玉、锦绣焚于殿前。后妃以下服装都不得佩珠玉，刺锦绣。还禁止天下采珠玉，织锦绣等物。

为了打击奢侈之风，唐玄宗给官员规定了服饰制度：三品以上的官员可以佩玉，四品官佩金，五品官佩银。其余官员禁止佩任何饰物。

◎唐 “大圣遗音”伏羲琴◎

唐玄宗还下了一道《出宫人诏》，通告天下不再选美人宫，并裁汰宫女，用牛车将她们载送回家。

作为富有四海的一国之君，唐玄宗有时抑制不住自己的欲望，想要放纵一下。一次，有人告诉唐玄宗说：“南海一带有许多奇珍异宝，灵丹妙药。”唐玄宗听后，怦然心动，马上要派人去寻。这时，一个大臣犯颜直谏道：“陛下前年在殿前焚毁珠玉、锦绣，立志不用奢侈之物。现在，陛下要寻的东西和前年焚毁的东西有何区别呢？”唐玄宗听了，猛然醒悟，立即打消了寻宝的念头。

在私生活方面，唐玄宗将兄弟关系处理得很好。他兄弟很多，常在身边的有五个，人称“五王”。他不像过去的皇帝那样，将亲兄弟视为争夺皇位的对头而加以防范，而是不让他们被别人利用。因此，他一方面不让他们从政，免得和大臣来往；一方面对他们体贴入微，照顾周到。

玄宗在宫中造了个大床，做了个大被，和五王同床共被而寝。一天，他的兄弟薛王李业得了病。他愁容满面，茶不思，饭不想，急得团团转。为了给李业治病，他亲自熬药，一不小心烧了胡子。左右的人吓坏了，忙上前拉他。他笑了笑说：“如能治好兄弟的病，烧了些胡子算什么？”

唐玄宗极其重视皇帝的尊严。一天，他病倒了，薛王的内弟背地里和一个大臣议论了一番。事后，唐玄宗知道了，便下令将薛王的内弟活活地打死了。

皇后的妹夫长孙昕因与大臣李杰不和，将李杰痛打一顿。唐玄宗知道后，勃然大怒，将长孙昕处死，并向李杰赔礼道歉。

唐玄宗赏罚分明，软硬兼施，既约束了皇族，又笼络了朝臣，从而稳定了政权。

开元年间，由于君臣的文治武功，造成了清明的政治局面，出现了“开元之治”的盛况。开元年间赋役不重，海内富足，物价低廉，两京一斛米价钱不满二百，一匹绢也同样便宜。犯罪急剧减少，开元十八年(公元730年)，全国犯死罪的只有二十四人。开元二十五年(公元737年)，全国人口多达四千八百一十四万。

玄宗是我国古代十大音乐家之一。他见天下已经大治，便将国事交给宰相去管理，自己则专心搞他所喜欢的音乐去了。不幸的是，他这次所任命的宰相都是奸相，一个是李林甫，另一个是杨国忠。由于奸相当权，邪恶势力在朝廷占了上风，政治一天天腐败下去。不久，安史之乱爆发，唐朝开始走下坡路了。

◎唐 鎏金铜佛◎

历代名家点评

司马光：明皇之始欲为治，能自刻厉节俭如此，晚节犹以奢败。甚哉奢靡之易以溺人也！《诗》云：“靡不有初，鲜克有终。”可不慎哉！

成语典故

冰山难靠

比喻表面煊赫一时但没有长远的生命力的势力，依附它很不可靠。《资治通鉴·唐纪玄宗天宝十一年》：“或劝郏郡进士张象谒国忠，曰：‘见之，富贵立可图。’象曰：‘君辈倚杨右相如泰山，吾以为冰山耳！若皎日既出，君辈得无失所恃乎？’”

老奸巨猾

形容人及其奸诈狡猾。《资治通鉴·唐纪玄宗开元二十四年》：“（李林甫）好以甘言啗人，而阴中伤之，不露辞色，凡为上所厚者，始则亲结之，及位势稍逼，辄以计去之。虽老奸巨猾，无能逃于其术者。”

黄巢起义

◎ 唐纪 唐僖宗乾符二年
◎ 公元875年

阅读提示

唐懿宗和僖宗时，最高统治集团的奢侈腐化达到极点，唐对南诏的战争也愈演愈烈，从而对人民的赋敛日益加重。关东一带，连年水旱。农民蓬实当粮，槐叶为菜，拆屋伐木，卖妻鬻子，百姓怨声载道。

原文

黄巢方攻亳州未下，尚让帅仙芝徐众归之，推巢为主，号冲天大将军，改元王霸，署官属。巢袭陷沂州、濮州。既而屡为官军所败，乃遗天平节度使张杨书，请奏之。诏以巢为右卫将军，令就郓州解甲；巢竟不至。

史纪风云

黄巢是唐末曹州冤句人，能骑善射，喜欢读书。父亲是个卖盐的生意人，总想改变一下世代贩盐的门庭，把希望都寄托在黄巢的身上了。

黄巢在父亲的影响下，曾想通过科举考试寻找一条出路。十载寒窗，黄巢读通了经史子集，诗作得尤其好，是远近闻名的才子。但他多次进京赶考，都名落孙山了。当时，朝廷的考场同官场一样腐败，不是官僚和富家子弟，根本不予录取。

考场上连连失意，使黄巢深刻地认识到朝廷的黑暗。于是，他放弃了当官的念头，像父亲一样开始了贩盐生涯。

唐廷严禁贩卖私盐，违者轻则罚款，重则处以死刑。一家贩卖私盐，左邻右舍都要受到株连。私盐贩子为了抗拒官府的搜捕，往往结成武装盐帮，同官军斗争。这样，私盐贩子逐渐成了反抗朝廷的一支重要力量。

曹州一带贩卖私盐的很多。黄巢在贩盐时，结识了许多朋友。其中有一个叫王仙芝的，是濮州的私盐贩子。后来，两人都成了盐帮的首领。黄巢读过很多书，为人十分大度，在盐帮里名气很大。

唐懿宗咸通十四年(公元873年)，关东水旱成灾。但州县官吏为了虚报政绩，早些升官，竟隐瞒灾情，不肯上报。结果，致使流民遍地，饿殍蔽野。百姓实在活不下去，一场暴风骤雨般的起义终于爆发了。

唐僖宗乾符元年(公元874年)，王仙芝与尚让、尚君长兄弟率领数千农民在长垣起义了。王仙芝自称“天补平均大将军兼海内诸豪都统”，并发布檄文，斥责朝廷奸臣误国，赋税繁重，赏罚不平。起义军受到百姓的拥护，很快攻下濮州、曹州等地。

黄巢得知王仙芝起义的消息后，高兴极了。他立即同哥哥黄存、弟弟黄邺、黄揆、黄钦、黄秉、黄万通、黄思厚、外甥林言一起商议起义大事。黄氏兄弟为人正直，性格刚强，武艺超群，他们一致公推黄巢为首领，率众举义了。八兄弟到各地联络贫苦农民和私盐贩子，几天后就聚集了数千人。

◎唐 鎏金婴戏纹银壶◎

酒器。银质，鎏金。侈口，高颈，球腹，圜底，底有三足已失。颈部自上而下刻联珠纹、折带纹及蔓草纹。腹部刻三组人物图案：一幅童子舞乐图，正中一童子立圆垫上，作金鸡独立舞，左右两童伴奏；另一幅童子斗草图，两童子坐草地上勾草比试；第三幅为说唱图，一人头戴幞头，穿长袍，手持云板，立于方垫上说唱，左一人捧乐器，右一人着短装，作行走状。三组图案以针叶、草叶纹相间，底外刻十二重瓣莲一朵。

黄巢起义后，带领部队到曹州同王仙芝会师。两支队伍在曹州会师后，不久就汇成了一股十几万人的大军。义军在山东、河南一带纵横驰骋，所向无敌。

百姓起义的奏章报到唐廷后，吓坏了唐僖宗。这年，他才十三岁。他是在宦官和权臣的扶持下当上皇帝的，一切都听宦官头子田令孜的。在田令孜授意下，唐僖宗派平卢节度使宋威为诸道行营招讨使，统率各路军队前去镇压义军。

朝廷见义军声势越来越大，便使出了招抚伎俩。当初，王仙芝曾俘虏刺史王僚。王僚的堂兄弟是朝中宰相王铎。王僚在义军中经常劝说王仙芝，鼓吹投降朝廷可以封官赐爵。久而久之，王仙芝竟动摇了。于是，朝廷派宦官到蕲州见王仙芝，封他为左神策军押牙兼监察御史。左神策军押牙是禁卫军里管理仪仗、担任警卫的武官，监察御史是执行监察工作的文官。这两个都是只挂虚名而没有实权的差使。

义军将领听说此事后，都去找王仙芝，同他吵起来。黄巢指着王仙芝的鼻子大声质问道：“当初，我们发过誓，要同心协力平定天下。现在，你竟然中途变卦，打算一个人跑到朝廷去做官，叫弟兄们

◎唐　阎立本《历代帝王图》(局部)◎
此图描绘从西汉至隋朝十三个皇帝的形象。画家力图通过对各个帝王不同相貌表情的刻画，揭示出他们不同的内心世界、性格特征。

如何是好？你既然愿意做官，就去做你的官好了，但得把全部人马通通留下！”王仙芝想：不带走人马，朝廷怎会准降？于是，他硬要带走他的兵。黄巢大怒，举起拳头向他的头上劈去，打得王仙芝跌倒在地，满头是血。王仙芝知道自己理亏，只好认了错，将朝廷的宦官赶走了，并下令攻占蕲州。

经过这番波折，黄巢便与王仙芝兵分两路了。王仙芝向西进军，黄巢向东进军。

王仙芝与尚让、尚君长等人一面继续攻打州县，一面多次与朝廷协商投降事宜，但都没有成功。最后，朝廷将王仙芝派去接洽的尚君长等人处死了。唐僖宗乾符五年(公元878年)，王仙芝率领的义军在黄梅被官军打败，五万余义军全部战死。王仙芝也被官兵杀死了。

黄巢与王仙芝分手后，又杀回山东。他先后攻破郓、沂二州，杀死天平节度使薛崇。薛崇作恶多端，民愤极大，百姓恨之入骨。黄巢为民除害，从此威名远扬。接着，黄巢挥师西进，轻取郏城，攻占匡城、濮州，部队越战越强，迅速扩大到几万人。

王仙芝战死后，尚让率领余部投靠黄巢。义军一致推举黄巢为领袖，称他为“黄王”，号“冲天大将军”，建元“王霸”，要同朝廷对抗到底。

当时，唐廷的军事力量在长江以北还很强，淄青、宣武、淮西、淮南等藩镇都很强大，各处的地方武装也纷纷起来对抗义军，形势对义军十分不利。因此，黄巢决定避实击虚，向江南发展。

于是，黄巢率军向西，作出要攻打洛阳的样子，借以调动官军。随后，十余万义军突然转向东南，甩开官军，从和州一带渡过长江，攻入皖南、江西、浙江地区。

黄巢到浙东后，想从海路南下，但一时无法弄到船只，便率兵在闽、浙交界处的仙霞岭上劈山开路。义军在一个月内，修通了从浙江衢州到福建建州的七百里山路。

义军攻占福州后，继续南进，于乾符六年(公元879年)夏季攻克广州，生擒节度使李迢。黄巢以“义军百万都统”的名义发布文告，揭露朝廷的腐败黑暗，宣布要进军关中，直捣长安。

当年十月，黄巢率义军自广州北上，攻克桂州，进入湖南。然后，义军分乘几千只大木筏沿湘江而下，攻破潭州，占领江陵。义军北攻襄阳时，在荆门遇伏受阻。于是，义军便沿长江东下，进入皖南、赣北、浙西一带。义军在扬州附近痛击官军。朝廷诸道行营都统、淮南节度使高骈谎称中风，躲进扬州不敢出战。

唐僖宗广明元年(公元880年)七月，六十万义军从采石渡过长江，冲破官军堵截，渡过淮河，占领汝州。黄巢在汝州发布文告，告诫各节度使不得阻挡义军西进。各节度使见了文告，只顾自保，不敢抵抗。义军如入无人之境，迅速占领洛阳。东都留守刘允章率领官兵投降。

义军乘胜西进，直扑潼关。这时，朝廷一片惊慌，急调两千八百名神策军，由将军张承范、王师会率领增援潼关。这支禁卫军平时养尊处优，仗势欺人，毫无战斗力，有的连手里拿的兵器哪一端应该向上或向下都不晓得。

义军来到潼关城下，官军凭借关隘，勉强守了两天。第三天，尚让和林言分兵从禁谷小路绕到关后，前后夹击，攻破了潼关。

※知识链接※

农民起义也是与时俱进的。黄巢起义首次提出了“平均”的主张。可见，在整个封建社会，土地不均都是社会的主要矛盾。

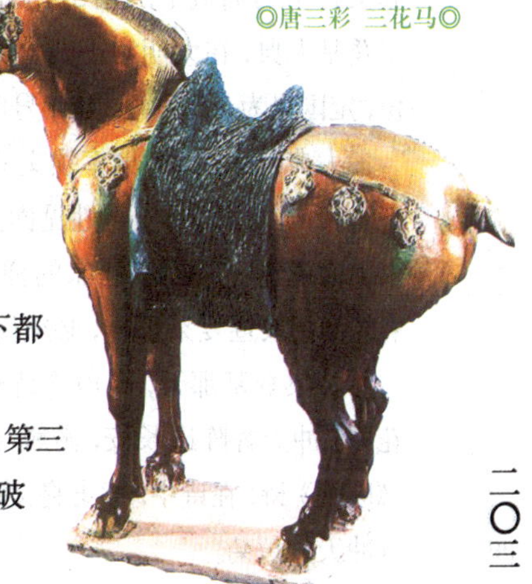

◎唐三彩 三花马◎

禁谷在平日里为防止商人逃税，是禁止通行的，因而里面长满了灌木藤葛。官军未在这里设防。第一天双方交战后，官军溃败，争着从禁谷逃命，一夜工夫竟将地面踏平了。这正好给义军开辟了道路。

这时，唐廷派来的另一支队伍正开往潼关。听说潼关已经失守，他们调头就向长安方向跑。跑到渭桥，发生哗变，放火烧了西市。长安城内人心惶惶，纷纷传说黄巢大军已经进长安了。

这年十二月五日早朝后，唐僖宗带着几个亲王和妃子，在太监田令孜和五百个亲兵的保护下，从金光门离开长安，日夜兼程逃往四川。

皇帝逃走后，长安城里一片混乱。几个时辰后，黄巢的义军抵达长安。朝廷金吾大将军张直方带着数十名文武官员在长安城东二十里的灞上向黄巢投降。起义军在一片欢呼声中，从长安东门春明门浩浩荡荡开进城内。

◎唐 宝相花三彩陶洗◎

义军一队又一队地从夹道欢迎的百姓中间走过。黄巢乘着嵌金肩舆，在卫士们的簇拥下出现在围观的百姓中间。

唐僖宗广明元年(公元880年)十二月十三日，黄巢在起义将士的拥戴下，在长安举行了登基大典，在大明宫正殿含元殿即位，定国号为“大齐 ”，建年号叫“金统”。

大典结束后，黄巢率领文武百官登上宫城南面的丹凤楼，以大齐皇帝的身份同长安百姓见面。他十分庄重地发布了一道敕书，敕书上面说道：“古代传下来的禅让制度早已废弃了。要推翻暴政，只有像商汤放逐夏桀那样，必须使用武力。”

黄巢登基那天，高声吟诗道：“待到秋来九月八，我花开后百花杀；冲天香阵透长安，满城尽带黄金甲。”这就是流传千余年的《咏菊》诗。在诗中，黄巢将义军喻作百花凋零之后，不畏寒冷、香气冲天的黄菊。

唐僖宗中和二年(公元882年),黄巢的大将朱温降唐,和唐军夹攻义军。唐廷又令李克用率沙陀兵增援关中。沙陀本是西突厥别部,是个长于骑射的游牧部落。

义军四面受敌,不得已于中和三年(公元883年)撤出长安,退入河南。

次年五月,李克用大败义军,尚让投降官军。黄巢退入山东。

这年六月,尚让大败黄巢,黄巢退至山东狼虎谷。林言砍下黄巢兄弟及其妻子儿女的头,要献给在徐州的节度使时溥。沙陀军杀了林言,将人头夺去,献给了时溥。

这年七月,时溥将黄巢首级和姬妾献到长安。僖宗登上大玄楼,接受首级,问姬妾道:“你们都是勋贵之女,世受国恩,为什么从贼?”为首的女子说:“国家以百万之众,尚且丢弃宗庙,逃往巴蜀。如今陛下责一女子,置公卿将帅于何地啊?”僖宗语塞,不复再问,下令斩首。围观者争着给姬妾们酒喝。除为首的女子外,一个个吓得连忙喝酒,都喝得昏了过去。那个为首的女子也不喝酒也不哭,直到受刑,神色不变。

黄巢起义虽然失败了,但这次起义彻底动摇了唐王朝的统治。

※知识链接※

这一次,农民真的做了“皇帝”,可惜时间不长。更可惜的是,农民革命的目标是推翻皇帝,而农民革命胜利,领袖人物还是做“皇帝”。看来,在封建社会的土地上,盛产“皇帝”。除了当皇帝,似乎别无选择。

历代名家点评

黄巢: 待到秋来九月八,我花开后百花杀。冲天香阵透长安,满城尽带黄金甲。

毛泽东: 在汉族的数千年的历史上,有过大小几百次的农民起义,反抗地主和贵族的黑暗统治。而多数朝代的更换,都是由于农民起义的力量才能得到成功的。

范文澜: 唐玄宗时,政治腐败到了极点,于是发生了安史之乱……黄巢起义,推翻了这个腐败的王朝。但这时,沙陀人又进来了。他们带来了许多“杂胡”。沙陀人与农民起义军的叛徒——朱温混战,朱温被沙陀人李存勖打败了,沙陀人在北方建立了后唐、后晋、后汉三国。这是最混乱的时代,什么丑事和笑话都出来了,儿皇帝、卖国贼等等,无奇不有,乱得不能再乱了。

黄仁宇《中国大历史》: 黄巢渡过长江四次,黄河两次。这位历史上空前绝后的流寇发现唐帝国中有无数的罅隙可供他自由来驱。各处地方官员只顾本区的安全,从未构成一种有效的战略将他网罗。

后唐庄宗李存勖

◎ 后唐纪 后唐庄宗同光元年
◎ 公元923年

阅读提示

出现在公元10世纪前半期的五代十国，是开始于公元8世纪末的藩镇割据局面的延续。五代的开国之君，都是前朝的藩镇，靠军事割据发展起来的，故这一时期的历史特点是战争频仍，政权屡有更迭。频频的兵戎相见，给百姓带来了极大痛苦和灾难。

原文

晋王与诸将谋曰："上党，河东之藩蔽，无上党，是无河东也。且朱温所惮者独先王耳，闻吾新立，以为童子未闲军旅，必有骄怠之心。若简精兵倍道趣之，出其不意，破之必矣。取威定霸，在此一举，不可失也！"

史纪风云

李克用是北方少数民族沙陀人，本姓朱邪，李是唐朝皇帝赐给他的姓。他瞎了一只眼睛，外号叫"独眼龙"。因为他镇压黄巢起义有功，唐僖宗任命他为河东节度使，后来又封他为晋王。他拥兵占据着河东大片地区，成了实力雄厚的地方军阀。因此，他和大军阀朱温发生了利害冲突，朱温总想消灭他。

◎唐 长沙窑狮子枕◎

唐僖宗中和四年(公元884年)春天，李克用领兵打败了黄巢，回军路上，经过朱温的辖地大梁。朱温把他和他的随从官员接进上源驿，设宴招待他们。朱温表面上对李克用客客气气，握手言欢，显得很亲密。背地里，朱温早已布置了除掉他的陷阱。宴会结束后，李克用大醉，留在驿馆里安歇，朱温的部将在驿馆周围埋下了伏兵。深夜，李克用正在呼呼大睡。突然，伏兵一跃而起，攻进驿馆。李克用惊醒，来不及抵抗，被随从用席子裹着藏在床底下，才没被发现。

这时，碰巧电闪雷鸣，下起雨来。李克用和随从乘机溜出驿馆，用绳子从城墙上吊出城来，侥幸地逃走了。

从此，李克用恨死了朱温，长期和朱温交战。后来，朱温篡唐称帝，许多藩镇都表示服从，李克用坚决不承认，仍然发兵攻打朱温。

李克用临死的时候，拿了三支箭对他的儿子李存勖说："这三支箭，一支用以讨伐幽州的刘仁恭，一支用以击败北方的契丹，还有一支一定要消灭朱温！"李存勖哭着接过三支箭，宣誓道："儿一定要实现父亲的遗愿。"

唐僖宗光启元年(公元885年)，李存勖生于晋阳。一次李克用大捷，派十一岁的李存勖进京报捷。见李存勖两目有光，英气逼人，唐昭宗不禁叹道："这孩子不亚于他父亲。"从此，他有了"李亚子"的称号。唐昭宗抚摸着他的后背叮嘱道："你将来一定是国家栋梁，千万不要忘了要忠于我家啊！"

◎唐 界首彩陶◎

界首三彩陶工艺源于唐代，秉承了"唐三彩"遗风，吸收了中国剪纸、木版年画的艺术风格，在制陶工艺中自成流派。

李克用死后，李存勖继任晋王。为了给父亲报仇，为了争夺天下，他把军队训练得十分精锐。他治军很严，给军队定了三条军法：第一，出兵作战的时候，骑兵不见敌人不许骑马。步兵和骑兵要按照各自的位置进行攻战，碰到危险也不许越位躲避；第二，各部队分路并进，必须在规定的时间到达指定的地方会合，不许误时；第三，行军的路上，如果有敢于称病的人，立即斩首。对这样严厉的军法，将士们都很害怕，不敢稍有违犯，因此打起仗来人人争先，拼死向前，无不以一当十。

李存勖勇力过人，武艺精湛，一向把打仗当作游戏。作战时，他不顾自己的统帅身份，常常冲到最前面，冒险跟敌人单身搏斗。

李存勖出兵跟后梁军打了几次大仗，把五十万梁军打得大败而逃。后梁太祖朱晃又恼又羞，一病不起。接着，李存勖发兵攻破幽州，活捉刘仁恭、刘守光父子，把他们押回晋阳斩首了。李存勖又大破南侵的契丹军队，把他们赶回北边去了。

李存勖跟后梁太祖的儿子后梁末帝打了十来年仗。一次，他亲自率军渡过冰封的黄河，只带十几个骑兵去敌营前挑战。部下劝阻他，他斥责道："深居帷房，不身经百战，能平定天下吗？"结果，他中了埋伏，陷入十分危险的境地，被敌兵包围数十层，随从一个个倒下了。最后，部将拼死把他救了出来，他仍毫不在乎，只是说："险些给别人笑话。"后来他依然这么干。

◎唐 《六尊者像》（局部）◎

共六开，应是卢氏《十八罗汉图》的留世部分。描绘的六位尊者均列位于十八罗汉之中。作者采用游丝描勾画人物，具有较鲜明的特色，线描流畅，具有较强的力度与柔韧性，动感较强烈，设色浓艳，艺术水平较高。

后梁末帝龙德三年（公元923年），李存勖灭亡后梁，统一了北方，即位称帝，建国号为唐，定都洛阳，史称后唐，他就是后唐庄宗。

李存勖为父亲报了大仇，当上了皇帝，便认为大功告成，只顾享乐了。他在宫里养了很多伶人，专门演戏给他取乐。有时，他也穿上戏装，和伶人一起登台表演。他还给自己取了个艺名，叫"李天下"。

有一次，李存勖上台演戏，连喊两声："李天下，李天下。"伶人镜新磨听了，上去就打了他两个耳光。台上台下的人都大吃一惊，替镜新磨捏了一把汗。谁知镜新磨满不在乎，笑嘻嘻地说："理天下的只有一个天子，你怎么叫了两声，还有一个是谁呢？"唐庄宗听了乐滋滋的，虽然挨了打，不但不生气，还很高兴，给了镜新磨厚厚的赏赐。

后唐庄宗出外打猎时，总要带上一大批将士、随从和伶人，还有猎犬、猎鹰等等，每次打猎都踩坏了大片庄稼。一次，他又带着大批人到中牟县去打猎。这时，田里正长着绿油油的庄稼。士兵们在地里狂奔乱跑，驱赶着猎犬，追逐着野兽，一大片庄稼又给踩坏了。中牟县令上前对庄宗说：“陛下是百姓父母，怎能图一时之乐，让士兵任意践踏庄稼呢?农民收不到粮食，将来只有挨饿，岂不断了他们的生路！”庄宗见一个小小的县令竟敢当众奚落他，心中大怒，立刻下令将他斩首。镜新磨看到县令要为这事被杀，实在太冤枉。想要上前劝谏，一看庄宗正在气头上，知道给他讲道理是没有用的。于是，他上前揪住县令，斥责说：“你身为县令，知道皇上爱打猎，就应该让老百姓多留些空地。为什么偏偏让他们都种上庄稼，妨碍皇上打猎呢？你不责备自己，反而教训天子，罪该万死！”其他伶人听了，一阵哄笑。庄宗在一旁听了，认为镜新磨说得挺对，挺解气，可再一琢磨，觉着他话里有话，表面上责备县令，实际上是批评自己。庄宗没有说话，怒气慢慢消了下去。最后，他赦免了中牟县令。

◎唐 云龙纹玉璧◎
白玉，晶莹光润，扁圆形用浅浮雕技法琢制纹饰。

庄宗宠爱伶人，一些伶人开始胆大妄为了。他们随便出入宫廷，任意侮弄朝臣。最受庄宗宠信的伶官景进为了讨好唐庄宗，专门探听宫外的消息，回来说给庄宗听。谁要是得罪了景进，他就无中生有，添油加醋地在庄宗面前说谁的坏话，叫谁倒霉。人们见了景进，没有不害怕的，一些朝臣和藩镇争着贿赂景进。只要他在庄宗面前替谁说句好话，谁就会官运亨通，步步高升。后唐降将段凝想方设法贿赂景进，竟当上了节度使。庄宗甚至不顾大臣的反对，任命伶人去当刺史。而那些真正有功的武将和有才能的文官，反倒得不到提拔和重用。

◎唐 花瓣形银粉盒◎

庄宗生活糜烂，景进等伶人为他四处寻找美女。他们在太原、幽州等地掠来三千名美女，送进后宫，供庄宗享乐。其中好多是后唐将吏的妻女。

唐朝末年已经把宦官铲除了，后梁太祖朱温也没有使用宦官。到了后唐庄宗，他下令召集逃散在各地的唐朝宦官，进宫听他使唤，加上原来的，竟有一千来人。

庄宗信任宦官，把宦官当作自己的心腹。他听从宦官出的坏点子，把天下的财赋分为“内府”和“外府”。外府作国家的费用，内府供他私人开支和赏赐之用。结果，外府常常空虚，不够支出；内府的财物却堆积如山。他是个吝啬鬼，财物再多，也舍不得拿出来犒劳军士，曾经给他卖命打天下的军士们经常吃不饱穿不暖。他猜忌功臣，对有功的人不但不信任，不重用，还加以杀害。因此，他当皇帝只有四年，终于爆发了兵变，闹得众叛亲离，被乱箭射死了。

◎唐 敦煌藻井图片◎

生前，庄宗极宠爱刘夫人。刘夫人幼年时被晋王大将袁建丰掠入宫中，因体轻貌美，被庄宗看中。后来，刘夫人的生身之父来认亲，刘夫人见他破衣烂衫，怕人笑话她出身低贱，竟命人将父亲乱棍打出。庄宗死后，刘夫人携带宫中的金银珠宝逃往太原，削发为尼，隐藏起来。因她不同情穷苦的将士，还滥杀功臣，民愤很大。不久，李嗣源派人将她杀死。

历代名家点评

欧阳修：故方其盛也，举天下之豪杰，莫能与之争；及其衰也，数十伶人困之，而身死国灭，为天下笑。

欧阳修：祸患常积于忽微，而智勇多困于所溺？

毛泽东：英雄立马起沙陀，奈此朱梁跋扈何。
只手难扶唐社稷，连城犹拥晋山河。
风云帐下奇儿在，鼓角灯前老泪多。
萧瑟三垂冈下路，至今人唱《百年歌》。

毛泽东：生子当如李亚子。

儿皇帝石敬瑭

◎ 后晋纪 后晋高祖天福元年
◎ 公元936年

阅读提示

李存勖把华北地区纳入他的统治范围后，建立了后唐。在灭了前蜀之后，后唐最高统治集团内沙陀贵族之间的矛盾斗争日益剧烈。公元936年，石敬瑭以出卖燕云十六州的土地和人民为代价，向契丹请来援兵，推翻了后唐。

原文

石敬瑭尽收其货之在洛阳及诸道者归晋阳，托言以助军费，人皆知其有异志。唐主夜与近臣从容语曰："石郎于朕至亲，无可疑者；但流言不释，万一失欢，何以解之？"皆不对。

史纪风云

石敬瑭生于唐昭宗景福元年(公元892年)，沙陀人。石敬瑭的父亲原名臬捩鸡，是沙陀部落一员善于骑射的武将，曾为后唐立过不少战功。后来，他改姓石，名叫绍雍，石敬瑭是他的第二个儿子。臬捩鸡虽然目不识丁，但因久居内地，受到中原文化的熏陶，便仿效汉族习俗，给孩子取名石敬瑭。

唐末天下大乱，战争频繁。唐王朝名存实亡，藩镇割据十分剧烈，兵连祸结，岁无宁日。只要拥有兵马，就可以打出一片天下，割据称雄。在这武夫悍将主宰一切的时代，石敬瑭自幼好武，并常以将门之子自命，极崇拜战国名将李牧和西汉名将周亚夫。他苦读兵书，用心习武，决心走父亲的道路。

石敬瑭性格深沉，沉默寡言，举止与众不同。代州刺史李克用的义子李嗣源非常器重他。李嗣源本名邈烈佶，是沙陀部落首领，做了李克用的养子后，赐名李嗣源。在李克用父子打天下的过程中，李嗣源立了大功。同时，他也是个很有心计的人，儿子、养子一大帮，又招了石敬瑭做女婿，成为沙陀部落中最大的实力派。

后梁末帝贞明二年(公元916年)二月，在甘陵之战中，后梁大将刘鄩急攻清平，李存勖驰兵救援，还没来得及列阵，就被刘鄩包围了。石敬瑭率领十多名骑兵挺槊跃马，突入敌阵，将李存勖救出重围。李存勖高兴地拍着他的肩膀说：“将门出虎子，这话一点不假呀！”当场赐给石敬瑭许多财宝，还亲自喂他酥饼，感谢救命恩人。喂酥饼在当时胡人中是最重的奖赏，从此石敬瑭名声大噪。由于久历战阵，石敬瑭积累了丰富的战争经验。

后来，他又多次救过李嗣源。

后梁末帝龙德三年(公元923年)，李存勖即位于魏州，建立了后唐，史称后唐庄宗。石敬瑭随李存勖出生入死，立下了汗马功劳，却没有被封官，仍然在李嗣源麾下当一名心腹小将。石敬瑭心中愤愤不平，然而嘴上却丝毫未流露出不满情绪。他还发现，最受猜忌的是他的丈人——功居第一的李嗣源。于是，他默默地等待着时局的变化。

李存勖有勇无谋，平生最喜欢干的事就是打仗、打猎、唱曲、演戏。他极其暴虐，不得人心，连士兵们都怨恨他。不久，终于发生了兵变。

后唐庄宗同光四年(公元926年)，李嗣源率兵前往邺城平息兵变。到达邺城时，他自己的部下也发动了兵变，要拥他为帝。李嗣源一时没了主意，不知如何是好。石敬瑭附在他耳边说：“大事成于果断而败于犹豫。大梁乃天下之都会，若给小婿三百骑兵，先往占据，岳父大人再引兵急进，以此为根据地，定保无虞。”李嗣源闻听，觉得有理，便派石敬瑭为先锋，直趋大梁，他们的行动得到了一些武将和地方官吏的拥护。李存勖在众叛亲离的情况下被杀。于是，李嗣源在众人的拥戴下即了帝位。

老丈人当了皇帝，石敬瑭既是驸马，又

◎唐 《簪花仕女图卷》◎

是功臣，立刻飞黄腾达，平步青云了。在短短的几年里，石敬瑭官至宣武军节度使、侍卫亲军马步军都指挥使兼六军诸卫副使。

随着职务的不断高升，石敬瑭的野心也越来越大了。

后唐明宗长兴二年(公元931年)，契丹入侵中原，北方边镇频繁告急，而朝中没有人愿意前往迎敌。石敬瑭觉得这是一个难得的机会，便向明宗请求说："小婿愿意北征。"明宗一听，非常感动，又一次给他加官晋爵，封他为太原尹、北京留守、河东节度使等官。这样，石敬瑭便掌握了后唐的军事大权。

长兴四年(公元933年)，后唐明宗病逝。李从厚即位，史称后唐闵帝。闵帝优柔寡断，大权旁落。他在位仅三个月，明宗养子潞王李从珂就在凤翔发动兵变，前来夺位，闵帝慌忙召姐夫石敬瑭带兵助王。石敬瑭在路上正好遇上逃离洛阳的闵帝，竟指使牙将刘知远将闵帝的随从全部杀死，把闵帝撇在驿舍，然后扬长而去。

◎唐 鸳鸯莲瓣纹金执壶◎
酒器，金质。直口，矮颈，圆肩，腹上丰往下渐收敛至圈足。盖钮作莲蕾状，肩部一端作管状流，另一端作宽带把，把上卧伏一小龟，引颈昂首，可以转动，头上有圆孔，孔中系环链，与盖钮相联结。花纹布满全器。盖钮莲蕾呈八出花朵，下为双层仰莲瓣。钮周沿饰覆莲瓣两周，其下饰四朵花瓣，空间饰鱼子地蔓草纹，盖沿饰水波纹。带把外表饰鱼子纹组成的双线菱形纹，基部饰海棠纹，颈间交接处饰覆莲瓣一周，肩至下腹有四周联珠纹。

石敬瑭和李从珂早年都以勇敢善斗不相上下，成为明宗的左右亲信。然而，两人互相嫉妒，互不服气，内心存在着很深的隔阂。不久，李从珂当上皇帝，史称末帝。石敬瑭因举办明宗丧事，不得已入朝晋见。办完丧事后，石敬瑭便被末帝软禁，达一个月之久。石敬瑭的妻子永宁公主和岳母曹太后多次向末帝求情，但朝中一些老臣都劝末帝将石敬瑭留在朝中，不要放他走。

后来，末帝见石敬瑭久病之后，骨瘦如柴，认为他不会惹事，便说："石郎和我是至亲，而且从小和我同甘共苦。如今我当了皇帝，不依靠石郎依靠谁？"说完，就把石敬瑭放了。

石敬瑭回到河东后，一面佯作有病，一面积极策划起兵。此后一两年内，双方结怨更深。末帝后悔不该放虎归山。

石敬瑭贿赂曹太后左右的侍女，叫她们暗中侦察末帝的动静。末帝的一言一行，石敬瑭全都知道。

末帝清泰三年(公元936年)正月，朝中文武大臣及各地的节度使都带着礼物进宫为末帝祝贺，只有石敬瑭一人未到，末帝心中十分不安。

正月二十三日是末帝的生日。永宁公主在宴席上为末帝敬酒祝寿后，告辞要回晋阳。末帝有些醉意，随口说道："为什么不多呆几天？你这样急着走，是要与你那石郎造反吗？"

公主回到晋阳，将末帝的话告诉石敬瑭。石敬瑭立即紧张起来，马上召集亲信商量对策。他先投石问路，上书末帝说："陛下，我年纪已大，又有重病在身，不堪担当河东节度使的重任了，请陛下给我调换个地方吧。"薛又遇对末帝说道："我看这是石敬瑭在试探朝廷的软硬。调换，他要反；不调换，他也要反。不如先下手为强。"

末帝也并不糊涂，他早就命武宁节度使张敬达为北面行营副总管，屯兵代州，以分石敬瑭之权；又命羽林将军杨彦洵为北京副留守，监视石敬瑭。这时，末帝见石敬瑭上书，就顺水推舟，命石敬瑭移镇郓州，还令张敬达催他动身。

◎唐 佛像标本◎

石敬瑭接到圣旨后，摆在他面前的只有两条路：一条是遵旨而行，一条是马上起兵，已经没有犹豫的余地了。石敬瑭立即召集诸将商议。大将刘知远、掌书记桑维翰主张马上起兵。桑维翰说："前次，皇上放将军回来，是他的失策，也是上天对将军的选择。皇上不是先帝的亲生儿子，不配当皇帝。将军是先帝的爱婿，皇上对将军不信任，看来此次是要向将军下手了。为今之计，应该赶快起兵，不能再犹豫了。我们兵力不足，可向契丹求援。"这话正合石敬瑭之意，于是决定以武力推翻朝廷，并上书问罪。

末帝见书大怒，立即派大将张敬达带兵数万向河东扑来，包围了晋阳。石敬瑭率兵迎战，同时派桑维翰向契丹求援。桑维翰替石敬瑭起草了一道降表，向契丹太宗耶律德光称臣称子，还许诺打败后唐军队后，割让卢龙和雁门关以北的燕云十六州作为答谢之礼。降表写好后，刘知远说："这样不妥吧！称臣已经够了，认耶律德光为父，未免太过分了。只要送给他们金银绸缎，他们就会出动大军，不必割让土地。这会留下后患，将来后悔就来不及了。"石敬瑭不听，派密使将降表从小路送往契丹国。

耶律德光见信后，非常高兴，对母亲述律太后说："我最近做梦，梦见石敬瑭派来使节，今天果然应验了。看来，这是天意啊。"于是，他回信说："等到秋高马肥，当出动全国军队南下。"

九月，耶律德光亲自率领五万骑兵，号称三十万，自扬武谷南下，旌旗蔽日，绵延五十余里。耶律德光抵达晋阳后，在汾水北岸虎北口列阵，通知石敬瑭说："我打算今天

※知识链接※

纵观石敬瑭之一生，初以骁勇善战发迹，继因廉政而闻名。在战乱频繁之际，他借重契丹援助得以问鼎、建立后晋王朝。由于割让燕云十六州以及岁输布帛三十万给契丹，并甘当百依百顺的"儿皇帝"以换取契丹对自己的支持，将北方百姓置于契丹铁蹄之下，民心尽失。

击退敌军，不知可否。”石敬瑭派使者飞报说：“围城军队实力雄厚，不可轻敌！等明日商量好攻战方略，再进攻也不晚。”

使者还没到契丹大营，契丹军已经向后唐军发起了进攻，石敬瑭忙派出军队前去夹击。契丹轻骑三千人，不穿盔甲，向张敬达阵地猛冲。后唐士兵见契丹骑兵瘦弱短小，便奋起迎击，连连得胜，并争先恐后地追了上去。不料契丹伏兵齐出，将后唐军拦腰截断。契丹军一战击退张敬达，解了晋阳之围。后唐军大败，只得固守晋安寨。后唐降军达千余人，刘知远劝石敬瑭将他们全部杀死。

这天晚上，石敬瑭出北门拜见耶律德光。耶律德光握着石敬瑭的手说：“真是相见恨晚。”石敬瑭问道：“皇上北来，兵马疲倦，马上和唐军交锋，为何能够取胜呢？”耶律德光回答说：“我出发时，深恐唐军在雁门关诸路设伏。不料，他们竟然没有设伏。因此，我才能长驱直入，知道大事必成了。两军相遇时，我军士气正锐，唐军士气正低，所以能够一战而胜。这是不能用劳逸的常理来推断的。”石敬瑭听了，极为折服。

后唐末帝清泰三年(公元936年)十一月的一天，耶律德光对石敬瑭说：“我三千里赴难，志在必成。我看你相貌气度，真是中原之主啊！我想立你为天子。”石敬瑭三番五次推辞，但将吏们都劝他答应下来，他只得同意了。于是，耶律德光写好册立文书，封石敬瑭为大晋皇帝。耶律德光脱下自己的衣冠给他，让他在柳林筑坛登基。石敬瑭称耶律德光为父亲，做了儿皇帝。其实，耶律德光比石敬瑭小十一岁哩。

◎唐 青铜佛头◎

接着，双方商定乘胜继续南下，进逼后唐京城。

张敬达败退的消息传到京城，末帝立即召集群臣商议对策，调各处将领驰援。他在大臣们的劝说下，御驾亲征，但刚过黄河就停了下来。在几路救援大军中，末帝寄希望最大的是赵德钧、赵延寿父子。他们拥兵数万，从幽州南下，本可以对契丹构成威胁。然而赵德钧是一个野心家和奴才，一心想做皇帝。一路上，他慢慢腾腾，到处兼并异己，扩充实力。他走到离晋安寨不远的团柏谷时竟停了下来，置晋安寨于不顾，向末帝讨价还价，请末帝封他的儿子赵延寿为成德军节度使。赵德钧的要求没有得到批准，反而被训斥了一顿。赵德钧顿生恶念，竟派人携带金帛玉器致书耶律德光说："陛下如果能够抛弃石敬瑭，立我为中原之主，我可以用手中的兵马南平洛阳，和契丹结为兄弟之国。石敬瑭也可以长镇河东。"耶律德光看了这些条件，有点动心了。他想：我深入敌境，晋安寨一时难以攻下，赵德钧兵力尚强，唐将范延光在东，山北诸州又可能断我归路。想到这里，他决定答应赵德钧的要求。

石敬瑭闻讯，心急如焚，立即派桑维翰跪在耶律德光大营中去哀求。桑维翰费了九牛二虎之力，一把鼻涕一把眼泪，凭着三寸不烂之舌，说了一整天，最后才使耶律德光答应继续帮石敬瑭。耶律德光指着帐外的大石头对赵德钧的使者说："我已答应石郎了。这块石头烂了，我的心才能改变。"

桑维翰回去报信，石敬瑭才放下心来。

一切料理完毕，石敬瑭会同契丹兵攻打晋安寨。后唐将领高行周、符延卿几次率骑兵出战，因寡不敌众，只得退回寨中。晋安寨被围数月，粮草俱尽，只得淘粪喂马。战马相食，鬣尾都咬光了。马死后，将士们便分吃马肉。援兵竟然久而不至。

张敬达为人刚直，人送外号"张生铁"。部将杨光远和安审琦劝他说："事已至此，不如投降契丹吧。"张敬达说："我受明宗和当今皇上厚恩，身为元帅而不能破敌，罪过已经不小了，又怎能投降呢？援兵旦夕将至，还是等一等吧。万一势穷力尽，你们砍下我的头去投降也不晚。"杨光远向安审琦递眼色，要他下手杀死张敬达，安审琦心中不忍。

高行周知道杨光远要杀张敬达，总是率领几个骑兵跟着张敬达。张敬达觉得奇怪，对别人说："高行周总跟着我，是什么意思啊？"高行周听了，便不敢尾随了。一天早晨，诸将晋见元帅时，高行周和符延卿未到，杨光远趁机砍下张敬达的头，投降契丹。晋安寨落入石敬瑭手中。

经过短时间的休整，石敬瑭和耶律德光率领军队继续南下，进攻赵德钧。赵德钧不战而败，被石敬瑭俘获。

石敬瑭打败赵德钧后，耶律德光不再前进，让石敬瑭率部直趋洛阳。耶律德光对石敬瑭说："我从远方来，为正义而战。如今大事已成，我如果再向南进军，河南百姓一定恐慌。我派

◎唐 开元通宝◎

铸造开元通宝的技术已经不再用传统的范铸，而是采用母钱翻砂铸造法。母钱翻砂铸造法，要先用蜡制成样钱，再依样钱翻制成钱模，最后浇铸铜液，就能造出铜钱。用母钱冶铸货币，既可以节约铸钱成本，又使得工艺流程合理，产量成倍增长。货币需求量的增加，正是为了适应经济快速发展的需要。

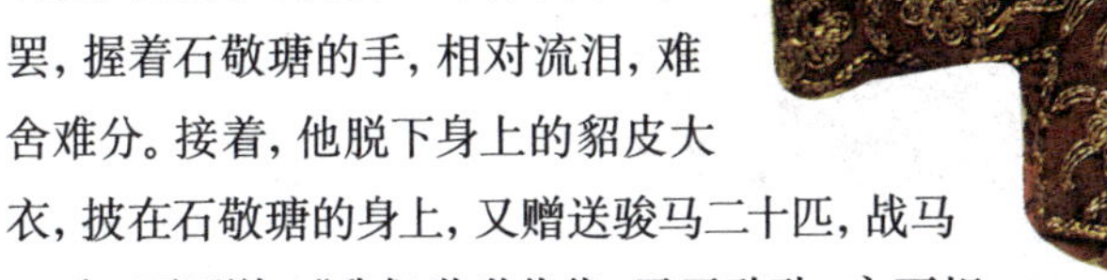

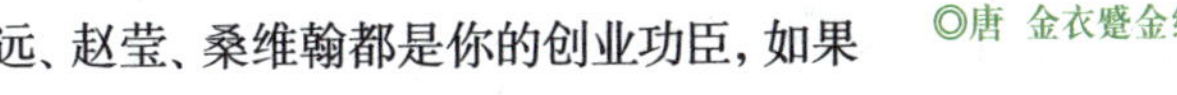

◎唐 金衣蹙金绣半臂◎

太相温率五千人护送你到黄河。我暂时留在这里等你的消息。如果你情况紧急，我就下山救你；如果顺利进入洛阳，我就北上回国了。”说罢，握着石敬瑭的手，相对流泪，难舍难分。接着，他脱下身上的貂皮大衣，披在石敬瑭的身上，又赠送骏马二十匹，战马一千二百匹说：“我们世世代代，子子孙孙，永不相忘。”最后嘱咐说：“刘知远、赵莹、桑维翰都是你的创业功臣，如果没有大错，不要抛弃他们。”

石敬瑭率军前进。一路上，后唐将士纷纷投降。末帝见大势已去，便率领曹太后、刘皇后、皇子李重美等人，携带传国玺，登上玄武楼，要放火自杀。刘皇后想堆积木柴，烧掉皇宫。李重美说：“万万不可！新皇帝来到洛阳，不能露天而居，定要百姓重建皇宫。我们死就死了，何必再苦百姓，留下怨恨呢？”刘皇后听了，便没有烧皇宫。因石敬瑭的妻子是曹太后的亲生女儿，王淑妃劝曹太后说：“你还是躲起来等候石郎吧。”曹太后说：“我的儿孙和媳妇都到了今天这个地步，我怎能一个人独自活下去呢？你要好好保重！”王淑妃带着明帝幼子李从益逃到球场躲起来，保住了性命。

当天晚上，石敬瑭开进洛阳。后唐灭亡了。从此，开始了五代第三个王朝——后晋的统治。

石敬瑭当上皇帝后，日子并不好过。他在位七年，各地藩镇仍各自为政，根本瞧不起他。许多藩镇只是表面上服从他，暗地对他并不恭顺，有的甚至投奔南方去了。同时，中原也有一些将领、官吏忍受不了称臣契丹的耻辱，有的起兵，有的南归了。

内外交困的石敬瑭终于忧郁成疾，一病不起。天福七年(公元942年)六月，石敬瑭病死了。

历代名家点评

梁启超：自石敬瑭割燕云十六州赂契丹，为国史前此未有之耻辱。及周世宗，几雪之矣。显德六年三关之捷，契丹落胆，使天假世宗以期年之寿，则全燕之光复，意中事也。

后周世宗勤于改革

◎ 后周纪 后周太祖显德元年
◎ 公元954年

阅读提示

年富力强的周世宗柴荣，雄心勃勃，决心遵照养父的遗愿，干出一番大事业。为实现这一宏伟目标，柴荣在他五年多的统治期间，励精图治，锐意改革，南征北战，揭开了结束分裂，统一天下的序幕。

原文

上谓宰相曰："朕每思致治之方，未得其要，寝食不忘。又自唐、晋以来，吴、蜀、幽、并皆阻声教，未能混壹，宜命近臣著《为君难为臣不易论》及《开边策》各一篇，朕将览焉。"

史纪风云

后梁末帝龙德元年(公元921年)九月，柴荣生于邢州龙冈。父亲柴守礼是个庄园主，姑母是五代后周太祖郭威的结发之妻。因姑母无子，柴荣从小由姑母收养，住在郭威家里。郭威对这个孩子很喜欢他，就收他为养子了。

◎唐 彩绘陶鞍马◎

当时，郭威还是个小军官，生活不富裕，柴荣就帮助姑母料理家务。他聪明伶利，为人谨慎。为了减轻郭威的家庭负担，年少的柴荣经常跟着商人做茶叶生意，到过许多地方，接触了下层社会各色人物，看到许多民间疾苦，养成了刻苦自励的精神。

由于柴荣当家，郭家越过越富，这使郭威十分高兴，从而更加信任他了。

郭威的职位一天天升高。柴荣跟郭威学会了十八般武艺，尤善骑射，并且粗通书史，逐步地培养起军政才能，开始在郭威手下担任军官。

后周太祖广顺元年(公元951年)，郭威建立后周，史称后周太祖。柴荣以皇子身份出任澶州节度使，成为郭威的得力助手。

后周世宗显德元年(公元954年)，郭威病死。皇后柴氏无子，后来娶的姬妾生的两个儿子早已被后汉隐帝刘承祐杀害。所以郭威一死，皇位顺理成章地落到柴荣头上。

柴荣即位，史称后周世宗。北汉主刘崇趁后周国丧，勾结契丹南侵，想一举消灭后周。世宗闻讯，毅然率领人马前去抵御。

◎唐　鎏金鱼龙戏珠纹银盘◎

盛食器，银质，鎏金，六瓣形，宽折沿，坦腹，平底，沿上饰葡萄、牵牛花纹两种，相间排列。

这年三月十八日，两军在高平相遇。当时，双方都有数万人马，但柴荣一支后续部队尚未赶到，并且由于急行军，士兵都很疲劳。北汉刘崇率领三万大军居中，契丹大将杨衮率军居西为右军，先锋张元徽率军居东为左军，阵势十分严整。后周一些将领见状，不由得胆怯起来。

刘崇见此情景，竟骄傲起来。契丹大将杨衮劝他说：“千万不要轻敌！”他不加理睬，反而叫契丹骑兵不必出战，把杨衮丢在一边，想要独夺全功。他对杨衮说：“将军不必出战，看我破敌吧！”他深信胜券在握。为了显示镇静，他还传令军中奏乐饮酒。

两军刚一交锋，后周右军将领樊爱能、何徽便扔下部队，只率少数骑兵逃离了阵地。右军骑兵大乱，步兵数千人逃跑已经来不及，都丢下武器向敌军投降。

樊爱能、何徽拼命逃窜，还造谣说后周大军已经战败投降，阻止后军前进，扰乱了军心。溃军一路抢劫。柴荣派人命令他们停止逃跑，他们反而杀害使者，继续逃跑。

柴荣见此情景，仍能镇定自若，端坐在

※知识链接※

柴荣在他五年多的统治期间，励精图治，锐意改革，南征北战，揭开了结束分裂、统一天下的序幕。

马上督战，没有一点惧色。他率身边的亲兵数十人向前冲去，直奔刘崇营帐。周军将士见皇帝亲自冲锋陷阵，也都争先恐后，奋勇冲杀。一时间杀声振天，吓破了敌胆。后周大将赵匡胤喊道：“皇上都不怕死，我们还不拼命吗？”说着，便和禁军将领张永德分左右两翼直冲敌阵。

北汉军没有料到周军来势如此凶猛，顿时大乱，左军大将张元徽在激战中被杀。右军契丹大将杨衮因刘崇不重视他，心里不高兴。当他他看到周军冲杀过来时，忙带着骑兵撤走了。刘崇只得披上蓑衣，戴上斗笠，仅带一百余人狼狈地逃回太原。

◎唐 丝织品◎

会战胜利后，柴荣为寻求治国方略，经常寝食不安。他对近臣说：“我刚刚即位，经历还浅，懂得的事情不多，而国事这样重大，我担心不能办好。”为了集思广益，世宗开始求贤求谏。他规定臣子要随时上书议事，批评朝政，推荐人才。显德二年(公元955年)，世宗命令文臣武将都要写《为君难为臣不易》和《平边策》各一篇，提供治国方略和进取大计。大臣王朴在《平边策》中说：“中原残破，来自政治腐败，以致君昏臣邪，兵骄民困。现在要想治国，一要整顿政风，好官留下，坏官革职，君臣间以诚相见，建立严明的考核与赏罚制度；二要理财，减轻赋税，让百姓过上温饱的日子。只有这样，国家才有可用的人才和物力，才能完成统一天下的大业。”

王朴的建议正合柴荣的心意。于是，他开始大刀阔斧地进行改革。

首先，世宗严肃军纪，选练军队。当时，后周的军队缺乏训练，纪律松散。将领骄横跋扈，经常不执行命令，每遇大战，不是望风而逃，就是缴械投降。尤其高平一战，给柴荣留下的印象极深。于是，他对作战有功的人加官行赏，如赵匡胤因作战得力，升为禁军统帅殿前都点检。对于怯敌的人则予以惩罚，如樊爱能、何徽临阵脱逃，被斩首示众，共有七十余临阵脱逃的将士受到惩罚。右屯卫将军薛训因纵容下属敲诈百姓，被免官放逐。这年十月，左羽林大将军孟汉卿放纵部下鱼肉百姓，向百姓多征正税以外的耗余，激起了民愤，世宗将其处死。有人说："孟汉卿的罪不至于死。"柴荣说："不杀不足以平民愤，杀了他可以惩戒旁人。"

世宗重用人才，任人唯贤。一天，柴荣要提升出身低贱的魏仁浦当宰相。有人说："魏仁浦不是科举出身，不能当宰相。"柴荣反问道："自古以来有才能的宰相，难道都是科举出身吗？"他力排众议，破格任用小吏出身的魏仁浦当了宰相。为了防止舞弊，世宗下令对已选取的进士进行考核。世宗所任命的官员都是有才干的。

唐末以来，佛教在中国发展得很快。后周时，寺院遍及各地，有僧尼近百万。许多富户为了逃避赋役，托名僧尼，甚至将庄园托名寺产。军队中的逃兵、无业游民、逃亡奴婢、罪犯等也多遁迹寺院，求得庇护。这使国家失去了大量的劳动力和收入。世宗下令道："除少数法定寺院外，其余一律废除。"经过整顿，废去寺院三万余所，汰减了大批僧尼。

◎唐 壁画断片观世音像◎

据考证系五代后周广顺二年(公元925年)壁画断片之下层剥出者，按照一般寺院壁画涂抹重画的时间及其画风推断，当为晚唐作品。因长期被封闭在下层，故画面保存完好，色彩鲜艳。此壁画据传来自河南与陕西交界处某废寺，所画观音面相俊美，有唐画仕女的丰腴，身躯略作"5"形扭曲，体态窈窕，左手执一莲花，右手似作舞姿动作，神态潇洒，风度娴雅。

世宗下令将民间的佛像、铜器销熔铸钱。国家因此获得了大量钱币，充实了国库。在拆毁佛像时，许多人不敢动手，怕来世受报应。面对慈眉善目的大铜佛，人们好像看到了释迦牟尼。柴荣为消除人们的疑虑，解释说："佛是佛，铜像是铜像。况且佛为了利民，连自己身上的肉和眼睛都要拿出来施舍，我们把佛像砸了铸钱，于民有利，佛也是会同意的。"

经过世宗的改革和整顿，中原经济迅猛地向前发展，社会秩序安定，百姓生活逐步改善了。这为统一全国奠定了基础。

在《平边策》中，许多人建议先进攻江淮地区的南唐。世宗采纳了这个意见。

在进攻南唐之前，为了解除后顾之忧，世宗决定先从后蜀手中夺回秦、凤、成、阶四州，这四州是后晋时没入后蜀的。后蜀主孟昶是个暴君，四州百姓民不聊生，痛恨后蜀政权，先后多次派人到开封要求后周收复四州。

显德二年(公元955年)四月，世宗命令大将王景、向训等分头出兵西进。战役进行了两个多月，秦、成、阶三州相继投降。十一月，王景又攻克了凤州。

紧接着，世宗下令进攻南唐。战争从显德二年(公元955年)十一月出兵起，前后打了两年之久。其间，周世宗曾三次亲征。

显德四年(公元957年)十月，世宗第三次亲征南唐。从十一月起，周军发动了强大的攻势，一直打到长江北岸。南唐怕后周大军渡过长江，于显德五年(公元958年)三月割地求和，划江为界。

世宗三征南唐，取得了江北十四个州、六十个县的土地。

◎唐 宝相花歙砚◎

接着，世宗决定收复幽州。显德六年(公元959年)三月，世宗亲自统兵北伐，战争进展得非常顺利。四月，契丹宁州刺史王洪献城投降。接着，益津关契丹守将终延辉开关投降。赵匡胤率军进入瓦桥关，契丹守将姚内斌也献城投降了。仅四十二天，后周大军就收复了三关十七县土地，契丹统治者惊慌失措。

世宗准备直取幽州，先头部队已经攻入易州、固安。这时，世宗突然患病了。他只得在瓦桥、益津两关设雄、霸二州，留兵驻守，然后匆匆南下了。回到开封后，到第十八天，年方三十九岁的世宗就病死了。他要收复燕云十六州全部失地的雄心壮志未能实现。

周世宗死后不久，赵匡胤夺取后周政权，建立了宋朝。宋朝在后周的基础上，很快统一了全国。

历代名家点评

司马光：若周世宗，可谓仁矣！不爱其身而爱民；若周世宗，可谓明矣！不以无益废有益。